U0930910

中美关系中的债务问题研究

孙海泳·著

Study On the Debt Problems
in Sino-US Relations

时 事 出 版 社

图书在版编目（CIP）数据

中美关系中的债务问题研究/孙海泳著．—北京：时事出版社，2015.5

ISBN 978-7-80232-839-6

Ⅰ.①中…　Ⅱ.①孙…　Ⅲ.①中美关系—国际债务—研究　Ⅳ.①F812.5 ②F817.126

中国版本图书馆 CIP 数据核字（2015）第 074132 号

出版发行：时事出版社
地　　址：北京市海淀区万寿寺甲 2 号
邮　　编：100081
发行热线：（010）88547590　88547591
读者服务部：（010）88547595
传　　真：（010）88547592
电子邮箱：shishichubanshe@sina.com
网　　址：www.shishishe.com
印　　刷：北京市昌平百善印刷厂

开本：787×1092　1/16　印张：15.5　字数：210 千字
2015 年 5 月第 1 版　2015 年 5 月第 1 次印刷
定价：58.00 元

目　　录

导　论

一、研究对象界定

本书研究的对象是中美债务问题，即：当前中国是美国最大的债权国，截至2015年年初，中国持有近4万亿美元的外汇储备，其中约70%为美元资产，美元资产中约2/3为美国国债或政府担保债券。中国依赖美国的消费市场，以实现经济增长、保障国内就业、维护社会稳定；美国依赖中国对其国债的投资，以使美元回流，保障其国内消费和融资需求。在经济全球化背景下，中美两国基于全球产业分工与贸易格局、美元的霸权地位以及两国间独特的政治关系现状，对这一债务关系都有很强的依赖性。当然这种相互依赖体现出明显的不对称性。

国债（National Debt），也称主权债务（Sovereign Debt）、公共债务（public debt）或者政府债务（government debt），指的是一国政府以自己的主权为担保对外所欠的债务。国债形成的主要原因是由于政府存在财政赤字。美国联邦政府总债务（Gross Federal Debt）是指由联邦财政部或其他政府机构发行的联邦政府所有未到期债务的总额。联邦政府总债务包括两个部分：一是由联邦政府账户持有（Held by Federal Government Accounts）的联邦政府债务，即联邦政府各项基金，如联邦社保基金等持有的联邦政府债务。2010年，联邦社保基金（Social Security）持有的国债占政府持有国债的57%；公务员退休和伤残基金（Civil Service Retirement and Disability Trust Fund）占政府持有国债的17%。[①] 二是公众持有（Held by the Public）的联邦政府债务，其中包括两个部分：1. 美国国内投资者（由美联储、联邦和地方政府机构和国内个人投资者构成）持有的美国国债；2. 国外投资者，包括外国政府、企业或个人投资者持有的美国国债。在美国国债的两类持有者中，公众持有者是主体。

由于美国政府可以采取增税或发行美元等方式还债，加之以超级大国的国家信用作为担保，所以从理论上讲，美国国债是无风险的。但由于美国货币政策等因素的影响，随着时间的推移，对美国国债的投资收益却具有不确定性。同时，从更宽泛的意义上，海外的美元也是美国的对外负债。美国通过其对全球金融体系的控制力和金融创新，不仅通过对外输出国债、引进外资等方式促使海外美元回流以平衡其国际收支，也将各国的利益与美国紧密相连。

二、选题缘由

中美关系堪称当前国际关系中最重要的国家间双边关系。同时，两国关系的形态与迄今为止的所有两大强国关系的形态均大为不同。历史上，国际体系中实力快速上升的新兴国家与霸权国家之间往往爆发决定性的军事冲突，如：18、19世纪英法竞逐；19世纪末、20世纪初的英德争霸；以纳粹德国为代表的轴心国集团与同盟国的大战。虽然二战结束后，由于“核恐怖平衡”等原因，美苏并未爆发大战，但两国在冷战时期公开备战、发动军备竞赛、相互进行武力讹诈、发动代理人战争等状况，使两国关系在总体上处于对抗和紧

① See：Kenneth D. Garbade，*Birth of a Market：the U. S. Treasury Securities Market from the Great War to the Great Depression*，Cambridge，Massachusetts：The MIT Press，2012，p. 253.

张状态，并且冷战最终以零和博弈的方式结束。

中美关系与近代历史上所有的两强关系（或者说新兴大国与霸权国家的关系）均有明显差异。作为全球唯一的超级大国，美国依赖其独霸全球的政治影响力、在国际经济体系中的中心国家地位、美元霸权、全球最强的技术创新能力等优势主导全球的资源流动和利益分配。而中国作为最大的发展中国家，是经济总量仅次于美国的世界第二大国，没有意愿，暂时也没有能力挑战美国的全球霸权，在很大程度上接受美国对全球的制度安排，并积极融入美国主导的国际体系，并通过这一体系的规则获得国家的发展。美国在中国经济崛起之后，虽然对中国防范、限制之意与日俱增，但还是将中国作为利益的攸关方，其对华政策始终没有放弃“接触”的基调，力图将中国的发展限制在美国主导的国际体系之中，并从中国的发展进程中汲取利益。

通过上述分析，可以发现当前中美关系具有丰富的形态，即两国的政治制度、意识形态迥异；军事上彼此都将对方作为假想敌；政治关系上既有斗争又有合作，特别是美国竭力防范中国对其霸权地位的挑战；经济上中美却紧密依存。概言之，中美在政治、安全关系中的诸多领域有零和博弈的特征，但在经济关系上却又相互依赖，特别是在债务问题上形成了人类历史上前所未有的相互依赖现象。为何中美两国的政治、安全倾向迥异，却形成了如此紧密的债务关系？这种债务关系蕴含着两国何种战略逻辑？这种债务关系对中美关系产生何种影响？笔者认为这些问题非常值得探讨。

三、本书结构

在导论以外本书共分为六章，主要内容简述如下：

第一章提出美元霸权是美国债务融资能力的基础，主要具体阐述美国霸权的形成、特征和霸权利益；分析支撑美国霸权的经济、军事与科技实力基础；分析美元霸权和美国在国际经济与货币体系中的中心国家地位的形成过程，以及美元霸权所遭遇的挑战；探讨美国维护美元霸权的主要手段。

第二章从两个方面分析了中美债务关系的形成原因。美国国债不断攀升的原因主要有：长期的经济和财政政策、低储蓄和超前消费倾向、持续固化的贸易逆差等。中国持有巨量美债的主要原因有：产业结构与政策导向因素、巩固经济安全的需要、多元化投资渠道的制约以及中国政府稳定中美关系的愿望等。

第三章分析了2008年金融危机发生后，美国政府实行的有助于保障其债务可持续性的政策措施，主要包括：持续提高国债上限、削减联邦财政赤字、实施量化宽松的货币政策、促进“再工业化”和刺激出口、助燃欧元区债务危机等。

第四章分析基于债务关系的中美相互依赖状况，认为中美债务问题提高了中国在美国战略视野中的地位；通过分析中美两国各自对双边货物贸易依存度与贸易收益的不同、各自对外投资收益的不同等方面，显示中国在中美债务关系的相互依赖中具有更强的脆弱性和敏感性。此外，本章还探讨了在债务关系中，两国对经济安全的关注以及中国持有美债的战略意义。

第五章分析了中美债务关系对中美安全和经贸关系的影响，主要包括：随着中国的快速发展，金融危机发生后，美国为了确保在东亚的主导地位和巩固其债务融资能力，加大了在亚太地区的力量部署；美国发起人民币汇率争议的过程、实质及其与债务问题的关联；美国通过TPP主导亚太经济合作机制及其与债务问题的关联等。

第六章主要分析了新形势下中国对外经济战略的新格局及其对中美债务关系的影响。中国推动人民币国际化进程，实施“一带一路”战略，也有助于提升中国在国际经济与货币体系中的地位，有助于缓解中美债务问题及其负面效应。同时，中国支持创建亚投行等新兴多边金融机构不仅有利于推进人民币国际化进程，还能提高中国在国际金融领域的影响力。而中国对美直接投资的发展，有利于带动中国对全球的投资，从而有助于降低中国对包括美国国债在内的国外政府债券的投资依赖，并提高投资收益。

第一章

美国债务融资能力的权力基础

美国发行国债的历史已有200余年。最早可追溯至独立战争期间，当时的各州和军队通过发行各种债券来筹集战费。二战后美国霸权的全面确立，使得无论是美国国债还是国债的计价货币——美元都基于美国的强大国力而获得优越的信用地位，并确立和保持了其在全球金融市场中的优势地位。随着美国政府财政收支以及美国国际收支失衡的发展，美国国债持续增长，特别是2008年金融危机爆发以来，美国国债的规模急剧扩大，至2015年3月初，美国国债总额已达约18.2万亿美元，其中公众持有约13万亿美元。[①] 如此巨大规模的国债堪称史无前例，而美国作为全球最大债务国却能继续借贷并维持其霸权。要了解美国具有如此强大的对外债务融资能力的原因，需要从美国霸权以及美元霸权的形成过程、基础等方面予以分析。

第一节　美国霸权的形成、特征与利益

在经历了长期的实力积累以及国际格局的大变革之后，美国在

① United States Department of the Treasury，Bureau of the Public Debt，Treasury Direct，http：//www.treasurydirect.gov/NP/BPDLogin? application = np.

二战后确立了全球霸权。由美国发起和主导的宽领域、多层次的国际制度是美国全球霸权的重要组成部分，也是美国获取霸权利益的主要依托，这在经济领域的表现尤其明显。而雄厚的经济、科技以及军事等方面的实力，对美国的全球主导地位形成了全方位的支撑。

一、美国霸权的形成过程

美国立国之初，由于自身实力有限、国际环境复杂等因素的影响，从第一任总统华盛顿开始，就确定了“孤立主义”的对外战略。“减少美国易受攻击的弱点的一种可靠办法就是获取绝对安全。1783年以后，美国由于自身实力相对于欧洲列强仍比较虚弱，主要通过将自己与欧洲大国隔离以避免对抗，进而寻求绝对安全。”① 然而“孤立主义”的思想核心并非是要切断美国的对外关系，而是要求以维护国家利益为导向，制定美国的对外政策和开展对外关系，绝不承担与美国不相干的国际责任，只在涉及美国重要国家利益的方面进行有限的国际干预。凭借在西半球的地缘优势，美国在国际政治上的“孤立主义”传统得以延续。同时，美国在经济上不仅没有孤立自己，反而大力拓展国际贸易，促进国内经济发展；在军事上，美国也在其“后院”——西半球等处发动了数次有限度的对外干预活动。在当时的国际政治体系中，英国霸权力压群雄。在此背景下，美国从未试图与英国争霸，反而努力和英国形成广泛的共同利益，并由此获得了英国的认同，进而融入世界体系。

随着国力的稳步上升，美国在1894年成为世界第一工业强国。1913年，美国的工业总产值约占世界的40%，高于德、英、法、日四强的总和。② 同年，美国联邦储备委员会（Federal Reserve Board）

① ［美］克里斯托弗·莱恩著，孙建中译：《和平的幻想：1940年以来的美国大战略》，上海：上海人民出版社，2009年版，第222页。

② 门洪华：《霸权之翼：美国国际制度战略》，北京：北京大学出版社，2005年版，第74页。

成立，此举凝聚了美国的金融力量。[①] 在其后不到10年的时间里，纽约的金融中心地位已经堪比伦敦，美元也成为真正的国际货币。到1920年代，在各国中央银行的外汇储备中，美元与英镑所占的比例已可比肩。[②] 强大的经济、金融力量为美国提升军力，挑战欧洲的传统霸权奠定了坚实的物质基础。

相形之下，英国从1870年前后就开始逐渐走向衰落。到1890年代，英国在每一个大陆和每一个海域都遭遇了与其竞争的陆上或海上大国。但在英国开始走向衰落，逐步丧失霸权到美国正式确立其霸权之间存在一个很长的过渡期。在两次世界大战的初期，美国均奉行“中立”政策，借此牟取经济利益、加强国力积累和等待有利时机。一战结束后，美国从债务国成为全球最大债权国，但美国并未挟世界首强之威，接手英国的霸权，而是重新退回孤立主义状态。

第一次世界大战后新兴大国的崛起和部分老牌大国的衰落，动摇了欧洲均势以及英国主导的国际经济体系的基础。尽管英国愿意提供公共物品以保持国际货币体系的稳定，但其已经缺乏提供公共物品的经济实力。而美国虽然拥有强大的经济实力和黄金储备，但

---

① 1913年12月23日，美国国会通过了《联邦储备法》，建立了联邦储备制度，规定全国分12个联邦储备区，每区在一个指定的中心城市设立一个联邦储备银行行使央行职能。在首都华盛顿设立联邦储备委员会，作为最高领导机构。美联储是一个私有银行的财团，理事会由7名理事组成，由一名主席和一名副主席主持工作，其主席经国会批准由总统任命，但在其他方面的运作却不受公众监督。美联储是决定美国货币供应的主要力量。通过调控利率和创造货币，美联储可以刺激和抑制经济。美联储于1914年11月开始发行作为法定货币的银行券以换回国民银行券，该券于1945年6月停止发行并回收。其后美联储发行了一种联邦储备券作为通用货币，这就是目前所用的美钞。流通的美元钞票都是“联邦储备券”，作为美联储的承付票发行，并委托美国造币厂印刷。

② Barry Eichengreen, “Global Shifts”, Prepared for the Bank of Finland’s 200th anniversary symposium, Helsinki, May 5 - 6, 2011, p. 7, http: //emlab. berkeley. edu/ ~eichengr/Global_ shifts_ 5 - 17 - 11. pdf.

却无意从英国手中接过领导权而成为新的霸权国。这也成为1930年代大萧条和国际货币体系混乱的原因。[①] 此间，各国“以邻为壑”的经济政策盛行，尽管美国曾在制定1934年《互惠贸易协定法案》、1936年《三方货币协议》等方面显示出维护世界经济稳定的意愿，[②] 但其仍然无意接手英国的霸权。同时，国联盟约的约束力有限以及内部诸强的分化也导致其未能制止二战的爆发。

1941年底珍珠港事件爆发后，美国正式参加二战，并开始全方位介入世界事务。美国同时在两洋三洲作战，凭借其强大国力，成为确保盟国最终赢得胜利的中流砥柱。二战结束时，就绝对权力而言，美国显著强于世界其他国家。除了拥有巨大的工业能力，美国实际上垄断或控制了现代世界权力的三种来源：核武器、货币储备及石油。[③] 这使得美国几乎享有完全无拘无束的大战略选择空间，也导致国际体系开始了显著变更。正如罗伯特·吉尔平所言，在世界政治历史上，任何国际体系的演变都标志着强国的接续上升。强国支配国际体系，决定国际交往方式，确立体系规则。[④] 在此情况下，美国开始谋求扩大其政治控制范围，并着手创建能够实现其政治、经济和意识形态利益目标的国际政治环境和国际规则体系。[⑤]

---

① Charles P. Kindleberger, *The world in depression* 1929 - 1939, Berkeley, University of California Press, 1973, In: Stephen Gill and David Law, *The Global Political Economy: Perspectives, Problems, and Policies*, U. S. A: The Johns Hopkins University Press, 1988, p. 47.

② ［美］查尔斯·金德尔伯格：《世界经济霸权1500—1990》，北京：商务印书馆，2003年版，第369—370页。

③ ［美］罗伯特·吉尔平著，钟飞腾译：《跨国公司与美国霸权》，北京：东方出版社，2011年版，第83—84页。

④ Robert Gilpin, *War and Change in World Politics*, New York: Cambridge University Press, 1981, pp. 42 - 43.

⑤ ［美］克里斯托弗·莱恩著，孙建中译：《和平的幻想：1940年以来的美国大战略》，上海：上海人民出版社，2009年版，第42页。

二、美国霸权的特征与利益

（一）美国的制度霸权

国际制度霸权是美国霸权体系结构的核心，这些制度的运行机制有利于巩固美国的主导地位。在19世纪英国主导世界经济的时代，没有任何正式的国际制度，仅有很少的国际准则来规范国家间的关系。① 相对于历史上的霸权国，美国注重以制度、规则和普遍原则来维护国际秩序，并善于利用根据本国的理念所成立的各类国际组织、国际制度、规范以及规则等来牟取特殊利益。如二战结束之际，联合国、国际货币基金组织（IMF）、世界银行、关税与贸易总协定等一系列具有不同职能的、由美国主导的国际制度的建立，为美国霸权创造了权力资源，成为美国霸权实力的延伸平台和新要素，并限制国际体系内其他行为体的自主权。

美国通过由其主导的国际制度和国际机制发挥作用可以弥补其实力的不足部分，并能适度自我约束，但美国也没有摒弃武力等维持霸权的传统战略途径，如直接以武力对敌对国家施压或打击等方式。总之，美国主导建立的一系列国际制度就是要将美国的霸权嵌入貌似合理的制度霸权中，通过这些国际制度的协同运作以保持其全球霸权。

（二）美国的霸权利益

罗伯特·吉尔平认为霸权就是一国对体系中其他国家的领导。霸权国提供国际公共产品是为了实现自身利益。英国和美国先后创建和维持国际经济体系的规则；两国的政策促进了贸易自由和投资自由；两国先后管理国际货币体系的原因是承担这些责任有利可图。

---

① David A. Lake, "British and American Hegemony Compared: Lessons for the Current Era of Decline", In: Jeffry A. Frieden and David A. Lake, *International Political Economy: Perspectives on Global Power and Wealth*, U. S. A: the Taylor & Francis e-Library, 2003, p. 137.

对这些霸权国而言，维持贸易、投资自由以及管理国际货币体系所获收益大于为此付出的成本。[①] 美国建立和巩固霸权意在谋取霸权利益，即增进美国的国家利益，其战略目标是要创造和维持一个“门户开放”的世界——一种国际体系或者国际秩序，这个“门户开放”的世界由国家构成，它们不仅对美国的自由价值和制度开放，而且还允许美国的经济渗透。[②] 因此，美国的霸权利益集中体现为世界市场的开放性，包括各国市场对美国的商品、资本和货币开放。由于美国作为霸权国在科技、资本和管理等方面具有竞争优势，保持世界市场的开放对美国有利。

正因如此，在1990年代末，当泰国、韩国和印度尼西亚等国陷入金融危机急需国际救助之际，美国主导的国际货币基金组织在向这些国家开出的救援条件中均强调开放国内市场这一条款。如要求韩国政府大幅提高上市公司的外资持股上限；允许外国银行收购韩国国内银行；开放短期债券市场；取消贸易补贴和对进口的限制措施等。这些条件无不有利于美国商品和资本的进入，充分体现了美国的霸权利益。同时，美国竭力维持美元的国际储备货币地位。美国主导的世界银行和国际货币基金组织的贷款以美元为计价单位。根据国际货币基金组织的统计，2011年第二季度，在全球官方外汇储备的货币构成中，美元占“已区分货币构成的储备”（allocated reserves）总额的61%，约为3.276万亿美元，而同期欧元占此份额的27%，约为1.454万亿美元。[③] 换言之，各国中央银行的储备货币中，超过六成都是美元。在全球外汇储备、跨国贸易计价及国际金

① ［美］罗伯特·吉尔平著，宋新宁、杜建平译：《世界政治中的战争与变革》，上海：上海人民出版社，2007年版，第122页，第150页。

② ［美］克里斯托弗·莱恩著，孙建中译：《和平的幻想：1940年以来的美国大战略》，上海：上海人民出版社，2009年版，第43页。

③ 参见：The International Monetary Fund（IMF），“Currency Composition of Official Foreign Exchange Reserves（COFER）”，p. 1，http：//www. imf. org/external/np/sta/cofer/eng/index. htm.

融交易中，美元分别占 61%、48% 和 84% 的份额。[①] 在国际大宗商品交易方面，以沙特为代表的主要石油输出国就是以美元作为出口石油的计价单位。美元的世界货币地位使得美国能够汲取世界资源，以维持其全球霸权。

三、美国霸权的实力基础

美国霸权的标志就是其在政治、经济和军事等各个方面拥有超出国际体系中各个国家的占绝对优势的国家实力。具体而言，美国之所以能够确立、维持全球霸权，除了得天独厚的自然条件以及意识形态、政治制度方面的影响力以外，其经济、科技和军事实力诸方面的优势为其霸权奠定了坚实的基础。

（一）经济实力

在现代国际体系中，各国的商业、金融、工业力量与政治、军事力量具有相互关联性。这种相互关联性是国家治理中最关键和引人瞩目的问题，其涉及国家安全，在很大程度上也决定民生福利。[②] 美国通过经济实力的逐步扩张成为世界大国，经济实力也是美国霸权最重要的根源。

首先，一国经济实力的强弱往往与其跨国公司的影响力呈正比，而美国跨国公司的总体实力处于全球绝对领先地位。如果说英国曾经的经济霸权是建立在伦敦的金融中心地位之上，那么美国的经济霸权则主要是建立在其跨国公司之上；跨国公司与美元的国际地位、

① 徐琤："从债权国到债务国—美国国际债务模式转变的逻辑分析"，《世界经济研究》，2011 年第 10 期，第 29 页。

② Edward Mead Earle, "Adam Smith, Alexander Hamilton, Friedrich List: The Economic Foundations of Military Power". In: Edward D. Mansfield, *International Conflict and the Global Economy*, Northampton Massachusetts: Edward Elgar Publishing Limited, 2004, p. 141.

核优势共同构成了美国霸权的支柱。① 伴随着全球价值链的发展，跨国公司对全球经济甚至地区政治的影响力日益提升。

美国跨国公司在相关经营领域占据全球垄断性地位，在规模、业绩、管理和技术水平方面也均居业界前列。在历年评出的全球500强企业中，美属跨国公司一般至少占到三分之一的比例，其中有不少公司雄踞行业的龙头地位，例如：通用电气（全球最大的电子设备制造商）、波音（全球最大的飞机制造商）、埃克森美孚（全球最大的非国有石油天然气生产商）、洛克希德·马丁（全球最大军火商）、通用汽车公司和福特公司（均为世界最大的汽车制造商之一）、苹果/惠普/戴尔公司（均为全球最大的计算机制造商之一）、国际商用机器公司（即IBM，全球最重要的超级计算机生产商）、英特尔（全球最大的半导体芯片制造商）、高通（全球最大的半导体产品生产商）、宝洁（全球最大的日用消费品生产商）、可口可乐（全球最大的饮料生产商）、辉瑞（全球最大的药品生产商）、微软（全球最大的电脑软件提供商）、沃尔玛（全球最大零售商）、谷歌（全球最大的网络搜索引擎）等。其中，一些公司的经济实力可以超过诸如孟加拉国、巴基斯坦、阿尔及利亚、民主刚果这样的拥有数千万甚至上亿人口的国家。

至为重要的是，自1965年以来，由于美国贸易收支状况日益失衡，美国政府开始将跨国公司及其获得的海外收益作为维系美国霸权的手段。通过跨国公司的对外直接投资，美国不仅获得了大量的外来收益来平衡经常账户赤字，而且还为美国的全球政治和军事行动提供了资金，成为支持美国霸权的重要因素。② 由此可见，美国的跨国公司不仅是美国国内商品与服务的最重要供应商、政府收入的最主要来源、对外投资收益的最主要创造者、科技创新的主力军、

① ［美］罗伯特·吉尔平著，钟飞腾译：《跨国公司与美国霸权》，北京：东方出版社，2011年版，第112页。

② 同上，第124—128页。

美国文化的播种机，而且是美国全球力量的不可或缺的支点。可以毫不夸张地说，如果美国没有影响力遍及全球的跨国公司，美国的全球霸权就难以持续。①

其次，美国处于全球产业分工的高端。目前，在全球价值链（Global Value Chains）中分工和环节转移进程中，美国等发达国家只将整个产品价值链的低附加值环节转移至发展中国家，而本国则集中发展产品价值链的高附加值环节。这种全球产业分工状况：一方面形成了美国等发达国家拥有全球价值链的高附加值环节，以及发展中国家接受低附加值部分的全球产业结构分化；另一方面，这种国际分工状况则体现为发达国家和发展中国家根据要素禀赋而发挥各自的比较优势，如劳动力价格、科技实力等。因此发达国家已经没有了传统意义上的夕阳产业，只有高附加值或高技术的产业环节。在此背景下，全球价值链的变迁在很大程度上强化了发达国家的产业优势，使之产业升级和产业结构服务化的趋势日益加快，而广大的发展中国家则主要汇集了廉价初级要素的低附加值的生产环节。② 虽然伴随着产业的转移，美国已经呈现所谓产业“空心化”特征，但美国在全球产业分工中的优势地位为其进一步保持全球霸权创造了有利条件。

再次，美国拥有世界最大的商品和资本市场，并掌控国际大宗商品的定价权：第一，世界主要经济体都将美国作为重要的商品出口市场，特别是中国等新兴市场国家的经济增长高度依赖对美国市场的出口。第二，美国的股票、债券、期货、黄金等资本和金融产品市场在全球居于举足轻重的地位，能够吸引全球资金进入美国市场。美国资本市场运作高效，可以为世界其他国家提供金融中介服务。第三，美国的跨国公司控制着石油、粮食、铁矿石以及许多有

---

① 张银海：“论美国跨国公司对美国霸权的作用机制”，《理论界》，2012 年第 6 期，第 173 页。

② 曾蓓、崔焕金：“中国产业结构演进缘何偏离国际经验—基于全球价值链分工的解释”，《财贸研究》，2011 年第 5 期，第 19 页。

色金属的定价权。

强大的经济实力是美国债务融资能力的重要基础。特别是由于全球产业分工格局的变迁，使得中国等新兴经济体和大量发展中国家依赖对美国出口低端廉价的产品来拉动国内经济增长。由于美元的世界货币地位，这些国家在与美国进行货物贸易时形成的大量盈余美元往往只能选择美国国债等金融资产作为主要的投资方向，使得美国通过“贸易逆差—债务融资”的循环来支持其政府开支和民间消费。

（二）科技实力

美国具有优越的科技创新条件。巨大的研发投入、宽松的研究环境、完善的商业机制、自由的移民政策和优厚的生活待遇能够吸引世界上最优秀的人才。这些有利条件使美国一直处于自然科学、工程技术乃至人文社会科学创新的前沿。

在科技实力方面，自 19 世纪中后期以来，美国一直是科技革命的引领者，在第二与第三次科技革命以及 20 世纪 80—90 年代兴起的新技术革命中，美国均占据领先优势。在 20 世纪的三大科研工程中，研制原子弹的曼哈顿工程和阿波罗登月计划均由美国单独完成；在美、欧、日、中等国共同参与的人类基因组工程中，美国也起到了决定性作用。在信息技术方面，美国一直保持绝对优势。在当前技术革命的关键领域，如生物制造技术、卫星通信及宇航技术、新材料和新能源技术、页岩气开采技术、3D 打印制造等方面，美国均保持明显的领先优势。此外，美国产生的技术发明专利占到经合组织（OECD）国家的 38%；美国的出版物占到世界的 35%，美国出版物的被引用量占到世界的 49%；美国拥有世界知名出版物中的 63%。①

在研发经费方面，美国长期独占鳌头。据美国兰德公司

① Titus Galama and James Hosek, “U. S. Competitiveness in Science and Technology”, RAND Corporation, 2008, Summary, p. 16, http://www.rand.org/content/dam/rand/pubs/monographs/2008/RAND_ MG674. pdf.

（RAND Corporation）于2008年公布的数据显示，美国的研发经费占到世界各国总额的40%。产业界的研发投入是美国研发经费投入的最大来源。如在2004年，美国全国研发总经费近2900亿美元，其中联邦政府的投入仅为860亿美元左右，其余的费用主要由产业界提供。[①] 另据美国国家科学基金会（National Science Foundation）的数据，2010年美国国内科研经费总支出约为4087亿美元，占其GDP的2.81%；同期欧盟27国约为3050亿美元，占其GDP的1.91%；日本约为1408亿美元，占其GDP的3.26%；中国约为1790亿美元，占其GDP的1.77%。[②] 虽然美国科研经费占其GDP的比例并不显著强于部分国家，但其规模仍遥遥领先于其他国家。

在关键性的人才领域，美国的优势也极为明显。从科技工作者的数量以及占就业人员的比例方面来看，美国在世界大国中是首屈一指的。美国拥有130万科研人员，占经合组织国家的37%；70%的诺贝尔奖获得者在美国工作；在世界最著名的20所、40所和100所大学中，美国分别占据了15所、30所和58所。[③]

强大的科技实力使得美国的优势几乎无所不在，这有利于美国掌握国际经济、金融领域的制高点。例如：信息技术的广泛应用，促进了金融电子化，大大提高了美国金融市场的运行效率，降低了交易成本，增强了美国金融市场的国际竞争力及其对各国投资者的吸引力；美国在经济、金融领域的知识优势，为美国干预他国经济制度与政策设计创造了智力基础；美国的科技优势为美国进行所谓金融创新以及获得他国的认可创造了条件，典型事例就是美国在次

① Titus Galama and James Hosek, "U.S. Competitiveness in Science and Technology", RAND Corporation, 2008, Summary, pp. 16 – 18.

② Mark Boroush, "U.S. R&D Spending Resumes Growth in 2010 and 2011 but Still Lags Behind the Pace of Expansion of the National Economy", National Science Foundation, January 2013, http://www.nsf.gov/statistics/infbrief/nsf13313/?org=NSF.

③ Titus Galama and James Hosek, "U.S. Competitiveness in Science and Technology", RAND Corporation, 2008, Summary, p. 16.

贷危机前创造了各种金融产品，吸引了大量的国际投资者，使得大量国外投资涌入美国金融市场，为美国带来充裕的资金；科技优势还有利于维护美国的国际威望，由于技术优势是信息社会中控制公共舆论传播渠道的核心力量，美国基于信息技术优势，牢牢掌握着国际公共话语权，藉此能够美化、支撑美国的霸权主义，掩盖了许多国家对美国霸权秩序的不满。[①] 此外，强大的科技实力和知识创新优势，有利于美国掌控新经济的制高点，通过技术创新，不断激发经济活力；有利于强化美国在国际规则、技术标准等方面的制定权，给竞争对手预先设定难以突破的“天花板”；有利于美国通过技术援助、技术输出、科技合作以及高技术封锁、限制措施来加强盟国、限制竞争对手或敌国。

（三）军事实力

第一次世界大战结束后，在1922年的华盛顿会议上，美国通过签订《五国海军条约》取得了与英国海军并列首强的地位。美国参加第二次世界大战后，军事实力迅速跃居世界第一，并一直保持至今。自里根政府以来，美国一直决心维持绝对的军事优势，以此作为维系美国超级大国地位的最重要的战略资产，并反复证明在必要和可行时会不惜发动武力干涉甚而战争。[②] 冷战结束后，美国的军事优势更加显著，并率先进入以信息化为核心的新军事变革，获得了相对其他大国的空前的军事优势。虽然堪与苏联相提并论的战略性对手已经不复存在，但美国依然保留着国际化的安全结构。[③] 具体而言，美国的军事霸权主要体现在以下几个方面：

---

① 刘杨钺：“美国世纪的终结？技术优势与美国霸权合法性”，《世界经济与政治论坛》，2010年第2期，第98页。

② 时殷弘：“中美大国关系的前景想象”，《文化纵横》，2013年第2期，第39页。

③ ［法］菲利普·戈卢布（Philip S. Golub）著，廉晓红、王璞译：《动摇的霸权：美帝国的扩张史》，北京：中国民主法制出版社，2014年版，第85页。

第一，美国的军费开支远高于其他大国。据斯德哥尔摩国际和平研究所统计数据库公布的数据显示，在冷战结束后的1992财政年度，[①] 美国军费开支约为3051亿美元，占其GDP的4.8%，其后逐渐下降至2001财年的3127亿美元，占其GDP的3%。此后，由于美国发动伊拉克战争和阿富汗战争等原因，美国的军费开支逐年走高。至2010财年，美国的军费开支达到6983亿美元，占其GDP的4.8%，创造了历史记录。2011年全球军费开支约为1.74万亿美元，而美国就占到40%以上。[②] 如果考虑到美国能源部与核武器相关的开支，以及不受预算限制的战争和海外应急行动开支，美国的实际军费开支将更多。虽然由于近年来美国政府削减财政赤字，军费支出也受到了相应影响，但美国军费的绝对数额依旧遥遥领先于世界其他国家。

第二，以军事联盟体系为基础，美国的军事力量遍及全球。美国以在欧亚大陆的“边缘地带”建立的一系列双边、多边军事同盟（如北约、美日同盟）为核心，构筑了遍及全球的军事联盟或军事合作体系。美军还在世界各大区建立了相关司令部。据美国国防部公布的数据显示，截止2011年，美军在海外共设有666处军事基地。其中，陆军拥有316处海外基地，海军拥有114处，空军拥有216处，海军陆战队拥有20处；在这些基地中有21处是属于资产价值逾17.15亿美元的大型军事基地。[③] 这些海外军事基地有近2/3分布在德国、日本和韩国，体现了美国威慑中国和俄罗斯、控制边缘地带的战略意图。

美国的军事同盟加上其在拉美、大洋洲等处建立的军事合作安排以及遍及全球的军事基地，为美国维护其霸权提供了战略和政治

---

① 美国的财政年度是从每年的10月1日至次年的9月30日。

② The Stockholm international peace research institute，http：//milexdata. sipri. org/.

③ The Department of Defense of the U. S.，“Department of Defense Base Structure Report FY 2012 Baseline”，pp. 7，23.

框架。[①] 尽管美国的国际经济地位曾经或正在受到欧洲、中东石油输出国、日本以及中国等新兴市场国家的挑战，但所有的这些挑战并未彻底改变美国在军事和安全方面的优势。美国继续为日本和欧洲提供军事和安全保护，如果没有这种保护，日本和欧洲将无法凭借自身的力量保障其能源、经济和安全利益。[②] 因此，美国的军事优势也在很大程度上弥补了其经济力量下滑所产生的不足，使得欧、日等发达国家无法摆脱对美国霸权的依赖。

第三，美军的装备技术水平独占鳌头。美国雄厚的经济与科技实力以及巨额的军费开支，确保了美国在核武器及其投送能力、导弹防御系统、军用飞机（含无人飞机）、GPS 全球卫星定位系统、航天器、作战机器人等关键军事技术方面的全面优势，进而提升了美军的指挥效能、信息战能力、机动性和远距离作战能力，使美军成为唯一的全球军事力量。

第四，美军的作战经验最为丰富。冷战后，美国先后发动或参与了海湾战争、科索沃战争、伊拉克战争、阿富汗战争等大型军事活动，以及在索马里、利比亚等国的军事行动。频繁的对外军事行动使美军不断产生新的作战理论和作战方式，积累了丰富的作战经验，检验和改进了技术装备，进而有利于美国维护绝对的全球军事优势。

基于强大的军事实力，当代美国霸权的逻辑是：以军事实力控制世界资源，以世界资源支撑美元霸权，以美元霸权支撑美国金融，以金融实力汲取世界财富。[③] 当前美国强大的军事实力，使得没有一个国家可以与其势均力敌，对美国本土构成压倒性的直接军事威胁；

① ［美］罗伯特·吉尔平著，钟飞腾译：《跨国公司与美国霸权》，北京：东方出版社，2011 年版，第 85 页。

② 王正毅：《国际政治经济学通论》，北京：北京大学出版社，2010 年版，第 170 页。

③ 张文木：“‘天安舰事件’后东亚战略形势与中国选择”，《太平洋学报》，2010 年第 11 期，第 24 页。

没有一个大国威胁要利用欧亚大陆资源把军力投向西半球并以之反对美国；没有一个强国把军事力量瞄准美国领土，妄图侵略美国；没有敌对的联盟计划与美国作对；欧亚大陆没有出现将美国卷入漩涡的大国间战争。因此，美国不会受到大规模进攻、整体摧毁、军事入侵和外国征服的威胁。[①] 这些因素在很大程度上增强了美国金融市场的稳定性以及对外来资本的吸引力。不仅如此，美国凭借强大的军力，还可实现对全球战略性资源产地的控制；并有利于保障全球市场对美国的开放性。

美国为维持其全球军事优势，每年耗费巨额军费开支，以至于许多评估认为"如果没有这些军费开支，美国根本就不会有赤字"，但正是美国的全球军事优势使得"全球的货币系统围绕美元来组织"。[②] 值得注意的是，美国强大的军力可对与之相关的国际债权债务关系等对外经济关系发挥作为"最后手段"的威慑作用。因为仅鉴于美国强大的军事实力，任何国家或国家集团就不可能硬性要求美国放弃滥发货币等维护一己之利而贻害他国等不负责任的经济政策；相反美国却可以利用其强大的军事实力所产生的威慑效应来防止他国实行有损美国霸权的国际经济政策。如2008年金融危机发生后，美国兰德公司等对官方政策具有强大影响力的智库及其研究人员接连推出有关中美战略冲突引爆点的研究报告。[③] 而中国作为美国最大的债权国，彼时正担忧金融资产的安全性以及考虑分散投资等问题。这些对美国国家安全政策具有重大影响的著名智库和研究人

---

① ［美］罗伯特·阿特著，郭树勇译：《美国大战略》，北京：北京大学出版社，2005年版，第14页。

② ［美］大卫·格雷伯著，孙碳、董子云译：《债：第一个5000年》，北京：中信出版社，2012年版，第343页。

③ 林利民："从2011年国际战略形势看未来国际大趋势"，《现代国际关系》，2011年第12期，第6—7页。"Rand Corp. lobbies for America to start World War to stimulate economy", http://www.dailypaul.com/71044/rand-corp-lobbies-for-america-to-start-world-war-to-stimulate-economy.

员出台这样的报告，其明显的军事威慑意图及其真正目的颇耐人寻味。

第二节　美元霸权与美国的“中心国家”地位

在国际体系的政治与经济基础中，国际货币体系的建构居于核心地位。国际货币体系就是世界各国关于货币的制度设计与组织安排，核心在于确定以何种货币作为本位货币。自 19 世纪以来，不同货币体系的构建和解体，反映了霸权国的兴衰；而霸权国确立和巩固国际地位的主要措施，在于建立于己有利的国际货币本位。简言之，控制了世界货币的国家，也就控制了国际货币体系的主导权，进而能够对世界体系的运行产生他国无法企及的重大影响。① 美国通过美元霸权的构建，确立了在国际经济，特别是国际金融领域的中心国家地位。

一、美元霸权的形成和演变

从 1816 年到 1914 年第一次世界大战爆发之前，世界主要资本主义国家都实行金本位制，黄金是国际储备资产。其间，英国是国际金融体系的主宰者，英镑是主要的国际储备和交易货币；英国公司也主宰了国际金融业，因此，在某种程度上，19 世纪是英镑本位制时代。1914 年第一次世界大战爆发之后，为避免黄金储备大量流失，各国纷纷停止本币与黄金的直接兑换，代之以各国货币之间的浮动汇率。自此至布雷顿森林协定于 1946 年生效期间，未能形成完

① 王湘穗：“币缘政治：世界格局的变化与未来”，《世界经济与政治》，2011 年第 4 期，第 12—13 页。

整的、获得各国一致同意的国际货币体系。

1929—1933年，史无前例的经济危机所引起的国际金融动荡以及第二次世界大战的爆发，终结了英国在国际经济体系中的领导地位，而美国则凭借绝对领先的经济实力和在盟国中的中流砥柱地位，进一步提高了美元在国际货币体系中的地位。在第二次世界大战即将结束之际，为稳定国际金融秩序，以美国和英国为首的同盟国开始拟定战后的经济重建计划。在美国政府的策划和推动下，1944年7月，世界反法西斯联盟中的44国代表在美国新罕布什尔州的布雷顿森林举行了联合国货币及金融会议（布雷顿森林会议），以就国际贸易与货币体系达成总体协定。

会议期间，美国和英国主导了会议进程，两国就美元和英镑何者成为国际本位货币展开了博弈。会议的结果是英国所提的“凯恩斯计划”不敌美国所提的“怀特计划”（即美元与黄金挂钩，其他货币和美元挂钩的国际货币新体系）。会议通过了《国际货币基金协定》以及《国际复兴开发银行协定》，即“布雷顿森林协定”。布雷顿森林协定是以美国的“怀特计划”为基础，并参照英国的计划而形成的，确定了美元和黄金挂钩，[①] 其他货币和美元挂钩的制度；赋予了美元在国际收支结算中的交易媒介和国际储备货币地位，由此确立了美元本位制和美国在资本主义世界经济体系中的中心地位。

布雷顿森林体系拥有一套较为完善的规则体系，并建立了国际货币基金组织（IMF）和国际复兴与开发银行（即世界银行的前身）以监督实施这些规则。在国际货币基金组织和世界银行这些攸关国际货币制度的最重要的国际组织中，美国一直享有特殊地位。首先，早在这些机构创立之初，美国就在很大程度上决定了其组织结构、职能定位以及权力格局。在每个机构中，美国最初掌握了约2/3的投票权。没有美国的同意，国际货币基金组织的任何草案都不能获

① 1盎司黄金兑换35美元，但只可以在央行的层次上进行自由兑换。

得通过。到2013年初，美国仍持有该机构17.67%的投票权。由于国际货币基金组织的重大决策至少需要85%的支持率才能获得通过，因此美国实际上仍控制着该机构的决策权。在几次影响世界经济的金融危机中，美国都左右着国际货币基金组织的应对措施。[①] 其次，世界银行行长之职默认由美国选派。第三，世界银行和国际货币基金组织中有大量的美国经济学家，他们中的主流经济学形态——注重市场调节的新自由主义，使这两个组织在意识形态上不自觉地带上了美国色彩。[②] 通过这些国际金融机构，美国可以对其他国家行使权力。虽然这些机构并非完全是美国的工具，但在一定程度上，这些机构的创设是为了倡导和实行美国所支持的目标和政策。[③] 正因如此，国际货币基金组织为战后的美国银行业和金融业提供了巨大的国际优势。

布雷顿森林体系建立后，美国在1947年7月启动了援助欧洲的“欧洲复兴计划”（即“马歇尔计划”）。该“计划”的所有援助项目均以美元结算，这正是美元排挤英镑而渗透欧洲的真正用意。[④]“马歇尔计划”进一步巩固了美元的世界货币地位。随后由于冷战爆发和两大阵营对立，美国成为资本主义阵营中唯一的超级大国，布雷顿森林体系也就成为美国承担主要义务和享有主要收益的货币体系。各国货币直接或者间接地与黄金挂钩，维持各国间汇率的稳定，避免了第一次世界大战结束后国际经济领域出现的权力真空状态。

---

① ［美］罗伯特·吉尔平：《全球资本主义的挑战：21世纪的世界经济》，上海世纪出版集团，2001年版，中文版前言第14页。

② 戴平辉：“结构性权力下的美国霸权”，《太平洋学报》，2004年第1期，第44—45页。

③ Ngeire Woods, “The United States and the International Financial Institutions: Power and Influence Within the World Bank and IMF”, In: Rosemary Foot, S. Neil MacFarlane and Michael Mastanduno, *US Hegemony and International Organizations: The United States and Multilateral Institutions*, UK: Oxford University Press, 2003, p. 92.

④ ［日］吉川元忠著，孙晓燕、袁英华译：《金融战败》，北京：中国青年出版社，2000年版，第16页。

在之后的20余年里，在布雷顿森林体系的主导下，国际贸易和跨国投资日趋活跃，全球经济总体稳定并实现了较快速度的增长。总之，布雷顿森林体系为战后20年的繁荣奠定了基础。

布雷顿森林体系是以一国货币充当世界货币的货币体系。[①] 在这一体系中，美国通过两种方式对外输出美元：一是美国制造贸易逆差，加大对国外商品的进口，不断对外输出美元。其他国家则通过贸易盈余的方式积累美元，以进行国际支付和清偿外债。二是通过美国公司赴国外进行大规模投资，使得美国资本项目呈现逆差，以对外供应美元。

20世纪50年代，由于发起冷战和介入朝鲜战争，美国的军事开支大增。同时西欧、日本等国的经济逐渐恢复和崛起。从1945年到1970年，基于强大的工业竞争力，美国的对外贸易均为顺差。但在作为一国总体国际收支重要组成部分的海外军事支出、政府对外援助和私人长期投资这三项重要账户上，美国存在巨额的净流出。随着美国贸易顺差的规模逐渐缩小，但海外军事支出、政府对外援助和私人长期投资三项净流出之和却已超过其贸易顺差所带来的净流入，让美国的总体收支变成逆差。[②]

在此背景下，外国的美元储备逐步上升。到20世纪60年代中期，美国的收支盈余开始消失，原来的美元短缺转而变成美元过剩。[③] 由此美国在国际经济体系中的绝对优势地位开始动摇。加之美国在介入越战，更是耗损巨量国家资源。此外，由于以一国货币作为全球货币，布雷顿森林体系不可避免地存在致命缺陷，即无法克

---

① ［美］保罗·沃尔克，［日］行天丰雄著，贺坤、贺斌译：《时运变迁——国际货币及对美国领导地位的挑战》，北京：中国金融出版社，1996年版，第63—64页。

② 丁一凡、钮文新：《美元霸权》，成都：四川人民出版社，2014年版，第80页。

③ ［美］罗伯特·吉尔平著，钟飞腾译：《跨国公司与美国霸权》，北京：东方出版社，2011年版，第122页。

服的“特里芬难题”。[1] 上述因素最终导致美元兑换黄金的官价难以继续维持。在金本位制下，世界货币锚定黄金，具有可靠的价值依托，因而不会遭到市场的质疑。在布雷顿森林体系下，美元靠美国的国家信用及与美国有限的黄金储备保持固定价格来担保。当外国政府或国际金融市场对美国政府维持黄金与美元的固定价格的能力产生疑问时，就有可能诱发美元回流并挤兑美国政府的黄金储备。因此，在20世纪60—70年代，先后爆发的美元危机就高达11次。由于法国等国家不断以积存的美元向美国兑换黄金，导致美国的黄金储备不断减少。在此情况下，1971年8月15日，尼克松政府宣布美国停止向各国政府或央行再按官价兑换黄金，这意味着布雷顿森林体系的核心基础即美元与黄金的挂钩关系不复存在。至此，黄金在国际货币汇兑中的官方作用结束，货币从此与黄金彻底脱钩。

布雷顿森林体系很大程度上是霸权性质的，美国受到的唯一约束就是美元可兑换黄金的承诺。由于这一承诺不再有效，布雷顿森林体系由金汇兑本位演变为美元本位。[2] “1971年是美元霸权的开端。[3] 美元霸权表现为：以一种没有实物依托的纸币担当首要的国际

---

① 美国经济学家罗伯特·特里芬（Robert Triffin）在1960年的论著《黄金和美元危机》中指出：随着世界经济和贸易的不断增长和国际货币需求的日益增加，美元对国外的供给将不断扩大。如果美国国际收支持续出现逆差，则不利于美元价值的稳定；如果美国国际收支持续出现顺差，则美元的供给就将减少，就难以满足国际需求。这样以美元为主导的国际货币体系就会陷入“两难境地”。换言之，要满足国际货币的需求，保证国际货币的供给，美国的国际收支必须持续保持逆差；而国际收支持续保持逆差，又必然导致美元的贬值。此即被称为“特里芬难题”的著名悖论。

② Stephen Gill and David Law, *The Global Political Economy*: *Perspectives*, *Problems*, *and Policies*, U. S. A: The Johns Hopkins University Press, 1988, p. 170.

③ “美元霸权”一词由美籍华裔学者廖子光（Henry C. K. Liu）首提。廖子光最早在2002年4月11日《亚洲时报》的一篇题为《美元霸权必须终结》的文章中提出这个术语，将美元霸权界定为“自1971年以来，美元作为一种没有黄金支撑、没有美国货币和财政纪律约束、只靠美国军力和地缘政治实力支撑的不兑现纸币，却继续担当全球金融与贸易的首要储备货币的角色”，而后这个术语被广为流传和引用。

储备货币角色”。[①] 换言之，布雷顿森林体系瓦解后，货币只能依靠一国的国家信用发行，而成为不可兑换的纸币。1973 年，美国政府正式停止接受美元兑换黄金，布雷顿森林体系正式崩溃。1976 年，国际货币基金组织由 20 国组成的专门委员会，在牙买加首都金斯敦召开会议，并签署了新的货币协议——《牙买加协议》，协议使得浮动汇率合法化，否定了黄金的货币职能，强调了特别提款权（SDR）作为国际储备的重要地位。由此国际货币制度进入了“牙买加体系”或后布雷顿森林体系并延续至今。在该体系下，美元在国际货币体系中的主导地位和国际储备货币职能仍得以延续；国际货币基金组织的职能也得以存续。具有讽刺意味的是，布雷顿森林体系因过度透支而崩溃，而代替该体系的却是一个能够透支全球财富的美元本位制。[②] “对美国而言，无论是建立还是放弃布雷顿森林体系，均是要获得美元的霸权地位所产生收益。”[③]

在“牙买加体系”时期，各主要资本主义国家接连实行了浮动汇率制，而发展中国家则普遍实施了盯住汇率制度以及有管理的浮动汇率制度。在该时期，由于汇率调节更多靠市场机制的自发作用，大国间缺乏制度化的货币合作，以及国际货币监督功能的缺失，浮动汇率制度实质上成为国际放任自由制度。在全球浮动汇率体系的影响下，国际经济波动的幅度明显增强，规模不等的货币危机和金融危机频繁爆发。从 1975 年到 1986 年，美元、日元和马克由于缺乏协调而导致通胀和国际货币体系的动荡。由于世界性通货膨胀开始蔓延，各种区域性金融危机频发。除了引人注目的两次石油危机

---

① ［美］廖子光著，林小芳等译：《金融战争：中国如何突破美元霸权》，北京：中央编译出版社，2008 年版，第 4 页。

② 王湘穗：“币缘秩序的解体与重构——当前国际政治的新焦点”，《现代国际关系》2009 年第 3 期，第 6 页。

③ 李向阳：“布雷顿森林体系的演变与美元霸权”，《世界经济与政治》，2005 年第 10 期，第 18 页。

外，几乎所有的发展中国家都爆发过程度不一的金融危机。而从20世纪90年代至今，国际金融危机已经开始从发展中国家向发达国家蔓延。而美国主导下的中心—外围的国际货币和经济体系是金融危机爆发和国际金融市场动荡的深层次原因之一。

二、美元霸权与中心—外围结构[①]

“历史上的各种国际货币体系始终存在中心—外围结构。中心国家负责提供世界货币，同时外围国家向中心国家输入各种物质资源。外围国家通过向中心国家支付国际铸币税以获得使用国际货币的便利。”[②] 而罗伯特·吉尔平认为，第二次世界大战结束以来相互依赖的世界经济的中心是美国，西欧和日本尽管是较发达的工业国，但还是边缘区；中心区发挥了国际银行家的作用，通过提供国际货币和流动性，以此建立和管理国际货币体系；中心区在国际贸易体系的创建和组织过程中扮演关键角色；中心区通过私人投资和对外援助为体系提供投资资本并促进体系的发展。总之，中心区设定并强制执行经济交易和发展的规则。这些规则之所以为外围地区所接受，是因为中心区的权力以及整个体系同时促进了中心和外围区的增长。[③]

① 20世纪中期，阿根廷经济学家普雷维什（Raul Prebisch）首次提出“中心—外围”理论。其主要观点是：在传统的国际分工下，世界分为中心国家和外围国家两大体系，即由发达国家构成的中心体系和由发展中国家构成的外围体系。从20世纪60年代开始，中心—外围理论得到了广泛的发展，以阿明等学者的依附论为代表。依附论认为，发展中国家被迫接受世界生产的专业化分工，主要为满足发达国家的需要而生产，从而使发展中国家“依附”于发达国家。这种不平等的依附关系使发达国家获得发展优势，而发展中国家则长期陷入不发达状态。“中心—外围”理论对于分析当前的国际货币体系亦有重要的启示和应用价值。

② 张明、覃东海：“国际货币体系演进的资源流动分析”，《世界经济与政治》，2005年第12期，第61页。

③ ［美］罗伯特·吉尔平著，钟飞腾译：《跨国公司与美国霸权》，北京：东方出版社，2011年版，第39—40页。

在“牙买加体系”下，美元仍是最主要的国际储备货币。美国依旧占据国际货币体系的中心位置，对国际货币体系具有决定性的影响力，主要体现在：一是美国拥有超越任何国家或国家集团的巨大的信用基础和融资能力；二是美国是当今世界货币、金融和经济规则的制定者或操控者，诸如世界银行、国际货币基金组织、国际清算银行等国际性金融组织都处于美国的掌控之中；三是美国发展出全球规模最大、法制最健全、管理最成熟的资本市场。

其他发达国家（集团）如欧盟、日本等，由于其货币也是主要的国际储备货币，且这些国家在全球产业分工中居于高端位置、经济实力很强，因而在全球经济与货币体系的中心—外围结构中处于“核心外围”的地位。核心外围经济体的汇率制度与中心国家保持一致。广大的发展中国家则处于这一体系的外围位置，是国际货币体系规则的接受者，对国际货币体系的影响很小，且普遍处于国际分工的低端。除了21世纪初崛起的新兴经济体外，外围国家的经济实力一般不强，其货币基本不被他国作为储备货币，其汇率制度倾向于盯住中心国家或核心外围国家的货币。[①]

在全球经济体系的中心—外围结构中，一类核心外围国家如日本等和外围国家如中国等，以世界上最大的消费国——美国作为其最重要的出口市场，通过对美贸易形成的盈余积累巨量的美元外储，然后再通过投资美国国债等美元金融资产的方式来保有这些外汇储备。相比之下，美国则通过输出美元、进口商品来满足国内旺盛的消费需求，且输出的美元往往又通过对外发售美国债券等方式回流美国。另一类核心外围经济体如欧盟等、外围国家如大部分欧佩克成员国、新加坡等部分新兴经济体、拉美国家等，则购买了大量美

① 各国在国际货币体系中是有层级的。根据对国际货币体系影响力的强弱，可将各国分成三个层次：中心国家、核心外围国家（经济体）和外围国家（经济体）。参见：“国际货币体系的演变及结构”，国务院发展研究中心调查研究报告，第155号（总4157号），2012年9月4日，第5—6页。

国国债和美国企业债券、股票等金融资产。美国通过对外发售金融资产融入大量的真实资本，使之拥有充足、低成本的资金来源用于国内投资、消费或对外投资。[①] 由于美国政府通过发行国债来融资，而美联储以购买国债的数量来决定发行美元的数量，因此美元本位制已经发展为美债本位制。美国出口美元换取外国商品，而各国又用积存的美元购买美国国债和其他美元金融资产为美国提供资金。因此，在中心—外围体系中，作为中心国家的美国享受了更多的收益。[②]

第一，在后布雷顿森林体系下，美国获得最重要的收益当属“铸币税”收入。[③] 这一收入只能在美元霸权支撑的中心—外围体系下才能源源不断地产生。在金本位制下，如果货币发行国长期、无度地输出金融资本，在资本账户逆差不断扩大的情况下，会导致境外本币回流、挤兑本国黄金储备的严重后果，因而各国会自动放弃牟取国际铸币税的设想。

事实上，金本位制下的中心国家如英国、法国以及美国都保持了持续的贸易顺差，因此，金本位制下的中心—外围结构是一种比

---

① 马晓科：“后布雷顿森林体系（BWⅡ）的表现形式、特征及其影响”，《商业时代》，2011 年第 6 期，第 68 页。

② 2005 年，三位德意志银行的经济学家（MICHAEL P. DOOLEY，DAVID FOLKERTSLANDAU，PETER GARBER）共同提出了“新布雷顿森林体系”的概念，用以描述这样一种美元循环系统：以中国为首的亚洲国家通过低估本币币值促进出口，美国则通过印钞购买亚洲的出口商品。出口与进口的严重失衡导致以中国为首的亚洲国家的外汇储备急剧增加。持有大量美元的中国等国在资本市场大量购买美国债券，使美元回流美国。美国又通过促使美元贬值、亚洲货币升值，以减少亚洲各国保有的美元资产，使这个环流继续维持。当然，亚洲国家的央行都在大量抛出本币而购入美元以求汇率平衡。参见张晓勇：“新布雷顿森林体系下的中美博弈”，《中国商贸》，2012 年第 16 期，第 226 页。

③ 铸币税收入是指，关键货币（key Currency）的发行国，因其货币作为国际储备、计价和交易媒介货币而获得的收益。

较稳定的结构。[①] 但这种限制因完全信用货币体系的建立而不复存在。黄金非货币化或美元与黄金的脱钩，使得美国再也不用担心其国际收支逆差会导致黄金外流，几乎可以无限量地发行作为世界储备货币的美元，根本不用顾及这样发行货币是否有黄金的支持。[②] 美国只需开动印钞机，甚至只需在计算机系统内生成一串数字，就可大量发行美元并几乎无限制地享受境外产品、劳务和各种资源，而别国却需通过出口商品或服务来换取美元，因此美元已经成为美国的一项主要“出口产品”。诸多新兴市场国家实行出口导向型战略以拉动经济增长，在此过程中产生了大量贸易盈余，进而积累了高额的美元外储，然后再将外储投入美国国债等美元债券市场，以填补美国经常项目的逆差。然而美国之外的其他国家，特别是国际货币体系中的外围国家，不可能长期维持大量国际收支赤字，因为这些国家难以向他国政府或投资者、国际金融机构长期举借大量贷款。历史上，大量举借外债的国际货币体系中的非中心国家，几乎都遭到国家财政破产、本国金融体系被超级大国接管的命运。[③] 正是美元在国际货币体系中的中心地位，使得美国政府可以通过输出美元向各国课征国际铸币税，从而轻易地无偿占有国外美元持有者的部分财富。

第二，随着美元的超量发行，美国获得了惊人的通货膨胀税。如果一国不是世界货币的发行国，其贬值本币虽可推动本国产品出口，但却必须要承受由于外债负担上升而造成的损失。然而由于美元霸权的作用以及美国的外债以美元计价，美联储超发货币导致的

---

① 张明、覃东海：“国际货币体系演进的资源流动分析”，《世界经济与政治》，2005 年第 12 期，第 62—63 页。

② ［美］威廉·恩道尔著，顾秀林、陈建明译：《金融海啸——一场新的鸦片战争》，北京：知识产权出版社，2009 年版，第 220 页。

③ 向松祚：《汇率危局》，北京：北京大学出版社，2007 年版，第 117 页。

美元贬值可降低美国的债负并刺激美国产品出口，由此获得双重收益。[①] 通常情况下，美联储更倾向于让美元缓慢地、温和地贬值，例如3%的通货膨胀率就能在短短的14年内导致美元的价值亏损一半。[②] 美国通过对外大量输出美元和发售债券换回新兴国家廉价的商品，而存留在新兴国家的美元和美元资产却逐渐地贬值。这一“损不足以补有余”的现象无异于“劫贫济富”，使得美国获得新兴国家的“反向援助”。

第三，美国在国际经济与货币体系中的中心国家地位赋予其转嫁自身危机和干预世界经济的能力。美国政府可以通过降低利率、增加政府开支来解决经济衰退问题。同时由于美国还控制了国际货币基金组织等国际金融机构，使得美国比外围国家对自己的命运拥有更大的主动权，而边缘国家则处于依赖性更强的地位。[③] 此外，在这种脱离了实物锚定的货币体系下，美国还可向全球提供超量美元、各种债券和蕴含着巨大资产泡沫的各种金融衍生产品。其中，美国金融机构所创造的缺乏可靠担保的、具有货币功能的金融产品，使金融资本能够操纵各种金融市场，从而提升了美国金融资本在世界经济体系中的地位。因此，基于在本币地位、金融市场、资本实力方面的优势，美国可以通过所谓的金融创新来赚取国际经济体系中诸多外围国家的巨额财富，建立以世界最大债务国——美国支配所有债权国的、对美国形成利益输送关系的、反常规的新型世界秩序。[④]

---

① 何帆、张明：“国际货币体系不稳定中的美元霸权因素”，《财经问题研究》，2005年第7期，第33页。

② ［美］威廉·波纳、安迪森·维金著，沈丽英、顾锦生译：《末日经济》，北京：中信出版社，2011年版，第215—217页。

③ ［美］乔治·索罗斯著，燕清等译：《美国的霸权泡沫—纠正对美国权力的滥用》，北京：商务印书馆，2004年版，第82页。

④ 王湘穗：“币缘政治：世界格局的变化与未来”，《世界经济与政治》，2011年第4期，第15页。

第四，美国的中心国家地位以及美元本位制还赋予了美国企业种种优势。如：美国企业在进行国际贸易时可以直接以美元结算，从而有利于规避汇率风险和降低交易成本等，而美国银行和金融机构也具备国际化经营的有利条件等。

美国基于中心国家地位获得了种种收益，而外围国家却承担了大量成本。美元霸权的最严重后果是造成了全球经济发展的严重失衡。世界各国均在不同程度上依赖对美贸易以促进经济增长。而美国作为中心国家又是全球最大债务国，其长期保持外贸和财政双赤字，经济运行在很大程度上依赖国外资金的注入。从根本上讲，美国的巨额贸易赤字是美元霸权的衍生品，美元霸权使得美国成为国际经济与货币体系的最大获益者。① 同时，美元的霸权地位使得全球金融体系处于不稳定状态中。各国的外汇储备机构和金融机构储备了大量的美元资产，这些机构必然要在世界范围内寻找投资或投机机会以增值获利，由此导致了大规模的国际游资频繁流动，成为国际金融市场动荡的重要原因。② 近30年来发生的大多数国际金融危机的背后，都有美国及其他西方国家的大规模投机资本的身影。而且这些金融或货币危机曾集中发生在外围国家中，如爆发于20世纪80年的拉丁美洲债务危机、20世纪90年代中期的墨西哥金融危机以及20世纪90年代后期的东南亚金融危机等，这些金融危机对地区经济形势产生了严重的冲击。而其后的俄罗斯、巴西、阿根廷发生的货币危机也使这些国家遭到沉重打击。由此可见，中心—外围的国际货币体系在使中心国家获得诸多收益的同时，也使外围国家更多地承担了诸如通货膨胀、资源外流、经济运行风险上升等沉重的成本。

---

① 殷佳："论美元霸权及其经济影响"，《当代经济》2009年4月（下），第87页。

② 马晓科："后布雷顿森林体系（BWⅡ）的表现形式、特征及其影响"，《商业时代》，2011年第6期，第69页。

不容忽视的是，美国作为国际经济与货币体系的中心国家，在享受诸多收益时，却经常规避相应的义务和责任。由于美元是最主要的国际储备货币，美国又是支持国际金融制度的核心国家，所以在金融危机爆发之际，美国需要履行最后贷款人的重要责任，并积极协调相关国家的宏观经济政策。但美国并未完全履行以上义务，如在20世纪90年代末发生的东南亚金融危机中，美国政府并未承担最后贷款人的角色，而危机的始作俑者如索罗斯的量子基金等却具有美国背景。同时，美国在协调各国宏观经济政策方面习惯性地、更多地从本国利益考虑。日本学者金子胜曾批评美国一直利用美元在“玩弄着世界”。[①] 虽然带有情绪化色彩，但亦切中肯綮。总之，在以美国为中心的国际经济与货币体系中，权利与义务的不对等不仅使得美国享有诸多优势、获得巨大利益，而且导致外围国家中的发展中国家在话语权与利益分享方面处于被边缘化境地。

三、美元霸权面临的挑战

美国依靠美元霸权获取中心国家地位所带来的种种收益，也面临着过度享受这一优越地位所导致的经济结构失衡的负面效应。同时，美国的自利以及美元霸权对世界经济的负面影响也在逐渐削弱美元的国际货币地位。

第一，长期以来，美国依靠美元霸权可以汲取全球资源，在很大程度上造成美国国内产业结构失衡、产业“空心化”趋势不断加强。随着实体经济在国民经济中的比例日益下降，国外市场对美国实体经济的需求下降，而对美国虚拟经济的需求上升，从而进一步推动了美国的去工业化进程和经济的虚拟化。[②]

---

① ［日］金子胜：《经济全球化与市场战略》，北京：中国人民大学出版社，2002年版，第152—153页。

② 马晓科：“后布雷顿森林体系（BWⅡ）的表现形式、特征及其影响”，《商业时代》，2011年第6期，第68页。

自20世纪70年代以来，美国逐渐进入后工业化社会，制造业对美国经济增长的贡献率逐步降低，而服务业和金融业获得了长足发展。虽然一些以美国为生产基地的制造业仍保持强大的国际影响力，但美国的制造业特别是低端制造业却经历了大范围的衰退。美元霸权的确立使得美国容易“不劳而获”从而形成对国外借款的过度依赖，这在很大程度上加速了美国的“去工业化”进程。随着第一产业和第二产业在国民经济中的比重不断递减，美国的服务业逐渐成为实现国内经济增长的支柱产业。由于美国金融业在整体服务业中所占的比例很高，不可避免地冲击了实体经济的国际竞争力。经济结构的过度失衡最终成为次贷危机爆发的诱因之一，而随之发生的金融危机又重创了美国的金融业和实体经济，一度对美元霸权造成冲击。

表1—1　　1950年—2005年美国制造业与金融服务业在GDP中的比重变化

	1950	1960	1970	1980	1990	2000	2003	2004	2005
制造业	29.3%	26.9%	23.8%	20.8%	16.3%	14.5%	12.7%	12.1%	12.0%
金融服务业	10.9%	13.6%	14.0%	15.0%	18.0%	19.7%	20.5%	20.6%	20.4%

资料来源：Kevin Phillips，*Bad Money*，New York：the Viking Penguin，2008，p. 31.

第二，美国为稳定或控制全球范围内的战略性地区和战略性资源需要付出长期的安全成本。美元霸权能够维系的一个重要的条件就是国际大宗商品以美元计价，并且美国还能控制定价权。因此，控制石油等战略性资源产地成为美国维护美元霸权的重要措施。美国发动两次海湾战争的重要原因之一就是保持美国对世界上最大产油区的控制。同时，美国在全球许多存在战略性资源的地区保持军事存在或进行政治、军事干预。这些措施虽然有助于美国维持其全球霸权，但美国也为此付出了巨大的成本。仅从经济方面来看，这些措施不仅加重了国内的财政负担，而且侵蚀了国家的经济资源，进而会对美元霸权产生负面影响。

第三，伴随着区域经济一体化的发展，不断推进的区域性货币合作对美元霸权的维持形成了愈发严峻的挑战。2002 年欧洲货币联盟正式启动。自欧元诞生之日起，随着欧盟东扩、欧元区的扩大及其与亚洲和非洲间经贸关系的不断拓展，欧元的国际地位逐渐提高，并开始动摇美国的货币霸权。

一是美元的国际储备货币地位有所降低。自二战结束后，美元长期保持最主要的国际储备货币地位，但由于欧元的产生及其影响力不断提高，许多原以美元资产作为主要外汇资产的国家转而加大了欧元资产的储备额度，进而挤压了美元资产的储备空间，使得美元的国际地位受到冲击。以俄罗斯对欧元的接受程度为例，2005 年，欧元在俄罗斯卢布汇率的货币篮子中约占 40%；至 2007 年该比例升至 45% 左右，这显示了欧元对俄罗斯货币政策的影响增大和欧元国际地位的上升。①

二是欧元对美国的对外贸易形成了冲击。由于欧洲地区正在逐渐形成统一货币，欧元区国家之间可以用欧元直接进行交易，从而降低了欧元区的贸易成本，并提高了欧元区产品的出口竞争力。由于美欧的经济结构、技术水平具有高度的相似性，欧元区国家产品出口竞争力的加强不可避免地影响到美国对欧盟乃至其他国家的出口贸易。

三是欧元削弱了美元在国际贸易中的结算货币地位。美元结算量的比重下降则意味着美国在国际市场上定价权的流失，如伊朗、俄罗斯以及委内瑞拉等重要产油国先后宣布接受欧元作为出口石油的计价或交易货币。同时，几乎所有重要的石油输出国都不同程度地提高了对欧元的重视程度，由此使得石油美元的前景具有很大的

① 胡云超：“欧元十年：回顾、展望与借鉴”，《广东社会科学》，2009 年第 3 期，第 44 页。

不确定性。[①] 当然，对拥有巨量外汇储备的新兴市场国家而言，欧元的问世使得这些国家在进行国际结算和选择储备资产时，具有了更大的回旋空间。

第三节 美国维系美元霸权的多重手段

美元霸权根植于美国的全球霸权，而美元霸权又支撑着美国的全球霸权。由于美国滥用美元霸权及各种挑战因素的影响，美元霸权逐渐受到冲击。一旦美元在国际货币体系中的主导地位瓦解，也就意味着第二次世界大战结束以来美国支配的美元霸权时代的终结，并将侵蚀美国全球霸权的基础，所以为维护美元霸权，美国会调动一切国家力量，综合采取政治、经济和军事等多重手段予以应对。自 20 世纪 70 年代以来，美国除了通过控制国际金融制度和金融体系来维护美元霸权，还在美元霸权面临潜在危机之际，通过多重手段打击美元霸权的潜在挑战者、控制战略性资源产地和定价权、主导国际信用评级体系等方式，以维护美元霸权和美国的战略利益。

一、利用霸权优势打击挑战国家

自布雷顿森林体系解体之后，美元霸权的第一个潜在的挑战者是日本。第二次世界大战结束后，日本经济迅速恢复并成为仅次于美国的全球第二经济大国。随着外汇储备不断上升等因素的影响，日本成为购买美国国债的主力。1976 年，日本购买的美国国债总额仅为 1.97 亿美元，到了 1986 年第二季度就飙升至约 140 亿美元；

① 黄河："从欧洲主权债务危机看美国评级霸权对世界经济的影响"，《国际观察》，2011 年第 6 期，第 65 页。

1981—1985 年外国民间持有的美国国债净增加了 620 亿美元，由于联邦德国已经抽身，这些增加的额度几乎全是来自日本的投资；同时，这 5 年里日本的经常收支顺差累计约达 1200 亿美元，这意味着日本一半的贸易盈余以购买美国长期国债的方式回流美国。[①] 美国依靠日本等国的资金注入不仅弥补了贸易赤字，还将剩余部分投资国外，以获取更大的投资收益。

到 1985 年年末，日本已经成为全球最大的债权国，而随着经济与金融实力的增强，日元也成为世界第三大储备货币，在各国的官方外汇储备构成中，日元所占的比例显著提高。随着日本经济的崛起，日本和日元也成为美国全球经济地位和美元最强劲的竞争对手，来自日本国内的“日本可以说‘不’”的论调日甚一日。日本的经济崛起对美国的中心国家地位构成严重威胁。在此背景下，美国以其霸权实力为依托，一面紧锣密鼓地对日展开“贸易战”，一面对日实施“金融战”。1985 年 9 月下旬，美国召集 G5（美国、日本、联邦德国、英国和法国）财长和央行行长在纽约广场饭店（Plaza Hotel）举行会议。G5 就降低美国外贸失衡、对汇率进行干预等议题达成共识，并签署了“广场协议”（Plaza Accord）。

日本企业家和学者大前研一认为，“广场协议”实质上是为了修正美国对日贸易逆差，以人为力量将汇率导向“日元升值，美元贬值”的局面；该协议使得日本“将关键的货币主导权拱手让给美国”。[②] 根据“广场协议”，日元被迫急剧升值。协议公布翌日，美元兑日元的汇率在 24 小时之内从 1：235 跌至 1 ：215；三个月后，美元兑日元汇率跌至 1 ：200 左右；一年后甚至跌至 1 ：120 的水准；美元的大幅贬值，导致日本的美元资产缩水高达 40% 以上，多

---

① ［日］吉川元忠著，孙晓燕、袁英华译：《金融战败》，北京：中国青年出版社，2000 年版，第 43 页。

② ［日］大前研一著，陈光棻译：《美国再见？后经融危机的全球趋势》，台北：天下远见出版股份有限公司，2009 年版，第 222 页。

年积累的外汇储备也损失惨重。[①] 同时，美国对日贸易逆差就以减少了一半，但日本企业的出口竞争力也因此折半。[②] 此后，在1993—1995年，日元又进行了新一轮升值。因此，从1985年到1995年三四月间的10年中，日元对美元升值了3倍以上，美元兑日元汇率变为1：80。虽然“广场协议”签订之前的美国对日巨大的贸易逆差的成因复杂，但是日本还是被迫升值日元，承担了本应由美国承担的全球贸易失衡的调整代价。[③] 由于日元大幅升值，严重影响了日本企业的出口，加之日本政府因此而放松金融管制，吸引了大批短期游资，造成了泡沫经济。

“广场协议”签订后，美元的持续贬值很快逼近了各国的承受底线，特别是日本因日元升值，其出口企业的价格竞争力下降，利润空间受到大幅加压。对美国而言，美元的过度下跌也会损害市场对美元的信心，进而危及美元霸权；还会加剧金融市场的波动。鉴此，美国等西方七国财长于1987年2月在巴黎又达成《卢浮宫协议》，一致同意将各国的汇率浮动范围限制在一个合理范围之内，一旦汇率波动超出预期目标的5%，各国将联合干预。会议还就更广泛的财政货币政策作出协调安排，如日本承诺缩减其外贸盈余并降低利率，而美国则表示要削减财政赤字并保持低利率等。但是美国在会后并未认真按照其承诺实施削减赤字计划，特别是在1987年10月19日美国股市暴跌之后，美国政府只关注其国内经济问题，因此任由美元继续贬值，使得“卢浮宫协议”成为一纸空文。而遵守协议的日本，确实在较长时间内维持了较低利率，但为此付出了惨痛代价：在出口受挫、制造业不振和货币宽松的背景下，日本股票、房地产

① 江涌：“‘国际金融恐怖平衡’与美国的金融陷阱”，《现代国际关系》，2005年第7期，第57页。

② ［日］大前研一著，陈光棻译：《美国再见？后经融危机的全球趋势》，台北：天下远见出版股份有限公司，2009年版，第222页。

③ 刘福堆：《金融殖民》，北京：中信出版社，2011年版，第37页。

市场的资产泡沫继续做大。[①]

不容忽视的是，美国国会在1988年通过以日本为箭靶的“超级301条款”，穷追猛打日本的出口产业，特别是限制日本的汽车工业等优势产业的对美出口。同时，由于日元的急速升值，导致日本经济规模急剧扩大，于是日本企业大量收购美国资产、海外旅行热潮、工厂转移至劳动力成本较低的国家等现象相继出现，这对于日本国内经济产生了持久的负面影响。而日本国内对不动产的投机行为的继续加剧，导致泡沫经济并最终崩溃。从此，日本经历了长期的、时至今日仍难现转机的衰退之路。

对于日本的惨痛经历，日本学者吉川元忠指出，问题的根源在于日本将贸易盈余全部变成了美元；日本没有充分认识到自己对于全球体系的中心国家的影响力有限，就将日美两个巨大的经济体直接用美元联系起来，这是无可挽回的失策，由于汇率风险由资本输出国——日本承担，导致日本承受了巨大的财富损失和严重的经济衰退；吉川认为，日本将本国储蓄的过剩部分转移到了储蓄不足的美国，并通过美元的中介，使国民的血汗结晶丧失了应有价值。[②] 日本的“金融战败”堪称美国利用霸权实力以非武力方式击垮美元霸权挑战者的经典案例。

值得注意的是，在“广场协议”签订后，美国曾向日本政府施压，要求日本政府不得大幅减持美国国债。对此，在2008年美国金融危机发生后，大前研一抨击美国：在日本陷入经济衰退之际，美国要求日本不要把日本的金融恐慌出口到全世界，对日本的一举一

---

① 李扬、张晓晶：《失衡与再平衡——塑造全球治理新框架》，北京：中国社会科学出版社，2013年版，第215—216页。

② ［日］吉川元忠著，孙晓燕、袁英华译：《金融战败》，北京：中国青年出版社，2000年版，第35页。

动都有意见，如今却把华尔街的金融危机散布至全世界。[①] 尽管美国实行的逼迫日本签署“广场协议”等措施，尽显其维护美元霸权、打击竞争对手的深层用意，但由于日本身处美国主导的国际经济体系之中，是这一体系的支持者和“受益者”，并处于美国的军事“保护”之下，且在国际政治方面亦以美国马首是瞻，因此日本对美国权势的依附性，决定了日本在面对美国的强力施压之际，只能束手就范、自吞苦药。

此外，当美元霸权的挑战者的实力较弱且美国的胁迫无效时，美国还会以武力手段直接打击这些国家。如在 2000 年 11 月，时任伊拉克总统的萨达姆·侯赛因公然蔑视美国，在联合国规定的“石油换食品计划”中弃用美元，而改以欧元交易。在美国政府看来，国际石油贸易的计价货币问题是极具敏感性的政治问题，并认为重要的石油输出国停用美元作为出口石油的结算货币是对美元霸权、美国利益的挑战。因此，美国将伊拉克的举动视为敌对行为，并担心其他产油国群起效仿，导致抛售美元。而俄罗斯、伊朗、印尼和委内瑞拉等国恰在彼时开始表露类似迹象，可能会以欧元作为其出口石油的计价货币。这种状况使美国政府颇为紧张。在很多观察家眼里，伊拉克战争以及美国与伊朗、委内瑞拉之间的紧张关系，是美国要以武力维护美元霸权而发出的强烈信号。[②]

二、控制全球战略资源

美国要延续美元霸权，需要在全球范围内创造出足够的美元需求，需要各国储备大量美元以进行国际支付，还需流出国外的美元中的相当部分能够重新回流美国以支持美国的国内投资和消费。要

---

① ［日］大前研一著，陈光棻译：《美国再见？后经融危机的全球趋势》，台北：天下远见出版股份有限公司，2009 年版，第 14—15 页。

② ［加拿大］马耀邦：《中美关系：透视大国隐形战争》，北京：当代中国出版社，2008 年版，第 51 页。

达到这一效果，美国需要确保美元在国际大宗商品交易中的计价货币和交易媒介地位。尽管美国拥有强大的大宗商品定价能力和跨国资本实力，其表面崇尚自由市场，但对于具有战略意义的国际大宗商品的计价货币选择和价格方面，政府往往会在背后进行直接、间接的干预。[①] 鉴于石油是现代经济的血液，是最重要的战略性大宗商品，确保美元在国际石油贸易中的计价和交易货币地位，无疑有利于维护美元霸权乃至美国的全球霸权。长期以来，美国在世界上最大产油区——中东地区的战略投入很大程度上反映了这一需要。

在布雷顿森林体系崩溃后不久，由于阿拉伯国家“石油武器”的运用，石油价格在1970年1月1日至1974年1月1日间从每桶1.39美元猛涨至8.32美元，导致世界经济陷入动荡，而当时进口原油最多的美国也受到严重冲击，其支付原油进口的成本大幅上升。为使石油美元重新回流美国，美国前国务卿亨利·基辛格代表美国政府对世界最重要的石油输出国——沙特阿拉伯恩威并用，在1972—1974年和沙特签署了一系列协议。根据协议，沙特将以美元作为石油的计价货币，并将用多余的石油美元购买美国国债。作为回报，美国给予沙特军事支持、安全保证和基础设施建设支持等。由于沙特是全球最大的石油出口国，石油输出国组织的其他成员国也不得不接受这一协议。从此，美元成为国际石油贸易的计价和交易货币，而且美国国内的利率调整和汇率政策都会直接影响国际油价，由此美国就可以通过国内的货币政策影响甚至操纵国际油价。[②]

以美元作为石油等大宗商品的交易和计价货币，可以保证美元在国际货币体系中的主导地位。由于油价飙升，其他的欧佩克成员国也吸纳了更多的石油美元，并将其借给第三世界国家用于进口石

---

① 安毅：“国际大宗商品定价模式的演变与中国纾困之策”，《价格理论与实践》，2011年第9期，第57页。

② 苏言、贺濒：《谁授权美国统管世界》，南京：凤凰出版传媒集团/江苏人民出版社，2011年版，第132页。

油。通过海外石油美元的循环，美国的跨国银行从中获得巨额利润。此外，由于石油美元债务的积累，加之后来美联储提高利率等因素的影响，许多发展中国家在 20 世纪 80 年代陷入了债务危机。由此可见，维护美元作为国际大宗商品的计价和交易货币地位，不仅有利于维护美元霸权，而且有利于美国金融资本从全球汲取利润。

三、主导信用评级体系

信用评级业是现代经济中极为特殊的中介服务，也是维护国家经济主权、经济安全的重要力量。[①] 如果政府、企业和金融机构的信用等级未达到规定的投资级别，其推出的金融产品将无法进入国际主流的金融市场。在此情况下，这些政府、企业和机构即使勉强能够发行债券也将付出极高代价，例如只能发行收益率、发行成本极高的垃圾债券。因此，任何政府和企业要想进入国际主流的金融市场发行债券，就必须将信用等级维持在投资级别（BBB -）以上，而这一重要渠道始终由标准普尔公司（Standard & Poor's）、惠誉国际（Fitch）以及穆迪公司（Moody's）[②] 这三家具有浓厚美国背景的信用评级公司掌控。

美国的信用评级业发端于 19 世纪中后期。1975 年，美国证监会（SEC）批准标准普尔公司、穆迪公司、惠誉三家信用评级公司作为首批“国家认可的统计评级组织”（NRSRO），以监管债券市场。同时，美国还拥有贝斯特（A. M. Best）、威尔斯（Weiss）、拉佛菲尔

① 信用评级又称信用评估，是指由独立的社会中介机构，通过对企业、债券发行者和金融机构等市场主体的信用记录、经营水平、财务状况、外部环境等因素进行分析后，就其信用能力（主要是偿债能力及可偿债程度）所作的综合评价，并且用简单明了的符号表达出来，以满足社会需要的市场行为。参见刘澄、徐明威主编：《信用管理》，经济管理出版社，2010 年第 1 版，第 32 页。

② 惠誉国际由约翰·惠誉（John K. Fitch）于 1913 年创办，是三大评级机构中唯一具有欧资色彩的评级机构，其总部设在纽约和伦敦。

蒲斯（Duff&Phelps）等实力雄厚的评级公司。经过百年的经营，三大评级公司享有较强的市场公信力，但其拥有的特殊地位主要源自美国政府的相关规定：第一，根据美国证监会的规定，当外国机构需要在美国金融市场上融资时，必须要接受所谓“国家认可的统计评级组织”的评级机构对其进行评估，由此确立了三大评级机构的行业寡头地位。而且美国政府还从法律上保障了三大评级公司能有效规避因评级不当而产生的相关法律责任。第二，美国监管部门如美联储等认可三大评级机构的评级结果，并以之作为监管指标来对金融机构进行监督。第三，为防止信誉度低的评级公司进入评级市场，美国证监会严格限制其他公司介入资本评级市场，由此更强化了三大评级机构的行业垄断优势。

美国信用评级公司基于自身的雄厚实力和美国政府的有力支持，在全球范围内迅速扩张其信用评级业务。三大评级公司通过兼并、参股他国信用评级公司等方式，不仅垄断了美国的信用评级业，而且掌控了全世界的信用评级业。如欧盟国家大约拥有约 50 家评级机构，其中有一半左右是三大评级机构的附属机构。正因如此，纽约时报专栏作家托马斯·弗里德曼（Thomas Friedman）曾感叹穆迪等垄断性评级公司的能量堪比超级大国。①

掌握国际评级话语权的国家可以维护本币的优势地位。美国控制了这些机构就可以维护美元霸权以及轻易操控世界经济。② 而在实际运作中，三大评级机构也成为美国维护本国利益的有力工具。这些机构对美国国债不断累积的潜在风险视若无睹，对于投资者的担忧更是置若罔闻，究其原因，三大评级公司的美国背景使其必然要服务于美国的国家利益。正因如此，负债累累的美国却长期坐拥

① Lawrence J. White, “Markets The Credit Rating Agencies”, *Journal of Economic Perspectives*, Spring 2010, Volume 24, p. 216.

② 黄河：“从欧洲主权债务危机看美国评级霸权对世界经济的影响”，《国际观察》，2011 年第 6 期，第 69 页。

AAA 级的债权信用等级。相比之下，尽管中国政府拥有全球最大规模的外汇储备，不存在国际支付能力等方面的隐患，但 2004 年之前的 10 年里，标普一直将中国的主权信用评级定为 BBB 级（“适合投资”的最低限度）。由于企业、机构的评级等级不能超过母国的主权评级，中国企业、机构的信用等级一般是 BBB 以下的“投机级”，使得这些企业在从事发行债券等金融活动时的成本上升。随着中国经济的快速增长，过分压低中国的主权信用评级越发显得不合时宜，而且也会影响到评级公司的信誉。同时，迫于中国政府的压力，标普在 2004—2006 年间将中国的主权评级从 BBB + 级调升至 A 级。2008 年金融危机爆发后，诸多发达国家陷入经济动荡，而中国却一直保持了稳定的经济运行状态，此时标普才将中国的信用评级从 A 级调升为 A + 级别。极具讽刺意味的是，长期拥有 AAA 主权评级的美国却在金融危机期间请求评级比其低得多的中国与之“同舟共济”。由此可见，大债务国和大债权国之间信用等级的颠倒，不仅显示了标普等评级公司执业不公，而且使得中国企业和政府在国外融资的成本大为增加。即便是中国的主权信用等级在将来获得上调，但按照标普等三大评级机构的标准，中国根本无法获得 AAA 等级。[①]可见，美国主导的信用评级体系在很大程度上成了压制美国竞争对手的工具。

当然，三大评级公司和美国政府之间存在一种事实上的相互利用的关系，即评级公司利用 NRSRO 的“特许经营权”掌控了世界范围内金融资产的定价权，同时评级机构也成为保障美国金融霸权的一种特殊的“内置机构”。[②] 当 2003 年美国意欲发动伊拉克战争之际，德国明确表示反对，导致两国关系一度较为紧张。2003 年 3 月，

---

① 江涌：“当今国际信用评级标准的奇异逻辑”，《金融博览》，2010 年第 8 期，第 19—20 页。

② 孙章伟：“美国信用评级公司综合分析及中国信用评级产业政策安排”，《征信》，2010 年第 6 期，第 54—56 页。

标普连续降低了许多德国企业的信用评级，导致德国诸多企业的股价暴跌至历史最低。当时德国各届普遍认为，美国主导的评级机构对德国企业刻意打压的直接原因就是在伊拉克战争问题上德国的意见与美国相左。对比鲜明的是，由于澳大利亚鼎力支持美国对伊开战，标普就调升其债务评级。当然，美国主导的评级机构的类似做法已经风行多年，德、澳遭遇殊异的案例，堪称美国主导的评级机构为维护美国国家利益而执业不公的典型案例。

由于评级机构对国家信用评级过程的不透明，使得投资者时常难以把握各类评级对象真实的信用状况。美国次贷危机爆发以后，标准普尔、穆迪和惠誉等评级公司曾受到国内外投资者的诸多批评。此前，三大评级机构给予有关次级抵押贷款证券产品的评级过高，又在出现问题时对其评级下调的速度过快，由此不仅未能充分发挥信用评级机构本身应有的引导和预警作用，反而在形势危急之际雪上加霜，对于次贷危机的爆发起到了一定的催化作用。在此过程中，众多国际投资者的财富被蒸发、损失惨重。

基于美国在政治、经济、军事和科技等方面的优势地位，美国确立了全球霸权。特别是在后布雷顿森林体系中，美国获得了美元霸权所带来的种种收益，使得美国在国际经济体系中居于中心地位。虽然美元霸权曾面临种种挑战，但美国依靠其全方位的霸权实力，打压潜在的挑战者，使得美元霸权及其为美国带来的收益得以延续，特别是为美国政府在世界范围内进行债务融资创造了坚实的基础。

第二章

中美债务关系的形成原因

美国基于其全球霸权，特别是在国际经济与货币体系中的中心国家地位，通过对外输出美元和发行国债，在世界范围内汲取资源，这不仅使得世界经济日益“美元化”，而且造成美国政府债台高筑。据美国财政部公债局统计，2001 年美国国债总额约为 5.8 万亿美元，而到了 2015 年 3 月初，国债总额已达约 18.2 万亿美元。[①] 美国大量对外发行国债有其深刻的国内经济、社会乃至政治原因。除了维护美元地位需要对外输出货币以及债券资产以外，美国国债上升的主要原因是长期的联邦政府财政、贸易赤字，以及国民储蓄率过低、国民消费习惯等。而中国成为美国最大的债权国的主要原因在于改革开放以来的经济政策、投资渠道限制、巩固国家经济安全以及稳定中美关系的需要等因素。

第一节　美国国债高企的主要原因

长期以来，美国政府支出和民间消费过度扩张，加之国民储蓄率低，导致投资资金甚至消费资金不足，因此只有通过债务融资来

---

① United States Department of the Treasury, Bureau of the Public Debt, Treasury Direct, http://www.treasurydirect.gov/NP/BPDLogin? application = np.

支撑国内消费，并进行收益更高的对外投资。具体而言，美国国债攀升的直接原因主要包括两个方面：一是随着政府权力扩大，政府干预经济、社会事务，实行扩张性财政政策的后果；二是筹集战争经费的需要。而美国国内的低储蓄率、长期的对外贸易逆差以及美元的世界货币地位则是导致美债增长的主要间接原因。

一、长期的经济和财政政策

美国政府发行国债的历史可以追溯到独立战争时期，当时只是筹集战争经费的临时措施。1789 年 3 月 4 日，联邦政府成立的第一天，美国国债总额是 7500 万美元，占经济总量的 30%，随后联邦政府加紧还债。[①] 到 1836 年，未清偿的到期国债接近于零，这是美国历史上唯一一次取得这样的成绩。此后，未偿清的到期国债再也没有接近于零。[②] 当然，只有在 1913 年美联储建立以及联邦政府征税权扩大之后，美国国债的大幅增长才具有坚实的制度基础。随着美元霸权的确立以及扩张性经济政策的延续，美国国债规模日益膨胀。

（一）美国政府经济职能的扩大是国债扩张的制度基础

1913 年 2 月 25 日，美国宪法第 16 修正案生效，其经过修订的第一条款赋予了国会征收所得税（income tax）的权力，即所得税收入无需按比例分配于各州，亦不必考虑任何人口普查或统计资料。由于获得了所得税的征收权力，联邦政府拥有了在不同群体间调节和分配财富的权力。同时，由于美国联邦政府有权对个人或企业收入征收直接税（direct taxes），从而空前扩大了政府的税收权和管理经济的权力。此后，限制政府这一权力变得愈发困难，联邦主义在某种程度上受到削弱，对联邦政府财政支出的控制力不断降低。联

① ［美］安迪森·维金、凯特·因孔特雷拉、多丽安·佩鲁西著，刘丽娜译：《纸变钱的游戏：美国债务真相》，北京：机械工业出版社，2009 年版，第 18 页。

② ［美］法兰克·纽曼著，龚元元等译：《美国的迷思》，北京：东方出版社，2012 年版，第 52 页。

邦政府征税权的急剧扩大成为此后美国国债的增长基础。由于美国联邦政府拥有可靠的税收基础和更大的征税能力，其有能力在未来大幅增加收入，因此其债权是安全的。当投资者更加愿意购买美国国债时，美国政府就拥有了更大的借债能力。

为应对破坏力史无前例的经济危机，1932 年上任的罗斯福政府以英国经济学家凯恩斯的理论为指导，开始实施新政。凯恩斯主义的根本原则是采取政府积极干预经济的方式来应对严重的失业和经济萧条状况。在此基础上，凯恩斯认为政府应推行财政赤字政策，以弥补有效需求的不足，从而拉动经济增长。赤字资金来源除了国债之外，还可通过向央行借款来融资，但由于向央行借款将导致基础货币的增加而容易诱发通胀，所以赤字财政政策的资金一般通过国债解决。[①] 由于美国政府启动了大批政府开支项目，从 1929 年到 1939 年，美国联邦政府开支从占国民生产总值（GNP）的 2.5% 猛增至 9.8%。10 年内增长了近 4 倍。[②]

伴随着政府经济职能的强化，为了在经济萧条时期改善民生，政府的社会保障职能也开始扩大。1933 年 5 月，美国国会通过《联邦经济救济法》，通过政府干预经济来应对大萧条的严峻形势。1935 年 8 月，《社会保障法》（The Social Security Act）生效，该法主要针对孤寡老人、单亲家庭和失业者等弱势群体的生活保障问题。始于罗斯福新政时期的大量社会保障项目，逐渐成为此后政府支出的主要项目。以医疗保险支出为例，一般而言，技术进步通常会导致诸多行业的运营成本和价格下降，但医疗行业具有特殊性，医疗技术的进步可以带来更加完善和高端的医疗服务，但医疗成本也会大幅增加，由此导致医保支出不断上升。在罗斯福新政时期，伴随着政

① 陈建奇：《霸权的危机：美国巨额财政赤字与债务风险研究》，北京：中国社会科学出版社，2011 年版，第 17 页。

② Charles W. Steadman, *The National Debt Conclusion: Establishing the Debt Repayment Plan*, UK: Praeger, 1993, p. 6.

府开支的大幅增加，美国国债的发行量也急速上升。从 1929 年占国民生产总值（GNP）的 16%，增至 1939 年的 44%。到 1949 年，由于美国参加第二次世界大战以及战后“马歇尔计划”提供的对欧援助等因素的影响，美国国债总额升至 GNP 的 98%。其中在 1946 年，美国国债总额曾占到 GNP 的 128%，这是迄今为止美国国债总额占 GNP 比例的最高水平。①

第二次世界大战结束后，美国众多选民已经对政府的转移支付产生依赖，希望延续罗斯福新政时期提供的诸多政府援助。由于美国的税收在 20 世纪三四十年代大幅上升，从 1929 年占 GNP 的 3.7% 上升至 1939 年的 7.4%，到 1949 年再翻一番达到 15%，因此，面对居高不下的税负，众多选民强烈反对增加联邦政府开支。② 在选举政治中，政客们不愿冒政治风险而开罪选民，发行国债成了较之降低选民福利，进一步增加税负之外的痛苦较少的政治选项。正如美国机构风险分析公司（Institutional Risk Analytics）的执行董事克里斯托弗·惠伦（Christopher Whalen）所言：“反对联邦政府维持财政平衡，是美国人生活中一个不能言说的大秘密。纳税人反对联邦政府要求其支付全部政府开支，是现代版美国梦的主线。”③

（二）长期的扩张性经济政策导致财政赤字经常化

杜鲁门政府时期，由于 1945 年晚些时候的胜利贷款（Victory Loan）产生的财政余额，美国国债从 1946 年最高峰时的 2790 亿美元降至 1948 年的 2520 亿美元，降低了约 10%。而在 1947 年和 1948 年，由于产生了财政盈余，美国政府又减少了 70 亿美元的国债。④

---

① Charles W. Steadman, *The National Debt Conclusion: Establishing the Debt Repayment Plan*, UK: Praeger, 1993, p. 7.

② Ibid.

③ R. Christopher Whalen, *Inflated: How Money and Debt Built the American Dream*, NewJersey: WILEY, 2011, p. 255.

④ Charles W. Steadman, *The National Debt Conclusion: Establishing the Debt Repayment Plan*, U. S. A: Praeger, 1993, p. 115.

此后在艾森豪威尔政府时期，美国国债规模继续有所下降。总体上，在20世纪50和20世纪60年代，美国联邦政府开支相对于经济规模仍然相对较小，且美国的经常账户和资本账户都存在盈余。但在此状况下，美国政府从没试图降低、消除美国的国债，其主要原因是冷战时期需要保持较高的军费开支。同时，根据传统的观点，大国需要保持一些债务，以对全球金融和贸易市场施加影响。[①] 因此，美国在第二次世界大战以后从未遵循财政纪律，而是创造了一种债务和赤字文化。[②]

随着美国政府刺激经济、维持社会福利导致政府开支的日益增加，联邦政府财政入不敷出的状况日益明显。从1946—1961年，美国政府实施了由美国凯恩斯主义者汉森主张的“补偿性财政政策”,[③] 但由于经济增长缓慢，美国政府被迫放弃这一政策，进而实行刺激强度更大的经济政策。肯尼迪执政后，以凯恩斯主义理论为指导，实行以刺激经济连续增长为目标的长期赤字财政政策。[④] 在约翰逊政府时期，美国政府升级越战、增加军费，并提出建设“伟大社会”等执政构想，进一步加大了政府对经济的干预力度，由此导致美国政府的财政支出不断增加。

到20世纪70年代初，美国已初现经济“滞胀”局面，尼克松

---

① R. Christopher Whalen, *Inflated*: *How Money and Debt Built the American Dream*, pp. 248 – 249.

② Ibid, p. 271.

③ 汉森认为，在经济萧条期且存在大量失业的情况下，政府应增加财政支出，以便扩大有效需求，从而增加就业；而当经济高涨并出现通货膨胀时，政府则应减少财政支出、取得预算平衡或结余，以便降低有效需求，控制通货膨胀。这种根据市场经济发展不稳定的特点，交替实行膨胀和紧缩财政措施的补偿性财政政策，就是用高涨时期的盈余抵补萧条时期的财政赤字，以消除经济周期的波动对经济发展的影响。参见颜鹏飞、张彬：《凯恩斯主义经济政策述评》，武汉大学出版社，1997年版，第26页。

④ 王汉儒：“次贷危机背景下美国财政政策走势的预测——基于凯恩斯主义视角的一个分析”，《当代财经》，2009年第2期，第31页。

政府为克服通胀先采取紧缩性财政政策，但鉴于经济加速下滑，转而继续推行肯尼迪—约翰逊时期的财政政策，并延续至其后的福特和卡特政府时期。因此，从 1976 年开始，联邦财政支出开始长期性、习惯性地依赖借款。虽然美国国债总额不断增加，但由于美国经济规模的增加，国债占国内生产总值（GDP）的比例从 20 世纪 50 年代中期逐渐下降，至 1974 年占其 GDP 的 24.5%。[①] 但此时美国国内经济增长缓慢、通胀率与失业率上升的“滞胀”局面却在不断加剧。里根政府时期，在财政政策方面，主要实行“税制改革”，降低个人所得税和企业税；[②] 削减了联邦政府的福利开支项目等 200 多个支出项目，并增加国防开支，这些政策导致了巨额的财政赤字。[③] 老布什政府时期基本上延续了里根政府时期的财政状况。

克林顿总统在 1993 年执政后，实行紧缩性财政政策，并削减非生产性支出和增税，财政赤字随即大幅降低，并在 1998 年实现财政盈余。虽然该时期美国经济高速增长所产生的增收效应不容忽视，但克林顿的两个相当具有政治勇气的决策同样功不可没：一是增税，主要是对富人增税，具体包括提高 1.2% 的最高收入家庭的所得税率，提高 13% 的最高收入者的社保应纳税部分，提高公司所得税的最高税率；二是改革福利支出，主要体现在 1996 年福利改革法案，计划 6 年内减少福利支出 600 亿美元，堪称对新政福利体系的结构

① Charles W. Steadman, *The National Debt Conclusion: Establishing the Debt Repayment Plan*, U. S. A.: Praeger, 1993, p. 116.

② 1981 年 8 月通过的《经济复兴税法》将个人所得税的最高税率由 70% 降到 50%，同时通过加速企业固定资产折旧、对企业投资给予税收优惠和降低中小企业利润税率来刺激企业增加投资。1987 年 1 月 1 日开始实施的税制改革进一步将个人所得税最高税率由 50% 降为 28 %，税级由 14 级简化为 2 级（15 % 和 28 %）；公司所得税最高税率由 46% 降到 34%。这次税制改革使 600 多万纳税人免去税负。参见：秦嗣毅：“战后美国财政政策演变研究”，《学习与探索》，2003 年第 2 期，第 70 页。

③ 秦嗣毅：“战后美国财政政策演变研究”，《学习与探索》，2003 年第 2 期，第 70 页。

性改造。由于增收和节支的双重效应，克林顿离任时美国联邦政府的财政盈余已经超过2000亿美元。[①]

然而在小布什政府上台之后，美国政府财政赤字再度急剧上升。2001年，在美国的新经济泡沫刚刚破灭，国内经济形势低迷的情况下，布什政府采取了大幅减税等措施以刺激消费和投资，先后于2001年和2003年通过两项减税法案，在10年内减税总额高达1.68万亿美元，而且布什政府的减税政策明显倾向富人，将20世纪90年代一度调升的对最高收入者征税率重新降至33%、逐步取消遗产税、下调股息红利税、减少资本所得税。

在第二任期内，小布什总统还提议将这些即将于2010年到期的减税政策永久化，意图彻底改变美国的财富再分配结构。布什政府减税政策的主要问题在于，除了大量增加政府财政赤字之外，还构成了联邦政府对富人群体一种主要的转移支付；绝大部分削减的税收流向了20%最富有的家庭，因为不论是从绝对金额还是从相对比例来看，最富有的家庭得到的税收优惠反而更大。[②] 虽然布什政府的减税力度较之里根时期有过之而无不及，但对国内经济的刺激效果并不明显。同时，小布什政府增加了国防、医疗保险、高科技、教育、环境等方面的支出。此外，在“9·11”恐怖袭击事件之后，美国发动的两场战争更是急剧推高国防开支，由此导致政府财政赤字出现反弹。由于美国的财政赤字主要靠发行国债来弥补，小布什总统执政期间曾先后五次突破法定国债上限。

（三）金融危机的爆发助推赤字飙升

2007年爆发的次贷危机及其所引发的金融危机重创美国经济。其实1999年生效的《金融服务现代化法案》就已经为危机的爆发埋

① 朱文莉：“三十年来的美国政治变迁”，参见王辑思，唐士其主编：《三十年世界政治变迁》，重庆出版集团，2012年版，第50页。

② ［美］西蒙·约翰逊，郭庚信：《火烧白宫：美债，从哪里来，往何处去》，北京：机械工业出版社，2013年版，第160页。

下了定时炸弹。该法案从法律上消除各类金融机构在业务范围方面的严格限制。其后，商业银行、证券机构、抵押贷款（mortgages）机构、保险机构的业务开始相互融合，这导致2005年的抵押贷款占到商业银行贷款业务总量的60%左右。同时，金融服务业已经超过制造业、公共卫生、批发零售业等行业，成为最大的行业。

同时，布什政府时期规模空前的减税措施不仅削弱了联邦政策的财政能力，扭曲了长期资本市场，而且加剧了经济全球化收益的不平等分配。在此背景下，低收入阶层纷纷涉足次级抵押贷款市场，试图通过资产操作提高自身的消费能力和生活水平。缺乏监管的金融机构对贷款客户的潜在的巨大风险视若不见，肆意放贷并将这些有毒资产重新打包出售，制造了巨大的金融泡沫和房地产泡沫。进行资产金融化操作的美国公司、机构和个人普遍卷入其中。随着泡沫崩溃的连锁效应击垮了诸多知名公司，危机在各个行业迅速蔓延，使美国经济面临类似1929年经济危机的严峻形势。[①] 总之，由于金融服务业发展过快、过于庞大、内部交互影响、缺乏自律，导致金融危机的爆发不可避免。[②]

危机爆发后，政府作为最后的拯救者被迫救市，导致了庞大的私人债务不断转化为公债，加剧了联邦政府的财政负担。奥巴马政府执政后，面临金融危机带来的严重经济衰退，在美国政府的货币政策已经透支，美联储为应对金融危机已将利率降至接近零值区间的情况下，只能主要依靠大规模的财政刺激措施应对危机。2009年2月17日，奥巴马总统在上任之初就签署了总额高达7870亿美元的《美国复苏与再投资法案》（American Recovery and Reininvestment Act）。这是第二次世界大战结束后，美国政府最庞大的开支计划。该计划几乎涵盖了美国所有经济领域，主要内容包括消费刺激和大

---

① ［美］西蒙·约翰逊，郭庚信：《火烧白宫：美债，从哪里来，往何处去》，北京：机械工业出版社，2013年版，第56页。

② Kevin Phillips, *Bad Money*, New York: the Viking Penguin, 2008, p. 32.

规模基础建设、住房保障和新能源发展。该计划规定资金总额中约35%用于减税、约65%用于投资。2010年11月，奥巴马总统又签署了《税收减免、失业保险扩展及就业岗位创造法案》。[①] 该法案的主要内容包括：延长两年布什政府时期的个人减税法案，[②] 将资本收益与分红所得税优惠政策延长两年等。此外，为修复金融系统以促进实体经济复兴，奥巴马政府实施了举世瞩目的、总额高达1.5万亿美元的新一轮综合金融援助计划（FSP）。主要内容包括在财政部设置信托基金，帮助清理银行“有毒”资产等。在此背景下，政府支出大幅上升，财政赤字也水涨船高。长期累积的财政赤字，加上金融危机后不断转化的公债，使美国主权债务急剧上升。

表 2—1　　美国联邦政府 2001—2014 年财政赤字统计　　（单位：10 亿美元）

年度	总体收支			预算内收支盈余或赤字	预算外收支盈余或赤字
	收入	支出	盈余或赤字		
2001	1，991	1，863	128	-32	161
2002	1，853	2，011	-158	-317	160
2003	1，782	2，160	-378	-538	161
2004	1，880	2，293	-413	-568	155
2005	2，154	2，472	-318	-494	175
2006	2，407	2，655	-248	-434	186
2007	2，568	2，729	-161	-342	181

① 即：S. A. 4753：the Tax Relief，Unemployment Insurance Reauthorization and Job Creation Act of 2010。

② 即《2001年经济增长与税收减免法案》（Under the Economic Growth and Tax Relief Reconciliation Act of 2001），该法案规定私人税率从15%、28%、31%、36%以及39.6%分别调整为10%、15%、25%、28%和35%。该法案本该于2010年12月31日到期。

续表

年度	总体收支			预算内收支盈余或赤字	预算外收支盈余或赤字
	收入	支出	盈余或赤字		
2008	2，524	2，983	-459	-642	183
2009	2，105	3，518	-1，413	-1，550	137
2010	2，163	3，457	-1，294	-1，371	77
2011	2，303	3，603	-1，300	-1，367	67
2012	2，450	3，537	-1，087	-1，149	62
2013	2，775	3，455	-680	-719	39
2014	3，021	3，506	-485	-514	30

资料来源：The White House，Historical Tables "Table 1. 1—Summary of Receipts，Outlays，and Surpluses or Deficits：1789 - 2020"，http：//www. whitehouse. gov/omb/budget/Historicals.

第二次世界大战结束以来，美国联邦政府仅在 1969 年以及 1998 -2001 年间曾实现财政盈余。在二战结束以来美国的十四任总统之中，共和党籍总统具有明显的赤字偏好。民主党执政六任，期间国债占 GDP 比例大多出现不同程度的下降。相比之下，共和党执政八任，除艾森豪威尔和尼克松总统以外，其他六任共和党总统在任内不仅未削减债务，反而大幅增加债负，例如里根执政期间，国债占 GDP 比重上升了 21. 5%，这与小布什创造的记录旗鼓相当。共和党对财政赤字的偏好和依赖明显高于民主党，反映了共和党执政理念对财政支出形成的巨大压力，导致美国错过财政收支可以持续改善的良机。[①]

总之，从 20 世纪 60 年代以来，赤字再也不是美国政府的财政警讯。过去 50 余年里两党交错掌权，其间民主党大幅增加了社会福利与援助项目方面的政府开支，而共和党则力图提高军费开支、压

① 陈建奇：《霸权的危机：美国巨额财政赤字与债务风险研究》，北京：中国社会科学出版社，2011 年版，第 8 页。

低税收收入。由此，在两党长期的政治博弈中，依靠举债来填补政府财政赤字成为美国政府的惯常做法。

二、低储蓄与超前消费倾向

“个人消费是美国梦的本质，很长时间以来，也是这个世界最强大经济体的成功本质。”① 在国际经济体系的中心—外围结构中，美国消费者的支出不仅是美国国内经济增长的支柱，也是全球经济增长的主要动力。外围经济体的大量资金涌入美国金融市场，导致美国进口货物价格降低，进而刺激了美国国民的整体消费需求。而“美国的消费者是独有的：2011 年，美国以占世界 4.5% 的人口消费了 10.7 万亿美元，占全球份额的 17%。相比欧洲，美国的消费规模大 35%，而且人口还略少。而中国和印度人口加起来占世界的 40%，9 倍于美国人口，消费却只有美国的 1/4。”② 长期以来美国民众喜欢通过透支消费和分期付款等方式，来预支自己未来的收入，以提前享受各种消费品和服务。尽管银行会对信用卡持有人的消费和还款情况进行严密监控，但为了商业利益，银行往往通过透支免息期等优惠条件来鼓励消费者超前消费。此外，当代美国的社会福利制度渐趋完善，降低了国民对未来生活中的不确定性因素的担忧，加之低利率和私人投资渠道多元化等因素的影响，美国国民普遍缺乏储蓄避险的意识和必要性。上述因素在很大程度上加剧了美国国民的超前消费倾向以及储蓄率的下降趋势。

---

① ［美］史蒂芬·罗奇著，易聪等译：《失衡：后经济危机时代的再平衡》，北京：中信出版社，2014 年版，第 8 页。

② 同引上书，第 13 页。

表 2—2　　美国等 OECD 国家国民总储蓄（Gross National Saving）占 GDP 百分比

年份	美国	加拿大	法国	德国	意大利	日本	英国
1998	18.5	19.1	21.0	20.9	21.6	28.8	18.0
1999	17.9	20.7	21.8	20.3	21.1	27.2	15.7
2000	17.8	23.6	21.6	20.2	20.6	27.5	15.0
2001	16.2	22.2	21.3	19.5	20.9	25.8	15.4
2002	14.3	21.2	19.8	19.4	20.8	25.2	15.3
2003	13.5	21.4	19.1	19.5	19.8	25.4	15.1
2004	14.1	23.0	19.0	22.0	20.3	25.8	15.0
2005	14.6	23.8	18.5	22.1	19.5	26.8	14.6
2006	15.8	24.4	19.3	24.3	19.6	26.9	14.2
2007	14.0	23.7	19.9	26.3	20.0	27.0	15.5
2008	12.1	23.7	18.9	25.8	18.0	/	15.4

资料来源：Craig K. Elwell, "Saving Rates in the United States: Calculation and Comparison", Congressional Research Service, September 14, 2010, p. 6, http://www.fas.org/sgp/crs/misc/RS21480.pdf.

表 2—3　　美国及部分 OECD 国家居民储蓄占可支配收入的百分比

年份	美国	加拿大	法国	德国	意大利	日本	英国
1998	5.3	4.9	12.4	10.1	11.4	11.3	7.4
1999	3.1	4.0	12.1	9.5	10.2	10.0	5.2
2000	2.9	4.7	11.9	9.2	8.4	8.6	4.7
2001	2.7	5.2	12.7	9.4	10.5	5.0	6.0
2002	3.5	3.5	13.9	9.9	11.2	4.9	4.8
2003	3.5	2.6	12.6	10.3	10.3	3.9	5.1
2004	3.4	3.2	12.6	10.4	10.2	3.5	3.7
2005	1.4	2.1	11.7	10.5	9.9	3.9	3.9
2006	2.4	3.5	11.6	10.5	9.1	3.8	2.9
2007	1.7	2.5	12.2	10.8	8.2	3.3	2.2
2008	2.7	3.7	11.8	11.2	8.6	2.7	1.7
2009	4.3	5.0	16.3	11.3	8.4	2.3	7.0

资料来源：Craig K. Elwell, "Saving Rates in the United States: Calculation and Comparison", CRS, September 14, 2010, p. 7, http://www.fas.org/sgp/crs/misc/RS21480.pdf.

从20世纪60—80年代，美国的私人储蓄率（gross personal saving rate）大体上保持在GDP的7%左右。到了20世纪90年代，私人储蓄率降至GDP的4.5%左右。到2000年以后，私人储蓄率不断下降，2005年时仅占GDP的1.1%，达到历史最低点。金融危机之前的20年，伴随着私人储蓄的减少，房产、股票等家庭财产的净值增加。[①] 家庭财产的增加使得美国公民并不急于增加储蓄。但是，金融危机期间家庭财产净值的急剧缩水改变了众多美国家庭的财务状况，减少了这些家庭透支消费的额度。随着经济的衰退，美国家庭的储蓄率开始上升，至2008年达到GDP的2.0%，2009年达到GDP的6.7%。[②] 尽管如此，如表2—2及表2—3所示，美国与其他发达国家相比，其国民总储蓄（含私人和公共储）率以及居民储蓄占可支配收入的比例仍显得很低。

在后布雷顿森林体系下，美国在国内储蓄率很低、实行减税政策、增加政府开支的情况下，却仍能够保持强大的融资能力以满足国内巨大的消费和投资需求，主要原因在于美元的国际货币地位使得美国能以极低的成本任意借债。海外美元的回流起到了为美国财政支出和消费融资的作用，曾长期刺激了美国消费市场和经济形势的繁荣，但美联储印刷额外的美元，通过制造通货膨胀和信贷膨胀

---

① 美国大部分关于储蓄、投资和GDP的数据基本来源于由美国商务部经济分析局（BEA）所发布的《国民收入和产品账户》（NIPA）。NIPA报告关注的是经济附加值，这与大多数人日常理解的月收入或储蓄差别很大。一个重要的区别在于：在NIPA报告中，资本收益并不包括在“收入”之内。不论收益是否得以“实现”（即是否被卖出而转为现金），资本收益都会被忽略。而且民众从其资本收益中获得的储蓄也并未被包括在个人储蓄之内。在考虑到资本收益等因素对数据做出调整后，个人储蓄比通常要比报道的数据高出10%。总之，基于上述及其他原因，美国的个人储蓄比通常所认为的要高。参见：［美］法兰克·纽曼著，龚元元等译：《美国的迷思：为何中国经济快速发展而美国经济停滞不前》，北京：东方出版社，2012年版，第80—82页。

② Craig K. Elwell, “Saving Rates in the United States: Calculation and Comparison”, Congressional Research Service, September 14, 2010, p.3, http://www.fas.org/sgp/crs/misc/RS21480.pdf.

制造“虚假的繁荣”。而大多数人为了享受繁荣，不得不背上更沉重的债务。[①] 最终，国内超前消费所形成的债务链条的断裂导致了次贷危机乃至金融危机的爆发。

当然，美国国内旺盛的消费需求以及超前消费倾向，不仅使得国内的民间债务形势积重难返，而且也助推了美国国债的攀升。由于国内低储蓄的影响，公众对美国国债负担的支撑相当有限。由于国内储蓄已经无法支撑联邦政府的财政支出，从某种程度上讲，美国已经破产。如果外国停止购买美国国债，美国政府可能将违约或者大幅降低政府开支。[②] 因此，美国政府的赤字财政政策，无法通过本国民众增持国债的方式来支撑，只能依靠外部经济体大量购买美国国债来延续。[③]

三、持续固化的贸易逆差

美国长期沿袭的扩张性财政政策和国民的超前消费倾向，使得美国的经济增长过度依赖国内需求。美元的世界货币地位为美国的消费扩张敞开了大门。由于过度依赖国内需求，美国的经济结构偏重于可以创造所有新工作机会的非贸易部门，而对国外需求和出口不甚依赖，伴随着全球供应链中的低附加值产业逐步转往新兴经济体，美国的实体经济和出口产业在整体经济中的比例不断下降。

美国产业结构变化对贸易收支产生了重要影响。一方面，服务业所占比重的提高严重影响了美国的出口能力。另一方面，美国的对外产业转移主要通过对外直接投资来进行。随着越来越多的美国

---

① ［美］威廉·波纳、安迪森·维金著，沈丽英、顾锦生译：《末日经济》，北京：中信出版社，2011 年版，第 113—114 页。

② Charles W. Steadman, *The National Debt Conclusion: Establishing the Debt Repayment Plan*, U. S. A.: Greenwood Publishing Group, 1993, p. 2.

③ 陈建奇：《霸权的危机：美国巨额财政赤字与债务风险研究》，北京：中国社会科学出版社，2011 年版，第 91—92 页。

制造业企业到海外投资，当国内制造业的产能和产品结构无法满足服务业运营的需要时，美国必然要大量进口相关制造业产品。换言之，美国货物贸易逆差的实质是其产业结构变迁的外部反映，而美国产业结构的日益服务化是其产生和保持货物贸易逆差的深层次根源。[①] 由此，自20世纪70年代以来，伴随着服务业在美国经济中的份额逐渐上升，贸易逆差特别是货物贸易逆差的规模（如图表2—4所示）及货物进口额与GDP的比值（如图表2—5所示）也在不断上升。1971年，美国首次出现贸易逆差，当时的贸易逆差额仅约13亿美元，约占GDP的0.1%，但是到了2006年，美国贸易逆差已逾7530亿美元，占GDP的5.7%，这一比例达到历史最高水平。尽管金融危机导致经济衰退，使得美国对外贸易逆差的规模大幅下降，但逆差的绝对数额仍然保持高位。

表2—4　　　　美国对外贸易收支平衡表：1970—2011年

（单位：百万美元）

年份	外贸总收支平衡	货物贸易收支	服务贸易收支
1970	2，254	2，603	-349
1971	-1，302	-2，260	958
1972	-5，443	-6，416	973
1973	1，900	911	989
1974	-4，293	-5，505	1，212
1975	12，404	8，903	3，501
1976	-6，082	-9，483	3，401
1977	-27，246	-31，091	3，845
1978	-29，763	-33，927	4，164
1979	-24，565	-27，568	3，003
1980	-19，407	-25，500	6，093

① 蔡兴、刘子兰：“美国产业结构的调整与贸易逆差”，《国际贸易问题》，2012年第10期，第72—73页。

续表

年份	外贸总收支平衡	货物贸易收支	服务贸易收支
1981	-16，172	-28，023	11，851
1982	-24，156	-36，485	12，329
1983	-57，767	-67，102	9，335
1984	-109，072	-112，492	3，420
1985	-121，880	-122，173	294
1986	-138，538	-145，081	6，543
1987	-151，684	-159，557	7，874
1988	-114，566	-126，959	12，393
1989	-93，141	-117，749	24，607
1990	-80，864	-111，037	30，173
1991	-31，135	-76，937	45，802
1992	-39，212	-96，897	57，685
1993	-70，311	-132，451	62，141
1994	-98，493	-165，831	67，338
1995	-96，384	-174，170	77，786
1996	-104，065	-191，000	86，935
1997	-108，273	198，428	90，155
1998	-166，140	-248，221	82，081
1999	-263，160	-336，171	73，011
2000	-376，749	-445，787	69，038
2001	-361，771	-421，276	59，505
2002	-417，432	-474，491	57，059
2003	-490，984	-540，409	49，425
2004	-605，357	-663，507	58，150
2005	-708，624	-780，730	72，106
2006	-753，288	-835，689	82，401
2007	-696，728	-818，886	122，158
2008	-698，338	-830，109	131，770
2009	-379，154	-505，758	126，603
2010	-494，737	-645，124	150，387
2011	-559，880	-738，413	178，533

资料来源：U. S. Census Bureau，Foreign Trade Division，http//：www. census. gov/foreign-trade/www/press. html.

注：表中数字的负数为逆差。

表 2—5　1980—2008 年相关货物进口额占美国制造业 GDP 的比例（单位:%）

年份	1980	1990	2000	2005	2006	2007	2008
食品、饲料和饮料	2.2	1.9	2.2	2.7	2.8	3	3.2
工业供给和原料	15.7	10.4	14.7	21.5	23.3	23.8	29.5
资本商品	3.7	8.3	16.6	15.2	15.8	16.2	16.6
机动车及其零部件	3.4	6.3	9.3	9.5	9.6	9.3	8.4
消费商品	4.1	7.5	13.6	16.5	16.8	17.4	17.6
其他商品	0.5	1.2	2.5	2.4	2.4	2.4	2.5
货物合计	29.6	35.6	58.9	67.8	70.7	72.1	77.8

资料来源：美国经济分析局（Bureau of Economic Analysis）：http：//www. bea. gov.

在 2008 年金融危机爆发之前的近十年里，美国经济的突出特征是不可持续的高消费水平、投资不足、低储蓄率，过度的家庭消费和政府支出助推经济增长。其中，美国实体经济相对于虚拟经济的衰落导致贸易赤字难以扭转，美元回流又助长了借贷消费的倾向。虽然美元是国际货币体系中的公共产品，但从国家角度而言又是典型的私有品，因此美国有内在的动力大幅增发货币，因此美国国债

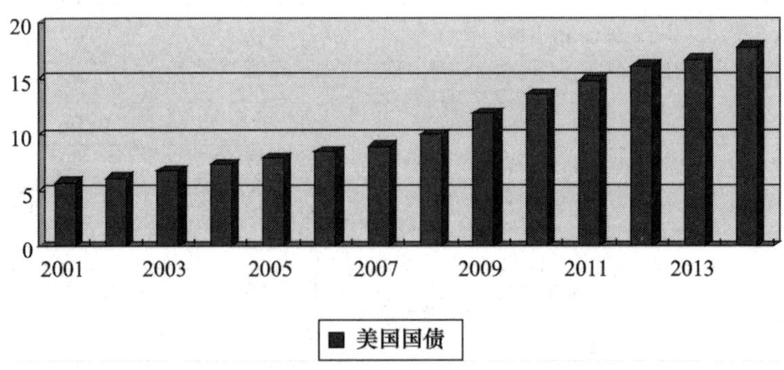

图 2—1　美国联邦政府 2001—2014 年国债增长情况表（单位：万亿美元）

资料来源：U. S. Department of the Treasury，Bureau of the Public Debt，“Historical Debt Outstanding-Annual 2000 - 2014”，http：//www. treasurydirect. gov/govt/reports/pd/histdebt/histdebt _ histo5. htm.

不断上升的态势也难以扭转。尤其是在次贷危机爆发后，美国国债大幅上升，从 2007 到 2014 年，仅在七年间美国国债总额就从约 7 万亿美元飙升至约 17.8 万亿美元，约增加了 1.5 倍。

一般认为，一旦国债的膨胀速度超过国内经济的增长速度，难以遏制的政府财政赤字不仅会引发通货膨胀，而且会限制政府未来的征税能力，进而制约政府的债务融资能力。如纽约大学教授鲁尼埃尔·鲁比尼（NOURIEL ROUBINI）认为：“如果美国借债是用于投资，借外债是必要的；但是一直以来，美国借债是为了支持美国公民的消费或填补政府赤字，这一局面终将不可持续。积欠的债务首先是个负担，最终还会导致财政困境。”① “当私人投资者认为政府无力或不愿减少债负，他们将在政府被迫违约或债务货币化之前减持政府债券。部分投资者的抛售行为，将使政府被迫支付更高的利息以吸引新的购买者，而国债收益率上升将导致政府财政赤字和借贷需求的进一步提高，由此导致政府债负更加繁重，可能会陷入‘债务螺旋’”。② 就一般情况而言，即便政府债务的持续上升尚未导致严重的财政困境，至少也会影响国内经济的正常运行。如 1993 年，时任美国非政府组织——国债偿还基金会（National Debt Repayment Foundation）主席的查尔斯·斯特德曼（Charles W. Steadman）曾指出，“美国政府过度的借贷耗尽了国家储备，提前消耗了可用于国内投资和技术创新的资源。投资的减缓降低了美国的生产能力，相应地会降低美国家庭的收入。随着收入的降低，美国人的储蓄能力进一步降低，可用于投资的资金会更少。”③

---

① NOURIEL ROUBINI, “U. S. Debt and Sovereign Wealth Funds”, *The Brown Journal of World Affairs*, SPRING/SUMMER 2008 · VOLUME XIV, ISSUE 2, p. 180.

② Marc Labonte, “The Sustainability of the Federal Budget Deficit: Market Confidence and Economic Effects”, Congressional Research Service, June 28, 2011, p. 2, http: www. fas. org/sgp/crs/misc/R40770. pdf.

③ Charles W. Steadman, *The National Debt Conclusion: Establishing the Debt Repayment Plan*, U. S. A.: Greenwood Publishing Group, 1993, p. 13.

尽管对于美国在全球范围内的债务融资能力的前景存在诸多质疑，但不容忽视的是，美国并非国际体系中的一般国家，历史上诸多债务国陷入窘境的历史教训并不适用于美国。若考虑到美国在国际体系尤其是货币体系中的中心地位，在未来相当长的时期内，美国国债的增长依然具有可持续性。如曾任克林顿政府财政部副部长的法兰克·纽曼（Frank. N. Newman）认为，大部分美国商业银行的存款只获得美国政府的有限保障，而所有的美国国债都获得了美国政府“十足信用”的保证。因此，总体而言，美国国债实质上等于滚动的、无期的、可交易的、实物计息的货币工具；美国不需要担心未偿付国债会给子孙后代带来巨大的负担；子孙后代永远不需要清偿所有的美国国债；美国政府没有计划通过加税来清偿国债，甚至可以说没有任何必要去起草这样一个计划。[①] 这一底气十足的判断无疑是基于这样一个现实：美国在全球体系中居于主导地位，在美国政治、经济与军事实力支持下的美元霸权可以让美国享有几乎无限的债务融资能力，主要体现在美国可以基于其国家“信用”，不断地发新债还旧债。

当然，如果美国大规模的财政赤字长期持续，或者债券的利率预计超过经济增长率，政府在出售新债券时，将面临一定的困难。私人投资者或海外投资者将质疑其投资美债的实际收益，由此将降低其投资美债的意愿，甚至将不再愿意持有美国国债。基于美国国债在美国债券市场中的重要地位，国债信用与市场信心的消长将直接影响美国金融市场的稳定。根据美国国会预算局（CBO）在2010年进行的测算，美国政府各种债券利率若全面上升4%，则联邦政府次年的利息支出将增加约40%，约1000亿美元；如果债务规模的增速超过GDP的增速，国债利率上升的后果将更加严重。由于国债利

① ［美］法兰克·纽曼著，龚元元等译：《美国的迷思》，北京：东方出版社，2012年版，第55页，第60页。

率的骤升会降低其市场价值，将使投资者利益受损，共同基金（mutual funds）、养老基金、保险公司、银行等国债持有者将陷入亏损和财务危机；像中国、日本这样的外国投资者持有一半左右的美国国债（不包含美联储和美国政府持有部分），将会遭受实实在在的损失。[①] 因此，中国等美国国债的国际投资者不仅对于美债的市场稳定性具有重要影响，而且美债市场的动向也关乎其国家利益。

第二节　中国持有巨量美债的原因

中国投资于美国国债大致可分为四个阶段：第一阶段从1972年到1985年，由于中国外汇储备匮乏，且对美国金融市场陌生，因此未持有美国国债；第二阶段是从1985—1993年，此间中国购买美债额度始终徘徊于低位，主要以购买短期国债为主；第三阶段是从1994—2000年，由于买入量超过出售量，中国持有美国国债额度从不足160亿美元增至786亿美元；第四阶段是从2001年至今，中国持有美国国债数量从786亿美元一路攀升，且持续保持高位。[②] 特别是中国于2001年加入世界贸易组织以后，国内产业结构、对外贸易状况、利用外资水平以及所处的国际环境都发生了巨大变化。这些因素与中国的外汇管理制度等因素一起助推了中国外汇储备的剧增，并成为中国持有美债的间接原因。在中国政府持有巨量美元外储的情况下，大规模分散投资渠道的不足以及稳定中美关系的需要等因素成为中国投资美债的直接原因。

---

① The Congressional Budget Office（CBO），“Federal Debt and the Risk of a Fiscal Crisis”，July 27，2010，pp. 3－4，http：//www. cbo. gov/doc. cfm? index＝11659.

② 参见刘福堆：《金融殖民》，北京：中信出版社，2011年版，第124—125页。

一、产业结构与政策导向

中国的发展在本质上就是从国际经济体系的外围进入中心，成为一个发达的工业化国家的过程。20世纪70年代，东亚地区主动承接了美国等发达国家跨国公司对外转移的劳动密集型产业，从而加快了经济增长。自20世纪90年代以后，伴随着信息技术革命，美国的产业结构发生了深刻变迁，其制造业生产体系中的低附加值部分逐渐转移到东亚地区。中国在向市场经济转型的过程中，鼓励外贸，吸引外资，利用世界产业布局调整的机会，发挥低成本劳动力优势，优先发展制造业，与区域内外进行垂直专业化分工，逐渐形成了在制造业国际分工中的终端组装地位。自1994年以来，中国一直保持着经常账户顺差并积累了巨量的贸易盈余，尤其是2005年之后，中国历年均获得超过1000亿美元的贸易盈余。同时，中国引进外资和“热钱”涌入也导致外汇储备、特别是美元储备不断上升。这些因素是中国储备巨量美国国债的主要原因。

（一）中国融入全球产业链及长期的贸易顺差

改革开放之初，为发展国内经济，中国急需大量资金和进口商品。为增加出口，并以此增强国际支付能力，进而改善国内经济和民生状况，中国经济发展模式开始从进口替代型转变为出口导向型。在此过程中，中国企业较快地建立起了面向国际市场、以劳动密集型产品为主的出口产品结构。随着中国逐步融入全球产业链，中国的出口贸易开始以较快速度发展。到20世纪90年代末，中国的经济增长已经形成了对出口的“路径依赖”。

表 2—6　　　　中国 1993 年—2013 年货物进出口总额　（单位：十亿美元）

类别/年份	进出口总额	出口总额	进口总额	差额
1993	196	92	104	-12
1994	237	121	116	5
1995	281	149	132	17
1996	290	151	139	12
1997	325	183	142	40
1998	324	184	140	43
1999	361	195	166	29
2000	474	249	225	24
2001	510	266	244	23
2002	621	326	295	30
2003	851	438	413	25
2004	1155	593	561	32
2005	1422	762	660	102
2006	1760	969	791	176
2007	2177	1220	956	264
2008	2563	1431	1133	298
2009	2206	1202	1006	196
2010	2974	1，578	1396	182
2011	3642	1898	1743	155
2012	3867	2048	1818	230
2013	4159	2209	1950	259

注：货物进出口差额负数为逆差。资料来源：中国国家统计局网站。

中国政府将刺激出口作为经济发展的重要动力使得中国迅速成为世界贸易大国。特别是 2001 年以来，由于中国加入世贸组织后的贸易环境相对改善等因素的影响，中国逐渐成为世界最大的加工制造业基地以及低端制造业产品的最大出口国。

首先，产业规模不断扩大。中国从一个原来基本封闭的经济体迅速成为世界最大的商品生产和出口基地。

其次，中国在国际经济体系中的地位发生了显著变化。中国对外贸易总额在1978年居世界第32位。2007年中国的对外贸易总额超越德国，进至世界第二位。从中国对外贸易占全球比例来看，1990年中国的出口额占全球出口总额的1.82%，而2011年中国的出口额已经占到全球出口总额的10.7%，预计到2016年这一比例将高达13.1%。[①] 同时，中国的对外贸易结构明显改善，劳动密集型产品的出口份额不断下降，高技术产品出口增速加快。从1994年以来中国一直保持外贸顺差，并助推中国的外汇储备持续上升。

第三，在中国的贸易伙伴中，美国居于举足轻重的地位。在中国改革开放之后，中美经贸关系发展迅速。据中国海关统计，2011年以前的32年里，中美贸易额增长了180余倍。[②] 这主要是由于自20世纪90年代以来，中国外贸的区域结构发生了重大变化，来自亚洲的进口不断增加，同时对美欧的出口也相应增加。这种垂直分工格局造成东亚其他国家对美国的贸易顺差部分转嫁给了中国，从而使中国对美贸易顺差大幅增加。[③]

近年来，美国始终稳居中国第二大贸易伙伴的位置，与中国的贸易额也一直处于稳步增长的状态。根据中国的统计，自1993年以来，美国对华贸易逆差从62.7亿美元增至2011年的2023亿美元。[④] 由于统计口径的差异，美国政府统计的对华贸易逆差额度要明显高于中国的统计数值。根据美国普查局（U. S. Census Bureau）的统

---

① Raymond J. Ahearn, "Rising Economic Powers and U. S. TradePolicy", Congressional Research Service, December 3, 2012, p. 12, http://www.fas.org/sgp/crs/row/R42864.pdf.

② 中华人民共和国商务部：《对外投资合作国别（地区）指南：美国》，2012年版，第24页。

③ 陈仁新：《中美贸易摩擦的政治经济学分析》，北京：中国经济出版社，2011年版，第118页。

④ 中华人民共和国商务部：《对外投资合作国别（地区）指南：美国》，2012年版，第25—26页。

计，自 20 世纪 80 年代中前期以来，美国对华贸易开始出现逆差，但在 20 世纪 90 年以前美国对华贸易逆差的额度比较有限。1990 年美国对华贸易逆差突破了 100 亿美元。随着中国加入 WTO 后出口的加速，2002 年美国对华贸易逆差突破了 1000 亿美元，并很快又在 2005 年突破了 2000 亿美元大关，至 2008 年达到 2680 亿美元。自 21 世纪初，中国就超过日本一直稳居美国对外贸易逆差来源地之首，且美国对华贸易逆差在美国外贸逆差总额中所占比例不断上升，从 2002 年的 19.22% 上升至 2008 年的 32.84%。尽管金融危机导致美国的国内消费有所收缩，使得 2009 年美国对华贸易逆差略有下降，但由于美国贸易逆差总体下降幅度增大而使美国对华贸易逆差占其逆差总额的比例进一步上升至 45.05%。[①] 由此可见，中美贸易失衡在美国外贸总体失衡的格局中占有相当分量。

中美贸易失衡是当今全球经济失衡的缩影。目前，美国等发达经济体的经常项目保持逆差，而新兴经济体的经常项目保持顺差，由此导致美元流向新兴经济体。在美国主导的中心—外围的国际经济和货币体系中，中国对美贸易的长期顺差直接影响到中国外汇储备的币种结构，提升了美元在中国外储中的比例。同时，中国与其他一些经济体进行贸易时也经常使用美元结算，这一因素进一步强化了美元在中国外储中的主体地位。考虑到中美贸易的巨大规模、广阔前景以及美元的世界货币地位，中国在外贸中主要以美元结算的状况仍将持续相当长的时间。[②] 由此可见，中美经济失衡以及中国维持高额外储的状况难以在短期内得以改变。

（二）招商引资政策的作用

自改革开放以来，中国在参与国际分工的过程中，长期以优惠

① 相关数据来源：U. S. Census Bureau，Statistics，http：//www. census. gov/foreign-trade/Press-Re lease/ft900-index. htm . l .

② 于刃刚、邓博然："持有高额美国国债对我国经济的影响"，《生产力研究》，2009 年第 12 期，第 111—112 页。

政策和低廉的劳动力吸引外国直接投资，外国直接投资和外资企业逐渐成为中国经济增长的引擎。虽然中国的市场经济体制逐步完善，但自20世纪90年代至今相当长时期内，以GDP为导向的政府政绩考核模式使得各级政府在经济发展进程中依然居于主导地位，各级政府将促进经济快速发展、提高GDP作为工作重心之一。在此背景下，为吸引外资促进地方经济发展，各地政府曾长期给予外商直接投资以“超国民待遇”，以此作为促进地方经济发展的重要政策工具。由此，中国已经成为引进外资增速最快的国家之一。从1979年至2008年国际金融危机爆发前夕，中国吸收的国际直接投资以年均30.4%的速度持续增长。[①] 在此背景下，中国已成为承接外商直接投资最多的发展中国家和世界最大的加工贸易基地。

多年来，美国一直居于中国投资来源国的前列，且其他重要的投资来源地如香港、日本、新加坡、台湾、韩国以及一些重要的离岸金融中心均以美元为主要储备货币，这使得流入中国的外资以美元资产为主。[②] 因此，来华外国直接投资成为中国外汇储备、特别是美元外储迅速上升的主要原因之一。

（三）“热钱”涌入助推外储攀升

国际“热钱”（Hot Money）又称“逃避资本”，是一种短期投机资本，具体是指以追逐国际间的利率差、汇价差或者是资产价格差为目的，期限在一年以内的、短期频繁流动的国际投机性资本，这些资本在市场之间快速转移，可能导致市场不稳定。[③] “热钱”主要通过经常项目、资本项目、地下钱庄等方式出入境。在经常项目

---

① 曹更生、杨民：“中国利用外资政策的内在矛盾分析”，《当代经济》，2006年第6期（上），第80页。

② 于刃刚、邓博然：“持有高额美国国债对我国经济的影响”，《生产力研究》，2009年第12期，第112页。

③ 王军、齐银山、王梦潇：“国际热钱流动的规模、趋势及其防范研究”，《宏观经济研究》，2010年第8期，第72页。

方面，企业会通过“高报出口商品价格，低报进口商品价格”、转移定价等方式转移“热钱”。在资本项目方面，“热钱”主要通过三种方式流入中国：一是境内外资企业低报盈利或假报亏损，将应汇出境外的利润留在国内，或中国投资于境外的企业虚报盈利，将境外“热钱”以利润形式汇入国内，从而实现“热钱”流入。二是通过外商直接投资渠道。在地下钱庄方面，“热钱”流动的主要方式有：一是设立壳公司与境外企业签订虚假合同；二是借助“个人渠道”，即利用个人项下分拆流入（外汇资金分拆汇入、结汇后再汇往同一账户）或利用职业货币运输者将资金携带入境。三是借助走私集团将“热钱”运送过境；四是利用本外币独立循环的方式流入。①

“热钱”大规模入境始于2002年，并主要集中在2002—2008年。国际“热钱”流入中国的主要目的包括：第一，分享中国经济快速发展的成果，如获取股市资产的增值收益等。第二，获取房地产价格上涨所产生的收益。第三，由于人民币汇率主要盯住美元，美元一度不断贬值使人民币实际汇率提高。据测算，自2001年第1季度至2010年第4季度，人民币不断升值，季度平均升值率达0.55%。② 加之国际社会普遍认为人民币汇率被低估，借人民币升值机会套利也成为“热钱”流入国内的原因之一。第四，利用中国与欧美国家的利差因素实行套利。欧美国家在金融危机后普遍采取量化宽松货币政策，基准利率降至极低。以中美两国间名义利率的差异为例。从2007—2008年间，中美两国的利率一直呈现反方向调整的态势。美联储将利率从5%以上降至2%左右，而同期中国央行将一年期存款利率从2.52%提升至4.14%，利率的反方向变化使得许

① 张洁、李楠：“地下钱庄渠道下热钱流入的影响”，《中国金融》，2012年第17期，第77页。

② 杨菊洪：“国际热钱流入及对中国经济的影响”，《科学决策》，2012年第7期，第40页。

多美国投资者将资金从美国转移到中国以获取更高的投资收益。[①] 尽管学界对“热钱”流入的准确数据并未达成普遍一致，但均认为“热钱”的规模非常巨大。据测算，2002—2007 年热钱累计净流入约 6564 亿美元。[②] 而在 2007—2010 年，每年流入的“热钱”均明显高于 1 千亿美元。[③]“热钱”涌入由此成为中国外汇储备，特别是美元外汇储备增加的又一重要原因。

中国自 1999 年之后长期持续的经常账户和资本账户的双顺差：一方面是中国积极融入经济全球化，对外经济迅速发展的结果；另一方面也是中国宏观经济运行中的核心问题，即储蓄大于投资的反映与体现，而长期实施的出口导向政策是贸易顺差的重要推动因素。[④] 加之“热钱”预期人民币升值而于近年大量涌入中国以待机套利，使得中国的外汇储备快速上升。2001 年 1 月份，中国的外汇储备仅为 1686 亿美元，到 2006 年 10 月突破万亿美元大关，达到 10096 亿美元；到 2009 年 4 月，仅仅过了两年半时间，中国外储又突破 2 万亿美元大关，达到 20089 亿美元；其后又在不到两年的时间里，于 2011 年 3 月突破 3 万亿大关，达到 30447 亿美元；到 2014 年 12 月再升至 38430 亿美元。[⑤]

中美贸易失衡以及中国外汇储备的大幅上升态势，集中反映了全球经济失衡、特别是中美经济关系的失衡。鉴于美元的国际货币地位以及长期以来美元外债在中国外债中占有相当比例，因此中国

---

① 甘梦竹：“热钱—人民币升值的驱动力和效应”，《科技情报开发与经济》，2011 年第 25 期，第 165 页。

② 苏多永、张祖国：“热钱流出之谜”与“隐性资本流动—对热钱流动规模的重新估算”，《南方金融》，2010 年第 6 期，第 23 页。

③ 苏剑、童立：“近年来我国热钱流入规模的估算”，《经济学动态》，2011 年第 11 期，第 59 页。

④ 徐诺金：《中国优势：经济增长的路径选择》，中国经济出版社，2014 年版，第 129 页。

⑤ 相关数据参见国家外汇管理局网站，http：//www. safe. gov. cn/。

政府的外汇储备也会偏重美元。外国政府或投资者主要可通过三种方式释放积存的美元：即购买以美元计价和交易的商品和服务；投资美国资产；将美元兑换为其他货币进行贸易、投资或储备等。由于持有巨量的美元外储，为维系中美贸易关系的增长态势、增加外储收益（相对于投资美元金融产品，仅持有美元没有利息收入）以及稳定汇率、保持出口竞争力等需要，中国将大量美元外储投资于美国国债等金融产品市场，由此形成中美之间主要基于贸易关系的金融循环。

中美之间基于贸易的金融循环的流程可大致概括为：中国的出口企业获得美元货款后，会将一部分美元存入中国的商业银行，而将另一部分美元货款通过有关程序到央行兑换成人民币。其后，美元现汇就会转入国家外汇管理局的账户，并通过购买美国国债等美元债券回流美国。回流美国的美元，其中一部分会进入发行公债的官方账户，并通过美国政府支出等方式购买外国商品而再次流出美国；而另一部分美元会进入民间金融机构的账户中，其中一部分会通过信贷方式转给民众并通过消费国外产品而流出美国。另一部分则会流入各类金融机构账户，通过对外投资和贷款流向国外。由上述分析可知，中国通过对美贸易顺差积累美元储备，再将其中的相当部分投资美债市场，使得美国可以进一步消费进口产品和对外投资，而美国新一轮消费和投资又会导致中国外汇储备的增加，于是再通过上述渠道返流美国，从而形成跨越太平洋的持续的贸易与金融循环。

二、巩固经济安全的需要

中国在建国以后至 20 世纪 90 年代初期，曾长期经历外汇储备匮乏的困扰。外储的基本功能包括：弥补贸易赤字、保持对外支付能力、保持汇率稳定、危机期间的战略储备等。无论是在建国初期、三年自然灾害时期，还是改革开放初期大规模引进国外先进技术和设备时期，外汇储备不足都是中国经济建设、民生保障和国家安全的直接或间接的主要制约因素。这种状况在很大程度上助长了中国的“外汇饥渴症”，使得出口创汇情况曾长期被作为企业经营业绩的一种衡量标准。

随着中国改革开放后经济实力的迅速提高，外汇储备紧缺的状况逐渐改善。但自1990年代以来，数次地区性的金融危机，如1990年代末的东南亚金融危机，充分显示了一国拥有大量外储对抵御投机资本袭击、维护金融稳定的重要作用。同时，外汇储备状况往往是国际资信评估机构用来确定一国信用等级的重要指标，所以较多的储备可以提升外界对本币的信心以及国家信用，巩固国家经济安全，并提高对外融资能力，降低对外融资成本。当然，中国外储的积累在某种程度上也是一种财富幻觉和政策惯性的结果。①

历史上，基于保障经济发展和国家安全的需要，中国政府长期采取相关制度来保障外汇储备的积累与对外储进行管控。从1978—1993年间，中国曾对本国企业的经常项目交易实行强制结汇以及外汇留成等制度。其中，外汇留成制度规定了中资企业使用外汇的额度。中资企业的外汇收入须依法结汇，政府向企业提供外汇留成额度。当企业对外支付需要使用外汇时，企业可以根据外汇留成额度，按中国官方外汇牌价用人民币购买外汇。1994—2001年间，中国实现了人民币经常项目的可兑换，但实际上仍存在外汇管制。自2002年至今，中国的外汇储备已经不再短缺，而且外汇占款产生的基础货币的扩张压力越来越大。2007年8月，国家外汇管理局取消了对经常项目外汇账户的限额管理。实行了13年的强制结汇制度终结，取而代之的是意愿结汇制度。② 此外，中国长期实行的“盯住美元”

---

① 翟东升：《中国为什么有前途—对外经济关系的战略潜能》，北京：机械工业出版社，2010年版，第133—134页。

② 肖凤娟：“1978年以来我国的外汇管理体制改革与资本管制政策”，《中央财经大学学报》，2011年第5期，第36页。

的汇率制度及相关政策也通过作用于贸易领域而推动外汇储备不断上升。

三、多元投资渠道的制约

近年来，基于外储的不断累积和提高投资收益的需要，中国政府逐步加大对企业“走出去”的支持力度，并努力加大对外投资力度，鉴于外储规模巨大，中国一直面临着对外投资渠道匮乏的困扰。

首先，当中资企业投资美国等发达国家的企业或其他投资项目时，往往面临诸多障碍。特别是中国国有企业遭遇的阻碍最大。其中，中海油（CNOOC）以及华为等中国企业的遭遇最具典型性。在中海油并购美国优尼科（UNOCAL）石油公司的进程中，自中海油开始流露并购意向之日起，美国国会议员的反对呼声就从未中断并逐渐高涨。此后美国政界、智库人士以及中海油的竞争者雪佛龙公司均渲染中国的并购行动对美国国家安全的不利影响。2005 年 6 月底，美国国会众议院以 398 对 15 票的绝对优势通过一项立法议案。该议案宣称如果中海油成功收购优尼科公司，可能危及美国的国家安全。[①] 在此背景下，美国国内的反对声浪达到高潮。此后由于美国国会再次通过相关法案，杜绝了中海油收购行动的可能性，8 月初中海油撤回收购要约，收购行动宣告失败。

而在 2011—2012 年间，两家中国电信设备制造商——华为和中兴，在美国遭遇政治障碍而投资受挫的经历，更体现了中国技术密集型企业在美国投资面临的举步维艰的窘况。2012 年 10 月，美国众议院情报委员会在经过近一年的“调查”后公布了一份报告，认为华为、中兴两家中国电信设备制造商对美国电信设备市场的影响会危及美国的核心安全利益。并建议禁止涉及中兴、华为的并购活动，

① 孙哲、李巍：“国会政治与美国对华经贸决策”，上海：上海人民出版社，2008 年版，第 348 页。

以及美国的网络提供商、系统开发商需在这两家中国公司之外另寻供应商等。

上述典型案例反映了中国虽然是美国最大的债权国，但中资企业特别是国有企业在美投资实体经济却面临诸多难以逾越的障碍。美国政府屡次向中国强调其国债的安全性，希望中国进一步投资美债，但却不断阻挠中国企业投资美国的实体经济，特别是攸关美国核心竞争力的战略性行业和高新技术领域。美国实体产业的股票是其金融资源中最核心的战略资产。美元霸权之所以能延续很大程度上是因为美国拥有这些具有战略意义的企业。由此可知，美国政府不可能让外国轻易获取攸关其国际地位乃至全球霸权的核心资产。①

其次，中国投资发展中国家的战略性资源项目往往面临诸多问题。随着中国加工工业大国地位的形成，中国面临的资源瓶颈问题日益严峻。进入 21 世纪以来，中国逐渐加大了对第三世界国家石油、矿石等项目的投资，以期保障国内经济发展的需要。在此过程中，中国企业往往面临投资目的地政局不稳、政策易变等不利因素的影响，而且常常被西方国家扣上“新殖民主义”的破帽子，这又平添了诸多投资阻力。

再次，欧日等发达国家对中国的直接投资也有不同程度的涉及政治与安全方面的限制措施。同时，金融危机后，除德国等少数国家外，发达国家整体经济形势持续低迷，欧元区债务危机一度愈演愈烈，至今也未能彻底平息。日本受到 2011 年 3 月地震和海啸的重创，导致本已持续低迷的经济形势更加雪上加霜，且日本政府负债在发达国家中名列前茅。据经合组织统计，仅在 2009 年日本中央政府的负债总额就达到了 GDP 的 183.5%。② 而到 2012 年，日本国债

---

① 华民、刘佳、吴华丽：“美国基于美元霸权的金融‘核战略’与中国的对策”，《复旦学报（社会科学版）》，2010 年第 3 期，第 63 页。

② The Organisation for Economic Co-operation and Development（OECD），Central Government Debt，http：//stats. oecd. org/Index. aspx？DataSetCode = GOV_ DEBT#.

已经大约相当于 GDP 的 237%[①]。这一状况无疑更加限制了中国的投资空间。

基于上述限制性因素的影响，中国对外进行大规模直接投资的空间极为有限，难以释放巨量的外汇储备。同时，由于美国国债相对于其他国家的国债具有收益稳定、种类较多、变现方便等优势，加之考虑到美国的霸权地位、中美密切的经济关系等因素，美国国债的自身优势使之成为中国外汇投资的重点选择。

四、稳定中美关系的愿望

美国作为当今世界唯一的超级大国，对中国的国家利益发挥着他国无法企及的影响。中美两国在半个多世纪的历史中曾有激烈的对抗和摩擦。自 1970 年代至冷战结束期间，中国和美国存在着共同对抗苏联这一利益汇合点。冷战结束后，苏联的威胁不复存在，中国成了与美国制度迥异的唯一大国和潜在的对手，因此，在冷战结束前后，中美关系曾经历短暂的紧张阶段。随着中国走上市场经济道路，逐渐融入美国主导的国际体系，以及中美经贸、投资关系的深入发展，中美两国又在新的历史阶段找到了新的利益基础。其中，两国间的贸易与金融循环，不仅促进了中国的外贸增长和经济发展，而且有助于巩固美国在国际经济体系中的中心地位，特别是为美国在全球范围内的债务融资体系增加了重要的支点。因此，即使中国现有的外汇储备已经远远超过应对潜在的国际金融危机所需的安全水平，但中国储备巨量美元，并以其中的大部分购买美国政府债券，对于维护美元霸权乃至美国的全球霸权具有重要意义。同时，这样一种债权债务关系在一定程度上可以防止美国对华过度施压，有利

① Rebecca M. Nelson, "Sovereign Debt in Advanced Economies: Overview and Issues for Congress", Congressional Research Service, January 31, 2013, p.9, http://www.fas.org/sgp/crs/misc/R41838.pdf.

于保持中美关系的总体稳定。

正因如此，在2008年秋金融海啸席卷华尔街之时，中国政府曾表示不会抛售陷入困境的美国房利美和房地美债券，而且中国还曾继续增持美国国债，以示支持美国渡过难关。2002年，中国仅持有1184亿美元的美国国债；至2008年9月，中国取代日本首次成为美国第一大债权国，当时中国持有的美国国债额度是5850亿美元；到2010年年底，中国持有美债首次突破万亿美元，达到1.06万亿美元，此后继续呈小幅上升态势；据美国财政部于2015年2月公布的数据显示，中国在2014年12月份已经持有约1.24万亿美元的美国国债，继续保持了美国最大债权国的地位。[①] 目前，中国已将超过30%的外汇储备购买了美国国债，如果再加上美国政府担保的“准国债”——“两房”债券，中国几乎是以将近一半的外汇储备购买了美国国债和准国债资产，而且如图2—2显示，中国持有美债的规模在外国投资者中所占的比例也不断上升。由此可见，在金融危机发生后，中国购买美债的双重考虑日益明显，即一方面是商业投资，另一方面更是一种友善的政治姿态和有效的外交手段。[②] 当前，由于美国对中国的影响要远大于中国对美国的影响，在一定程度上，中国超越经济范畴的考量，将购买美债与外交结合起来，有利于保持中美关系的稳定发展。

---

① Department of the Treasury/Federal Reserve Board，“MAJOR FOREIGN HOLDERS OF TREASURY”，February 28，2013，http：//www. treasury. gov/resource-center/data-chart-center/tic/Documents/mfh. txt.

② 刘洪：“投资与外交：中国购债的双重意义”，《理论与当代》，2011年第4期，第57页。

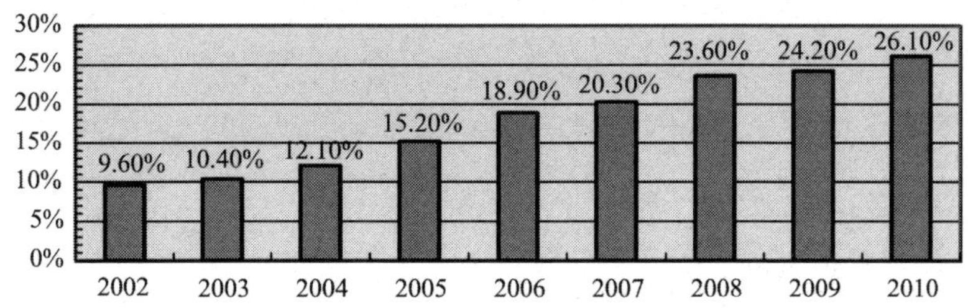

图 2—2　中国持有美债额度占外国投资者持有美债总额的比例变化（单位:%）

资料来源：Wayne M. Morrison，“China - U. S. Trade Issues”，Congressional Research Service，September 30，2011，p12，www. fas. org/sgp/crs/row/RL33536. pdf.

总之，美国作为中心国家的特殊地位及其消费扩张模式需要在全球范围内进行债务融资，而中国作为全球加工工业中心、大量输出大众消费品，以及持有巨额美元金融资产，是美国进行债务融资的重要对象国。中国基于长期的贸易顺差、分散投资渠道的匮乏以及稳定中美关系的愿望等因素，保持了巨量的美元及美债储备，由此全球最大发展中国家和最大的发达国家形成了史无前例的债权债务关系。

第三章

美国保障债务可持续性的措施

金融危机发生后，美国国债规模急剧上升，加之两党纷争等因素的影响，美国国债问题多次成为美国国内政治的热点问题，并引起了国际社会对美国国债的可持续性与安全性的质疑。如果美国发生财政危机，美国政府的政策选择有限，只有综合采取以下三种措施加以应对：一是重组国债，即修订债务合同条款，包括改变偿债时间等。考虑到投资者会立即要求支付更高的利息，并在之后的借贷中要求增加利息保险等因素，这种选择代价高昂。二是增发新债或变相印钞，并通过制造通货膨胀降低实际债务负担。三是增加税收和减少财政支出。应对持续的预算失衡需要减少财政支出，根据美国国会预算局（CBO）在2010年对联邦预算所做的长期预测显示，立即并持续地削减约为GDP的1%的财政支出，或增加约为GDP的1%的财政收入，能够防止此后25年间国债与GDP比例的净增长。①

为确保国债融资的可持续性，奥巴马政府通过上调国债上限来增加债务融资空间，通过削减财政赤字等措施来缓解国债上升过快的势头。同时，美国政府应对经济危机的有关措施，如"量化宽松"的货币政策有助于稀释债务负担，而刺激国内经济、扩大出口贸易

① The Congressional Budget Office（CBO），"Federal Debt and the Risk of a Fiscal Crisis"，JULY 27，2010，p. 8，http：//www. cbo. gov/doc. cfm? index = 11659.

等措施也在很大程度上有助于遏制未来国债上升的势头，并稳定投资者对美国国债的信心。此外，欧债危机期间美国政府的态度及具有美国背景的信用评级机构的活动在很大程度上有助于减轻美债面临的压力。

第一节　持续提高国债上限

美国法律设定国债上限以防止政府支出无度，但由于美国政府长期的赤字财政，国债上限持续提高。金融危机发生后，在国债上限的频繁提高过程中，由于两党的极化博弈，使得美国国债一度濒临违约边缘。国债上限的不断提高，也说明了其约束力有限。

一、国债上限的历史轨迹

为防止政府负债过度，各国往往制定了严格的债务发行审批制度。1917 年，美国政府为参与第一次世界大战进行融资，当年的《二次自由债券法案》（the Second Liberty Bond Act）规定对国债实施法定上限。债务上限是国会设定的联邦政府财政部借贷总额的法定限额。如果国债总额达到债务上限，联邦政府将不能继续借债。由于无法向政府雇员付薪，部分政府机构会暂时关门。

在 1980 年以前，美国国债法定上限的绝对量相对平稳，总体保持在 1 万亿美元以下，但此后的国债绝对量开始飙升。进入 21 世纪，小布什政府的财政收支从克林顿政府时期的盈余转为赤字，国债也不断攀升。特别是金融危机爆发以后，美国国债规模增速惊人：2008 年、2009 年和 2010 年，美国国债上限分别为 10.61 万亿、12.10 万亿和 14.29 万亿美元，分别占 GDP 的比重为 70%、84% 和 98%。可见，不管是绝对值还是相对于 GDP 的比重，美国国债的规模都在不断提高。① 在其他因素给定的条件下，美国净外债与 GDP 的比率越高，投资者对美国政府的偿债能力或获得投资收益的信心就越低。这种信心低到一定程度，外资就会停止流入美国，进而引发美元危机。由于保持美元的国际储备货币地位是美国核心利益之所在，美国必须维持美元的相对稳定。② 而要保持美元的稳定，就不能让市场产生有关美国国债违约的预期。

在此情况下，如果不降低财政支出或增加税收，为避免债务违约，美国就必须发行货币以支付债券利息和继续发行新债券。因此美国政府无法有效遏制国债的不断攀升，自 1960—2011 年，美国债务上限已经上调 79 次，几乎平均每隔 8 个月就要上调一次。其中，2001—2011 年，美国国债上限上调了 11 次，仅奥巴马总统的第一任期就上调了 3 次。③

二、国债上限与两党博弈

在大多数情况下，国会提高债务上限的决定过程较为简单顺畅，而当国会陷入关于预算规模和赤字支出的作用等议题的辩论中时，两党政治角力的影响往往使得债务上限议题充满争议和政治化色彩。小布什政府的白宫国家经济委员会主任基思·亨尼西（Keith Hennessey）曾指出，债务上限是政治博弈的一个有用工具，主张控制政府财政支出的议员往往会以债务上限的短期上调作为谈判筹码来争取逐渐削减政府的财政支出。④ 实际上近年来共和党在债务上限问题

① 孙时联："美国债务上限的由来及发展趋势"，《国际贸易》，2011 年第 8 期，第 46 页。

② 余永定："美国经济再平衡视角下中国面临的挑战"，《国际金融研究》，2010 年第 1 期，第 24 页。

③ Mattea Kramer; John Silver, *The Federal Budget*, Northampton, Massachusetts: nterlink Publishing Group, Inc, 2012, p. 115.

④ Keith Hennessey, "How to Wage the Debt-Ceiling Fight", *The Wall Street Journal*, January 17, 2013, p. A17.

上正是采取此种策略。在财政赤字和国债问题上，民主党主张增税，特别是增加富人的税收，而共和党则主张削减政府开支。分歧不仅在于两党核心价值的差别，更反映了各自背后不同利益集团在发挥作用，由此形成了近年来两党在债务上限问题上的极化博弈。

2011 年 5 月 16 日，美国国债达到 14.29 万亿美元的法定上限。当日，美国财政部宣布将国债违约的最后期限推迟到 8 月 2 日。届时政府若不提高债务上限或削减开支，美国政府就无法偿还国债本息，从而导致债务违约。在当时总统大选临近的情况下，共和党希望借助其在国会众议院中的多数席位来限制奥巴马政府的财政支出能力，从而有效抑制其施政能力，因此两党在债务上限问题上展开激烈较量。2011 年 8 月 2 日，在国债即将违约之际，经过两党拉锯式的、甚至一度具有极端色彩的角力，国会参议院才通过提高债务上限的法案，并立即提升债务上限 4000 亿美元。该法案规定：提高国债上限至少 2.1 万亿美元以及在 10 年内减赤 2 万亿美元以上。在这一轮的债务上限之争中，两党通过暂时的妥协均部分达到了各自的目的，又避免了债务违约带来的政治风险。

由于奥巴马政府重振国内经济的努力未见显著成效，美联储的两轮“量化宽松”政策却向全球输出大量美元，美国国债规模积重难返，且有价值缩水趋势，特别是美国国会两党在国债上限议题上的拉锯战，使得投资者对美国政府的偿债意愿与应债能力的担忧与日俱增。2011 年 4 月，标准普尔将美债前景展望调为负面。同年 8 月 5 日，在国会两党债务上限之争刚刚尘埃落定之际，标准普尔公司又将美国的主权债务评级从 AAA 级下调为 AA + 级别，评级展望仍为负面，这是美国首次丧失最高主权信用评级。然而，当前国际金融市场的运行一如既往地建立在美国主权债务“无风险”的假设之上。虽然标准普尔降低了美国的主权信用评级，但对美元地位并不构成根本性威胁。美国评级公司深谙此道，在迫不得已之际通过调降美国主权信用评级不仅可以平息人们的指责，维护三大评级公司评级结果的可信度，还可督促美国政府加强财政纪律。

2012 年 12 月 31 日，美国国债逼近 16.4 万亿美元的法定上限，这意味着美国财政部无法通过增发国债的方法来弥补预算赤字。由于两党在政府财政方面存在较大分歧，未能及时就提高债务上限问题达成一致。此间，美财政部通过采取临时性措施来维持联邦政府的运营，并停止发行两个政府退休基金的新债，从而避免立即出现债务违约。2013 年 1 月 31 日，美国国会参议院以 63 票赞成、34 票反对的结果通过了短期延长国债上限的议案，允许财政部继续发行国债至 5 月 19 日，以避免联邦政府机构“断粮”。当然这仅是临时措施，此后伴随着两党的持续博弈，国债上限不断提高，从而继续沿袭“借新债还旧债”的老路。

三、国债上限的约束有限

由于美元霸权的存在，从理论上讲美国国债不会违约，但有可能因程序原因导致延期支付国债本息。这种情况一旦发生，将对美国造成巨大的负面影响。美国政府不能及时向债权人偿付本息的情形，无疑会导致主权信用评级遭到下调以及增加借贷成本。即使政府仅是延付社会保险、老兵福利、军人工资和各种政府合同等财政义务，也会导致主权信用评级遭降。

同时，美国一旦开辟了国债违约的先例，将对美国国债的信用乃至美国的国家信用产生严重负面影响，会动摇全球投资者对美国国债的信心和投资意愿。根据美国联邦政府审计署（GAO）的统计，2000—2008 年间，美国国债的交易额占美国债券市场交易额的一半以上；2010 年，美国债券市场的日均交易总量约为 9500 亿美元，其中美国国债的交易量就超过 5000 亿美元。因此，基于美国国债在美国债券市场中的重要地位，国债信用与市场信心的消长将直接影响美国金融市场的稳定。

此外，美国国债的违约将会产生严重的世界性影响。美债交易价格的下跌，必然会导致包括中国在内的美债主要投资者蒙受资产贬值的损失。美债危机会导致全球金融市场的动荡。虽然暂时的违约并不会从根本上改变全球经济格局，但在严重的国内和国际压力下，一种国际货币不可能维持霸权地位，也不能保持世界储备货币地位，而对美国和国际金融体系信心的下滑会引发金融地震，震波会影响全球的政治经济形势。[①]

美元霸权是美国全球霸权的重要基础，对外输出美元使得美国可以大量汲取外国资源、牟取巨大利益。为维护美元霸权，就必须要避免国债违约。因此，虽然在提高国债上限之际，美国两党往往会反复角力，但两党均在最后关头达成妥协。这表明在美国的选举政治下，为了获得民众的支持，两党不会冒巨大的政治风险而将党争凌驾于主权信用这样的国家核心利益之上。同时，两党在国债上限问题上的对峙，也显示了在美国的政治制度下，两党对于基本的政策议题往往缺乏妥协，遑论一些重大的政策议题。[②]

在此背景下，美国国债上限的不断提高意味着美国对国债的发行没有硬约束，而是根据政府的执政意图设立的一个名义约束。[③] 即使美国国会不提高国债上限，美国国债还可以通过向联邦金融银行（Federal Financing Bank）转移的方式来规避债务上限的短期制约。该银行可以发行150亿美元的债券，但这些债券可不计入国债总额。在1985年、1996年、2003年，美国国债曾三次达到法定上限。当时，美国财政部曾将部分基金购买的国债转卖给联邦金融银行，降低名义国债总额，为后续的国债发行提供融资空间，从而分别化解

① ［美］弗雷德里克·皮尔逊、西蒙·巴亚斯里安著，杨毅、钟飞腾、苗苗译：《国际政治经济学：全球体系中的冲突与合作》，北京：北京大学出版社，2006年版，第185—186页。

② Michael Beckley, "China's Century? Why America's Edge Will Endure", *International Security*, Vol. 36, No. 3 (Winter 2011/12), p. 43.

③ 陈建奇：《霸权的危机：美国巨额财政赤字与债务风险研究》，北京：中国社会科学出版社，2011年版，第61页。

了三次债务上限管制的短期约束。由于美国联邦金融银行得到美国政府的完全担保，其拥有的债券与国债相同，因此通过这种技术转换的方式逃避国债上限的约束，更加说明了美国国债发行制度的约束软化问题。[①]

第二节　削减联邦财政赤字

美国国债的急剧膨胀，主要源于美国政府长期存在高额的财政赤字，而且在金融危机发生时，美国政府的财政赤字一度增速惊人。严峻的财政形势和国债负担会侵蚀投资者对美国经济和美国国债的信心，将对美国的国际主导地位产生负面效应。因此，金融危机发生后，美国正在走向一个历史性的转折点，要么采取措施尽量恢复预算平衡以保持其全球主导地位，要么未能恢复预算平衡而承受来自国内、国外的严重后果。[②] 在此背景下，奥巴马政府不得不采取切实措施，降低财政赤字的增长速度和规模。

一、美国政府的预算构成与支出

美国联邦政府的预算构成或拨款方式能够反映其削减财政赤字的难易程度。美国联邦政府预算主要分为强制性支出项目（mandatory spending）和自主性支出项目（discretionary spending），以及联邦公债的利息支出。

强制性支出项目是指，根据既有的政府支出法案安排的支出项目。与自主性支出项目不同，强制性项目不需经历每年的拨款程序，

① 陈建奇：《霸权的危机：美国巨额财政赤字与债务风险研究》，北京：中国社会科学出版社，2011 年版，第 61 页。

② Roger C. Altman，Richard N. Haass，“American Profligacy and American Power”，*Foreign Affairs*，Nov/Dec2010，Vol. 89，Issue 6，p. 30.

即无需国会批准而由法律规定的非常规的、自动的、硬性支出。在此情况下，一些现行法律通常要求联邦政府不断地投入资金，直到该法律被明确地修订或废止。强制性支出包括庞大的福利计划（entitlement programs）支出，如社会保险（Social Security）、医疗保险（Medicare）、食物补贴（Food Stamps）等方面的支出。2010 年，联邦政府财政支出的 23% 用于医疗保险和医疗补助，20% 用于社会保险，6% 用于偿付债务利息，这些都属于法定支出项目；另有 20% 用于国防开支，属于自主性支出项目。[①] 法律要求设立这些项目，并要求对所有满足一定合格标准的受惠人群进行支付，因此这些项目有一个共同的标签——“权利项目”。这意味着当更多的人满足其标准时，例如当经济衰退使得更多的人满足医疗补助的标准时，政府的支出将上升。[②]

自主性支出大概占联邦总预算的 1/3，这部分支出需要每年由总统提出要求并经国会审核、通过拨款法案。拨款法案会规定该项支出用于既定用途。获得拨款的部门在规定用途内可以自由支配。自主性支出主要包括国防支出、环保支出以及大部分联邦政府机构的支出等。其中国防开支是自主性支出中的最大项目，2011 年达到 7430 亿美元。自 1980 年之后，尽管自主性支出在联邦预算中的比例呈下降趋势，但在 21 世纪初，自主性支出的规模却不断增加。其原因主要有两点：一是美国发动阿富汗和伊拉克战争增加了军费开支，国防开支占 GDP 的比例也从 2001 年的不到 3% 上升到 2010 年和 2011 年的约 4.7%，这一比例达到了冷战后时期的最高峰；二是根据“2009 年美国经济恢复和再投资法案”（ARRA）所增加的政府投资。

---

① Thomas L. Hungerford, “Tax Expenditures and the Federal Budget”, Congressional Research Service, June 1, 2011, p. 3, http://www.fas.org/sgp/crs/misc/RL34622.pdf.

② ［美］西蒙·约翰逊、郭庚信：《火烧白宫：美债，从哪里来，往何处去》，北京：机械工业出版社，2013 年版，第 90 页。

据国会预算局（CBO）的统计，20世纪70年代的大部分年份和整个20世纪80年代，美国联邦政府的自主支出均低于GDP的10%，在1999年这一比例降至6.2%。从1999年开始，自主性支出相对于经济规模的比例开始增加，在2002年达到GDP的7%，2008年达到7.9%，2009年达到8.8%，2010年达到9.3%，达到了20年来的最高峰，2011年约为9%。2011年联邦预算授权中的国防支出部分较之2010年减少了30亿美元，减少了不到1%；而自主性支出中的非国防性支出部分减少了390亿美元，减少了7%。因此，2011年美国联邦政府预算授权中的自主性支出总额占GDP的比例降至2002年之后的最低点，但由于有的支出费用来自上年的拨款，2011年实际的自主性支出总额接近2010年。[①] 2011年联邦财政预算中的自主性支出总额约为1.35万亿美元，占到联邦财政预算总额的比例近40%。[②] 其中一半略多的部分是国防开支，其余部分是用途广泛的各类政府开支项目，其中支出额度较大的有就业与社会服务、教育培训、收入保障（主要包括住房和食品援助）、交通运输、公共卫生、退伍军人福利、对外事务及执法开支等。

目前，美国联邦政府的预算程序是基于1974年的《国会预算和截留控制法》、1990年的《预算执行法》等法律。[③] 而美国国会是预算过程中最重要的机构之一。由于美国国会在预算过程中影响巨大，

① Douglas W. Elmendorf, "Discretionary Spending", Congressional Budget Office, October 26, 2011, pp. 11 - 12, http://www.cbo.gov/doc.cfm? index = 12490&type = 1.

② Ibid.

③ 自1789年美国预算制度建立以来，其预算管理先后经历了国会主导预算管理（1789—1921年）、总统主导预算管理（1921—1974年）、国会和总统共同控制预算管理（1974年至今）三个历史时期。伴随这三个时期预算管理权的加强和转移，美国出台了一系列的法案。这一系列法案构成了美国现行预算法律制度体系，主要包括1870年的《反超支法》、1921年的《预算与审计法》、1974年的《国会预算和截留控制法》、1985年的《平衡预算和赤字控制法》、1990年的《预算执行法》等。

当两党在国会势均力敌，或两党中一方控制政府，另一方控制国会之际，两党在政府预算制定以及与之相关的债务上限调整等立法过程中的角力会非常激烈。

在联邦预算的支出程序上，可以大致分为以下几个阶段：首先，当国会对于某个特定的项目拨款时，其对于这一支出目的提供“预算授权”（budget authority），这是对于联邦机构费用开支的法定授权。“预算授权”只是立法者对于特定项目的预期支出，与最终的实际支出会有一定出入。然后，相关的联邦机构即可进入履行“财政责任”（financial obligations）的阶段。联邦机构将履行具有约束力的协议，就特定的物资或服务支出规定额度的资金，包括订购及雇佣联邦机构职员等业务。最后是“支出”（outlays）阶段，“支出”是财政部最终实际支付的费用。国会拨款的额度与实际支出额度之间的比值即支出率（spendout rates）。高支出率的项目，其预算授权大部分会在授权产生的财政年度完成支出；低支出率的项目，其大部分支出产生于后来的财政年度。[①]

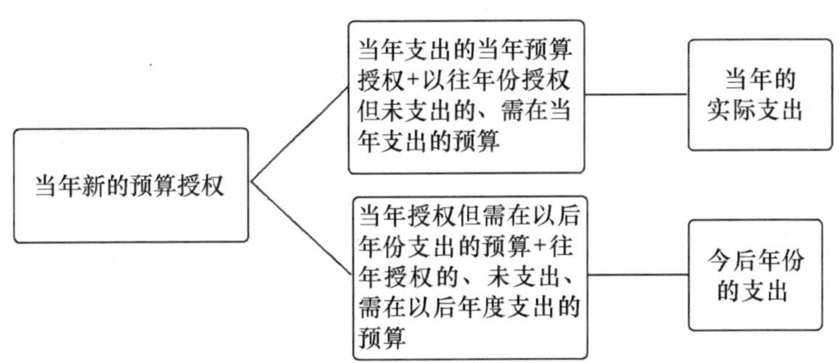

图3—1　美国联邦政府预算执行过程示意图

① Mattea Kramer and John Silver, *The Federal Budget*, U. S. A: Interlink Publishing Group, Inc, . , 2012, p. 8.

二、削减赤字与两党角力

美国两党在财政削减的侧重点上存在难以调和的分歧。民主党主张增收，即提高对占总人口2%的富人群体增税，而共和党则主张削减政府开支；民主党倾向于对年收入在25万美元以上的家庭增税，而共和党则仅仅支持对年收入在50万或100万美元以上的家庭增税；共和党要求奥巴马总统控制社保和医疗方面支出，而民主党仅接受就医疗支出谈判，而拒绝将社保纳入削减财政赤字的谈判。①

在此背景下，金融危机发生后，两党就削减财政赤字问题展开了数轮角力。其中，在奥巴马第一任期内关于减赤和应对“财政悬崖”等议题的两党博弈堪为典型。2010年2月，奥巴马在白宫设立“全国财政责任和改革委员会”，该委员会由18名民主党和共和党议员、学者和企业家共同组成，负责研究控制支出及税收政策方面的可行性方案。2011年8月2日通过的债务上限法案，要求国会成立两党组成的减赤特别委员会。若该委员会未能达成共识，美国将在2013年启动自动减赤机制。国会预算局曾于2012年8月根据2011财年的拨款情况公布了削减赤字的基线预测（baseline projections）。

2011年11月21日，由于两党未能在规定期限内就减赤问题达成协议。按照法律规定，美国需在2013年启动自动减赤机制并在10年内削减开支大约1.2万亿美元。同时，布什政府时期和金融危机后推出的经济刺激计划实行的减税政策在2012年底到期。税收的大幅增加与财政支出的减少这两方面叠加在一起，导致政府财政赤字将骤减约6000亿美元。如此美国政府的赤字曲线图形会表现出呈急剧下降、形同“绝壁”的趋势，由此被称为“财政悬崖”。其实，所谓“财政悬崖”的出现能使未来十余年的国债攀升趋势得到极大

---

① 刘世欣：“美国财政悬崖及对我国的影响”，《银行家》，2013年第1期，第41页。

缓解，但由于削减财政赤字、实行紧缩性的财政政策，至少在短期会给国内经济带来强烈阵痛。在金融危机的冲击尚未消除、国内经济仍然低迷的背景下，两党均不愿采取如此激烈的减赤计划。更何况如果实施高强度的短期减赤计划，必然会导致美国民众的不适应和反对，而两党均不愿因此开罪选民。

在此情况下，两党都倾向于避免财政悬崖的出现，均希望借关于财政悬崖的谈判使得本党在未来的利益再分配过程中占据优势。2013 年 1 月 1 日，国会众议院在最后关头通过了避免美国政府跌落财政悬崖的议案。该议案规定了在 2013 年向年收入 45 万美元以上的富裕家庭增税，以及将原定在 2013 年初启动的约 1100 亿美元政府开支削减计划延后两月执行。美国国会预算局 1 月 2 日表示，参议院所通过避免财政悬崖的法案，将会使得未来十年联邦赤字增加近 4 万亿美元。议案的通过避免了大多数美国民众的税收上调，并延宕了部分减赤计划，对解决国债攀升问题造成了负面影响。

三、减赤计划的前景分析

要降低美国政府高企的财政赤字，只能采取增加税收或减少支出措施。对于众议院的共和党人而言，保持低税率和低开支要比实际上削减赤字更为重要，也得到了其选民的大力支持；自里根时期以来，反对税收的观念发展到难以扭转的境地。[①] 同时，削减包括社会保险开支、医保和医疗补助在内的福利开支也难以获得国内民意支持，议员或总统若要大幅削减此类开支将会面临很大的政治风险和国内压力。由于国防支出在自主性支出中占较大份额，相对于福利开支，削减国防开支的阻力也比较小。

在此背景下，美国政府 2013 财年国防预算主要围绕“瘦身”和

① ［美］西蒙·约翰逊、郭庚信著：《火烧白宫：美债，从哪里来，往何处去》，北京：机械工业出版社，2013 年版，第 86 页。

“增优”思路设计。“瘦身”方面，通过裁员（使陆、海军规模回落至略大于“9·11”事件之前的规模）、减编、削减装备、减少海外军事行动四种方式，进行精兵简政，在未来五年内节约支出500亿美元。“增优”方面，美国意在发挥自身科技优势，增强美军的灵活、机动与快速反应能力，以有利于降低军事预算。一是增加在军事高科技方面的研发投入；二是增强远程打击能力，提升美军在空、海、天、网等方面的一体化联合作战效能；三是提高海外行动能力，对外派遣更多特战部队；四是确保军队的福利，以维持高昂的士气；[①] 同时，据国会预算局（CBO）预计，如果实施自动削减赤字机制，有71%的净削减将来自对自主性支出的削减；相对于未实施自动削减赤字机制，2021年的国防拨款（包括与战争相关的海外临时行动拨款）将会减少1100亿美元，约减少16%；自主性支出中的非国防性支出的削减将达990亿美元，相对减少15%；如果自主性支出均根据支出上限按比例削减，2021年的国防开支占GDP的比重将约为2.7%，而近10年这一比例为3.4%左右。[②] 尽管预算收缩或者自动削减能在一定程度上降低国防支出，但对于国防预算的削减并不包括战争和海外应急行动的费用，从长期来看，减赤之路仍存在不确定性。

虽然政府支出中的自主性支出部分得到了一定的限制，但在目前的经济形势下，法定支出特别是社会保障支出的增加无法遏制，

① U. S. Department of Defense（DOD），“Defense Budget Priorities and Choices”，Jan. 2012，http：//www. Defense. gov/news/Defense Budget Priorities. Pdf；U. S. Department of Defense（DOD），“FY 2013 Defense Budget Overview”，http：//www. Comptroller. Defense. gov/defbudget /fy2013/FY2013_ Budget_ Request_ Overview_ Book. Pdf.

② Douglas W. Elmendorf，“Discretionary Spending”，Congressional Budget Office，October 26，2011，p. 1，http：//www. cbo. gov/doc. cfm? index = 12490&type = 1.

因此预算减赤任重道远。[①] 近30年来美国的人口抚养比处于较低水平，即工作人员缴纳的社会保障税高于各项社会保障支出。不容乐观的是，随着国民平均寿命的延长、老龄化社会的到来和“婴儿潮”一代逐渐退休，美国的老年人口（65周岁及以上人口）已从2000年的3500万人增至2010年的4000万人，增幅约15%；预计到2020年将增至5500万人，较之2010年增加约40%。[②] 在此背景下，养老保险的支出显然会大幅上升。

同时，未来数年符合医保条件的老年人的数量将会激增，即伴随着医保开支的不断增加，医保受益人也成倍增加。作为最大的法定支出项目，2011年的社会保障支出已经达到了7560亿美元。[③] 如果算上“奥巴马医保计划”（Obama health）所增加的开支，未来医保支出的趋势将会严重影响几代人的生活。[④] 而且自21世纪初以来，美国各州希望联邦政府负担巨额的医保开支，在目前联邦政府财政赤字仍然规模庞大的情况下，各州的这一需求使得21世纪的第二和第三个十年的联邦政府预算的预期赤字大幅上升。[⑤] 在此状况下，即使财政收入不断增加和其他的开支项目得以缩减，医保开支的爆炸性增长仍是不可持续的。据国会预算局于2011年8月公布的数据显示，美国2011年的医保开支相对于GDP的比例不到5%，预计到2050年前后，这一比例将增加1.4倍。如果这一趋势继续延续，医保支出的增速仍将明显超过国内经济的增速。

---

① 美国联邦政府主导的社会保障计划主要包括两个部分：一是老年、遗属幸存者（退休者的配偶和孩子）、残疾人保险计划，又称联邦养老保险计划（OASDI）；二是联邦医疗保险计划。

② U. S. Census Bureau, Population Division, http://www.census.gov/#.

③ Mattea Kramer; John Silver, The Federal Budget, U. S. A.: Interlink Publishing Group, Inc, 2012, p. 7.

④ Damon Vickers, *The Day After the Dollar Crashes: A Survival Guide for the Rise of the New World Order*, New Jersey: John Wiley&Sons, Inc., 2011, p. 10.

⑤ Kevin Phillips, *Bad Money*, New York: the Viking Penguin, 2008, p. 169.

美国联邦政府将社会保障纳入财政收支，归为预算外资金。自20世纪80年代以来，社会保障资金的盈余部分通过购买联邦国债以实现保值，同时也为美国政府的财政赤字融资。由于美国财政和社保资金均归财政部管理，对外公布的、已经纳入社保盈余的财政赤字比实际的财政赤字要小。由于法律规定社保盈余购买国债，美国联邦财政在享受社保资金产生的支出扩张空间的同时，并无硬性约束要在未来预留足够的财政盈余予以偿还，这导致财政支出缺乏严格约束。由于人口老龄化的加剧使得社保资金的盈余减少，甚至会出现赤字，美国政府必须通过增加国债发行量来筹集资金以赎回社保资金购买的国债，这将会导致财政赤字的上升，而且无法遏制国债的上升势头。[①] 简言之，如果不对医保制度进行大幅度改革，缓解不断攀升的医保支出，将无法解决美国面临的债务困局。[②] 在此情况下，美国政府的减赤计划的远期效果仍然具有很大的不确定性。

尽管如此，就目前形势而言，奥巴马政府的减赤进程已经取得一定的成效。根据白宫公布的数据，美国政府的财政赤字自2012财政年度开始出现明显回落，当年财政赤字为1.09万亿美元，较之2011财年减少超过2000亿美元；而2014财年的财政赤字进一步降至4850亿美元，预计在2020年之前，均将保持在5000亿美元上下。[③] 较之次贷危机爆发之前，未来数年的预期赤字依然较高。赤

① 陈建奇：《霸权的危机：美国巨额财政赤字与债务风险研究》，北京：中国社会科学出版社，2011年版，第111页。

② U. S. Government Printing Office, “Overview of Previous Debt Proposals”, Hearing Before The Jonint Select Committee on Deficit Reduction Congress of The United States One Hundred Twelfth Congress, November 1, 2011, p. 82, http://www.deficitreduction.gov/public/_cache/files/8bafae43-b259-4d0b-bcdc-1e9f599558df/111101-Hearing Transcript. pdf.

③ The White House, Historical Tables “Table 1.1—Summary of Receipts, Outlays, and Surpluses or Deficits: 1789 - 2020”, http://www.whitehouse.gov/omb/budget/Historicals.

字状态的改善主要得益于以下三方面因素：一是奥巴马政府结束了小布什政府实行的一系列减税政策及为刺激经济而采取的税收优惠政策，增加了政府税收；二是奥巴马政府实施的自动减赤方案收到了一定的成效；三是美国经济形势的改善，增加了税收来源，而且相对于次贷危机及金融危机爆发之初，经济形势的改善使得政府不再需要大规模救市，从而避免了巨大的财政负担。当然，如果考虑到未来医保等强制性支出的增长空间，美国政府的财政赤字依然可能出现较大幅度的反弹，由此将对美国国债的规模产生重要影响。

第三节　调整相关经济政策

美国的国内经济状况对于维持其在全球经济体系中的中心地位至关重要。金融危机爆发后，美国通过调整国内货币、产业与贸易等政策，应对危机对美国经济造成的冲击，并提升美国经济的国际竞争力。这些措施也有利于降低美国的债务负担或巩固其对外债务融资能力。

一、实行“量化宽松”降低实际债负

金融危机爆发后，美联储先后实施了四轮“量化宽松”（QE）货币政策，此举不仅可以缓解金融危机，还可稀释美国的国债负担。具体而言，量化宽松政策可以达到多重目的：一是实现财政赤字货币化，为美国的赤字财政融资；二是制造通货膨胀，以避免通货紧缩，刺激消费，并减少消费者和政府的债务负担；三是推动美元贬值，增强美国出口商品的价格优势；四是降低他国的出口竞争力。由于石油、粮食、矿石等国际大宗商品价格大半采用美元计价，美元贬值导致国际大宗商品价格上升或处于持续震荡之中。大宗商品

价格的上升会导致中国等发展中国家面临输入型通货膨胀、实际汇率升值以及出口竞争能力下降等严重问题。[①] 美国“量化宽松”政策的实施，充分显示了美国在应对国内危机的过程中，对外转嫁危机成本的中心国家优势。正如英国历史学家尼尔·弗格森所言：次贷危机发生之后，美联储的政策加大了美元贬值的压力；与20世纪70年代甚至40年代相比较，美元的贬值与亚洲工业持续增长的巧合导致商品价格不断飙升；在2008年年中，发生了一场通货膨胀的世界战争。[②]

不容忽视的是，“如果国债以本币计价，政府就可以制造通货膨胀，即‘开动印钞机’来降低债务的实际价值。美元贬值不仅会降低美元的实际购买力和美国国债的实际价值，而且还会稀释美国所支付的国债利息。采取这种方式偿债，债权人所获资金的实际购买力会显著低于预期，因此许多经济学家视这种方式为变相的债务违约。”[③] 在此情况下，只要美元霸权得以延续，只要外国政府、企业不放弃美元结算的偏好，即使美国国债的规模进一步增加也不会使美国陷入危机，所谓的“还本付息”形同数字游戏。[④] 这种状况对于近半国债由外国投资者持有的美国来说，是一笔巨大的收益，并且美国还可免于陷入经济紧缩之苦。

---

① 余永定：“当前世界经济形势及对我国的影响”，《科学发展》，2011年第7期，第16—17页。

② ［英］尼尔·弗格森著，高诚译：《货币崛起》，北京：中信出版社，2012年版，第9页。

③ Rebecca M. Nelson，“Sovereign Debt in Advanced Economies：Overview and Issues for Congress”，Congressional Research Service，January 31，2013，p. 14，http：//www. fas. org/sgp/crs/misc/R41838. pdf.

④ 章玉贵：“占优策略、话语范式与美国金融资本力”，《国际观察》，2012年第4期，第67页。

二、"再工业化"以重振国内经济

美国国债高企的重要原因是其不断增加的货物贸易逆差，这与美国的产业结构变迁有着密切的关系。长期以来，美国制造业占全球的比重以及在本国经济中的比重一直处于下降状态。1980 年，美国的制造业增加值在全球制造业增加值中约 1/3，而到了 2008 年已经不足 1/5。[①] 同时，如图表 3—2 所示，2010 年时美国制造业增加值在 GDP 中的比重仅为 12%。

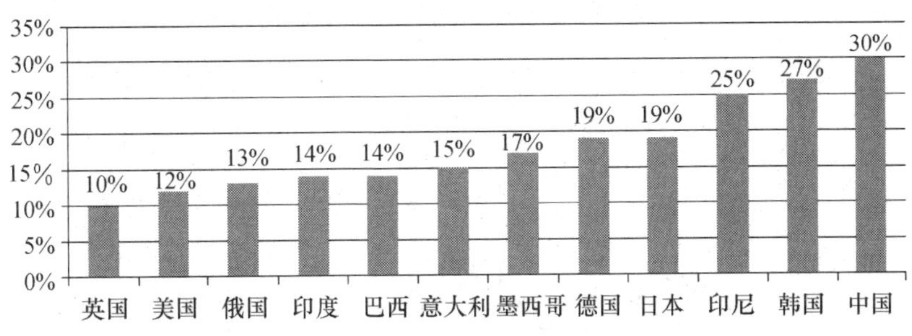

图 3—2 各国制造业增加值占国内生产总值（GDP）的比重（2010 年）

资料来源：Marc Levinson，"U. S. Manufacturing inInternational Perspective"，Congressional Research Service，February 11，2013，p. 4，http：//www. fas. org/sgp/crs/misc/R42135. pdf.

由于美国的产业结构埋下了金融危机和债务攀升的隐患，奥巴马总统在上任之初就致力于改善失衡的国内经济结构，实施再工业化。面对美国经济结构的深层次问题，奥巴马政府先后提出了发展绿色经济和"再工业化"等经济转型战略，以期通过强化实体经济基础来重振国内经济，并在此基础上缓解美国的货物贸易逆差，进而降低国债的增速。尽管美国是典型的市场经济国家，依靠市场机制来调整和管理经济，但美国政府也在相关重点领域实施产业政策

① Marc Levinson，"U. S. Manufacturing in International Perspective"，Congressional Research Service，February 11，2013，p. 3，http：//www. fas. org/sgp/crs/misc/R42135. pdf.

以调控经济发展。当然美国政府很少直接采用行政手段实现目标，不具体干预资源的分配，而是侧重于创造有利于主导产业发展的外部环境，包括法律保障和基础设施建设等方面。

首先，美国政府通过法案等形式，推动其国内新兴产业的发展。如2009年2月，奥巴马签署了《2009年美国复苏和再投资法案》（American Recovery and Reinvestment Act；ARRA），推出了总额为7870亿美元的经济刺激方案，其中基建、科研、教育、可再生能源及节能项目、智能电网、医疗信息化、环境维护等成为投资的重点。同年6月，国会众议院通过了《清洁能源与安全法案》（ACESA）。奥巴马政府力图通过这一综合性的能源立法，实现创造数百万个就业机会、推动美国经济复苏的目标，并通过减少对国外石油依存度来巩固美国的国家安全。同年12月，奥巴马政府发布了名为《振兴美国制造业框架》（A Framework for Revitalizing American Manufacutring）的政策纲要，计划从七个方面推动美国实体经济“再产业化”。这些措施主要包括：强化对工人的培训；为技术与贸易经营的创新提供经济支持；为贸易投资提供高效、稳定的资本市场；加强新能源、通信技术、高速铁路以及基础设施发展方面的投资；为本国的出口企业创造良好的国际营销环境；进一步完善有利于促进制造业发展的相关税收、法律以及监管机制等。2010年8月11日，奥巴马总统签署了《制造业促进法案》（US Manufacturing Enhancement Act）。该法案旨在降低美国制造业的成本，恢复其全球竞争力，并创造更多的就业岗位。

其次，鼓励科技创新。美国不仅是世界上最重要的制造业大国，而且处于全球产业链的高端，在诸多高端制造领域中仍处在世界领先地位，只是制造业中的技术含量低、附加值少并可以对外转移的产业，如纺织、服装、鞋帽、玩具等产业，基本转移到了国外。“虽然奥巴马总统对制造业怀有强烈的兴趣，但绝非怀念那些烟囱高耸的厂房”。[1] 美国“再工业化”战略的重点是继续大力发展高技术和高附加值的高端制造产业，而非重建传统的低端制造业。金融危机发生后，美国政府先后实施了一系列科研和高端制造项目，鼓励企业、大学及政府之间加强合作，以提升美国的制造业技术水平。如“先进制造业伙伴关系 计划”（Advanced Manufacturing Partnership）、“先进制造技术联盟计划”（Advanced Manufacturing Technology Consortia program）、“国家机器人技术计划”（National Robotics Initiative）、“材料基因组计划”（Materials Genome Initiative）等国家级科研计划等。这些项目都涉及当今科技革命的前沿，如纳米技术、高端电池、能源材料、生物制造、新一代微电子研发、高端机器人等领域，将推动美国高端人才、高端要素和高端创新集群发展，并保持在高端制造领域的研发领先、技术领先和制造领先。

再次，扶植中小企业发展。美国的中小企业约占企业总数的99.7%，占所有企业收入的40%，在国民经济的整体格局中发挥着重要作用。美国政府把中小企业作为“再工业化”的主要载体之一，划拨部分款项解决小企业贷款难的问题，协助小企业渡过信贷紧缩难关。美国政府还多次敦促银行为那些能够增加就业的小企业提供更多贷款。美国的页岩气革命的萌芽与成长就与中小企业的开拓密不可分。这些中小企业虽然资金实力较小，但拥有专业技术，可以致力于区域业务的勘探并率先步入勘探的前沿领域。作为中小企业开拓市场、追求利润的结果，美国页岩气革命异军突起，对于维护美国的能源安全和促进制造业发展具有战略性意义。

美国逐渐加速的“再工业化”已取得收效并正在改写全球的制造业格局。2011 年，美国制造业新增 23.7 万个就业岗位，制造业投资明显恢复。伴随着制造业的发展，美国国内经济形势逐渐改观。

---

① SCOTT HORSLEY，“Obama：We Need More Manufacturing Jobs”，National Public Radio，June 24，2011，http：//www.npr.org/2011/06/24/137383302/obama-we-need-more-manufacturing-jobs.

据白宫于2015年1月发布的《总统经济报告》显示：2014年，美国名义GDP增长率为3.5%，在2025年之前这一增长率均将不低于4.3%；2014年的实际GDP增长率为2.1%，预计在2015年和2016年，这一数据将达到3%，其后在2025年以前这一增长率均将不低于2.3%；2014年的失业率为6.2%，2015年预计为5.4%，其后到2025年，这一数据将保持在4.9%至5.2%之间。[①]

美国的"再工业化"给中国的产业升级带来了一定的挑战，会使得中美两国在部分制造业领域的成本差距逐渐缩小，并给中国带来巨大的技术创新压力。当然，由于长期以来美国制造业的总体竞争力持续下降，大量资金和人才已经游离出制造业，进入了金融保险、证券投资、互联网等虚拟经济领域，使得美国在世界上有竞争力的产业是其服务业，而非制造业，因此美国的"再工业化"之路绝非坦途。当然，如果美国通过从消费型经济转为出口导向性经济，从依赖金融活动转为发展实业，有利于改变债务大国的地位。[②]

三、刺激出口与加强国内市场保护

由于历史传统和经济发展水平的原因，美国的储蓄率一直较低，2005年的储蓄率甚至为负数。总体上，美国的储蓄率远远低于中日等东亚国家。这种状况使得美国难以通过增加国内储蓄的方式，来实现经济再平衡。同时，由于消费是美国国内经济增长最主要的动力，对GDP增长的贡献率长期保持在2/3的水平，因此美国政府也不希望过分压制消费来增加储蓄，特别是在经济尚未走向复苏的状况下更是如此。对高度重视国内就业的美国政府而言，其促进经济复苏的最有效办法就是扩大出口，藉此能更有效地增加就业和民众

---

① the WHITE HOUSE，"2015 Economic Report of the President"，February 2015，p. 88，http：//www. whitehouse. gov/administration/eop/cea/economic-report-of-the-President.

② 林珏："奥巴马'新政'措施及效应分析"，《上海财经大学学报》，2010年第3期，第89页。

收入，从而使美国民众的消费更多地以可支配收入为基础，而非不可持续的借贷渠道。

2010 年 3 月 11 日，奥巴马总统签署了第 13534 行政法令，宣布开始实施“国家出口振兴行动”（NEI），明确了“五年出口倍增计划”的目标：在五年内使美国的出口增加一倍，即名义出口值从 2009 年的 1.58 万亿美元增至 2014 年的 3.16 万亿美元，并增加 200 万个就业岗位。此后，美国政府采取一系列措施来应对高贸易赤字等经济问题。主要包括：以政府力量支持美国企业的对外营销，如对外派出贸易使团以推广美国产品，为美国的产品寻觅出口商机、拓宽出口渠道；邀请外国采购团赴美参加贸易展并鼓励本国企业积极参加国际贸易会展；强化贸易融资，扶持企业拓展业务；削弱贸易壁垒，协助企业进入海外市场，拓展出口产品的销售空间；强化贸易执法，保护国内市场等。

要实现五年内出口扩大一倍，美国每年出口增速应该保持在 15% 以上。为了实现这一增速，美国分别从美元汇率、区域贸易协议、出口控制、税费政策等方面入手，全面推进该计划。“出口倍增计划”实施后，美国出口增速较快，2011 年美国商品和服务的出口额达到约 2.13 万亿美元。其中出口增长最快的是高技术、资本密集型的制造业产品以及农产品等初级产品出口，这反映出美国丰富的人力、物质资本以及在技术、自然资源方面的优势。[①] 同时，美国在资源密集型产品出口方面的竞争优势日益显现。由于钻探技术的突破，美国天然气和石油的产量开始上升。因此，2011 年美国汽油、柴油及其他燃料的出口量超过进口量，这是自 1949 年以来的第一次。由于亚洲和欧洲增长放缓以及美元逐渐走强等因素的影响，据美国人口调查局统计，2014 年美国商品和服务的出口额仅略增至

① 王丽娜：“美国对外贸易特点和未来政策趋势”，《辽宁师范大学学报（社会科学版）》，2012 年第 6 期，第 759 页。

2.35 万亿美元。这一数据虽已达到历史最高水平，但与 2009 年 1.58 亿美元出口总额相比仅增长了 49%，离奥巴马政府的“出口倍增”目标相距甚远。同时当年的贸易逆差仍高达 5050 亿美元，较之 2009 年的 3838 亿美元逆差增加了 32%。[①] 可见奥巴马政府的刺激出口政策的实施效果差强人意。

对美国而言，“平稳而又低成本地降低经常账户赤字，有助于改善联邦政府的财政收支状况。其最佳策略是在减少财政赤字方面取得明显成效之后，再降低经常账户赤字。虽然对经常账户赤字的调整不可避免，但美国政府可能没有充足的时间以等待调整的最佳时机。[②] 在此背景下，虽然美国的刺激出口战略有所见效，但在经济危机尚未消退、失业率居高不下的情况下，控制进口、防止国内工作机会流失成为众多选民、利益集团和政客的共同立场。因此，在美国重振国内经济、加大出口力度之际，其贸易保护主义倾向也更加浓厚。就“出口倍增计划”而言，美国政府动用了各种政府资源为本国公司扩大出口创造条件，并对外国企业的相关产品动辄施以贸易保护措施，由此美国引发了和包括中国在内的贸易伙伴的贸易摩擦。

第四节 吸引中国继续投资美债

金融危机发生后，作为美国国债最大的海外投资者，中国对于

---

① the US Census Bureau，http：//www.census.gov/foreign-trade/statistics/historical/exhibit_ history.pdf.

② Edwin M. Truman，“Budget and External Deficits：Not Twins but the Same Family”，Institute for International Economics Prepared for The Macroeconomics of Fiscal Policy Federal Reserve Bank of Boston Annual Research Conference，June 14 – 16，2004，p.2，http：//www.frbsf.org/economics/conferences/0502/TwinDeficits.pdf.

美债的安全性以及投资收益问题的担忧上升。为了巩固债务融资渠道，美国政府通过外交宣示以及给予中国购债便利条件等方式，鼓励中国继续投资甚至增持美债。

一、通过外交渠道宣示美债的安全性

在海外投资美国国债的主要经济体中，日本、英国、比利时、瑞士、中国台湾和新加坡等经济体与美国存在紧密的政治、经济甚至军事联系，因此这些经济体不会违背美国的意愿而在短期内大幅抛售美债。中东的主要石油输出国因需要美国支持其国内体制以及提供军事保护，也难以放弃对美债的支持。而中国不仅是美国国债最大的海外投资者，冷战后美国还一直将中国视为其全球主导地位的最大的潜在竞争者，因此相对于紧密的经贸关系，中美两国间的政治互信明显不足。在此背景下，美国极为关注中国对美债的投资动向，并确保中国继续投资甚至增持美国国债。

早在金融危机发生之前，美国诸多政界人士就对中国持有高额美国国债颇有微词，认为可能会对美国的经济安全造成负面影响，并出于政治需要而对中国大加挞伐。但金融危机发生后，由于美国无法在短期内摆脱对中国的借贷依赖，美国决策层出于现实政治的考虑，竭力向中国宣示美债的安全性，其间美国对中国债务融资的“依赖症”暴露无遗。希拉里·克林顿的态度变化就典型地反映了这一现象。

2007 年 3 月 1 日，时为民主党总统候选人之一的希拉里·克林顿对布什政府严重依赖借贷的表示担忧。在接受美国全国广播公司财经频道（CNBC）采访时，希拉里声称美国正经历“自身经济主权的缓慢受损”。同时，希拉里在致美联储主席伯南克（Ben Bernanke）和财政部长保尔森（Henry Paulson）的信中，认为中国会借债务问题危及美国经济安全，因此主张国会和总统必须确保外国政府不能过多地持有美国国债。[①] 但在希拉里担任奥巴马政府的国务卿之后，其对中美债务问题的态度却与之前存在天壤之别。如2009年2月，希拉里在就任国务卿后首访中国之时，曾就中国“继续对美国国债保持信心”而致谢。“希拉里对中美债务问题先后表态的差异象征着在经历数届政府轮替之后，美国政府像个‘酗酒者’，虽然屡次扬言要戒酒，但在面临考验时，仍然奔向酒馆加倍买酒，还是靠赊账”。[②] 希拉里对待中美债务问题态度的前后殊异，充分反映了美国的对华“借贷依赖症”难以消除。此外，当标普公司于2011年8月初调降美国长期主权债务评级遭标准之后，中国对持有的美债资产的安全性深感担忧。同年8月19日下午，正在中国访问的美国副总统拜登表示中国不必担心美国国债的安全，并承诺美国将保证中方投资安全，“美国从不违约并且未来也不会”，还感谢中国投资美国国债。[③] 通过相关外交活动，美国劝说中国保持对美国国债的大规模投资，当然中国在外汇储备不断上升的形势下，也无法大规模地分散投资，此后虽然中国购买美债的增幅逐渐降低，但中国并未大规模减持美债。

二、向中国提供购债的便利条件

债台高筑的美国政府最为担心债权国大幅减持美债的举措。为能够把握中国的投资动向和希望中国继续购买美债，2012年5月，美国财政部许可中国央行从美国财政部直接购买国债，而无需再通

---

① James A. Dorn，“The Debt Threat：A Risk to U. S. – China Relations?”，*the brown journal of world affairs*，Spring/Summer 2008 · volume XIV，issue 2，p. 154.

② Lee Cary，“Clinton Grovels at the Panda's Door”，American thinker，February 23，2009，http：//www. americanthinker. com/2009/02/clinton_ grovels_ at_ the_ pandas_ 1. html.

③ 中新网：“美国副总统拜登：反对将中国崛起视为威胁”，2011年9月9日，http：//news. xinhuanet. com/world/2011-09/09/c_ 122007162_ 2. htm.

过华尔街金融机构的代理。此前从未有外国央行获此“殊遇”。当然，由于中国从美国财政部直接购买国债，外界便难以立即了解中国的买入信息，有利于防止华尔街金融机构抬高国债价格，但中国央行在售出美债时，却仍然需通过华尔街的金融机构代理。此举对美国具有重要意义，可以进一步稳定中美债务关系，使中国持有美债的额度长期保持高位。

第五节　助燃欧元区债务危机

一、欧元成长对美元霸权的冲击

20 世纪 60 年代后期，由于当时的联邦德国未与法国联手反制美元在欧洲的霸权，欧洲经济在 20 世纪 70 年代受美元汇率大幅波动的影响，在衰退与通胀之间挣扎了 10 年。自冷战结束以来，随着欧洲一体化的深入发展，欧盟作为一个经济体在全球经济格局中的位日益增强。由于法德再度合作，推动了欧元区于 2002 年得以建立，标志着欧洲自罗马帝国灭亡之后，经历了漫长的 19 个世纪再次实现了货币统一。罗马帝国曾通过武力扩张的方式扩大版图并强制实行统一货币，而欧盟是以和平的渐进的手段逐步迈向统一，各成员国自愿让渡包括货币主权在内的部分主权。从此，欧洲在第二次世界大战结束后首次有了摆脱美元的结算方法。

欧元区的诞生开启了国际货币体系变革的序幕，国际货币多元化的格局基本形成，对美元霸权形成了直接的冲击。2004 年，以欧元发行的国际债券的规模超过了美元。而各国的官方外汇储备中和国际贸易结算中的欧元比例曾持续提高。此外，在全球范围内个人持有外币的构成中，美元的比例在下降。关于欧元对于美元地位的冲击，日本学者大前研一曾形象地指出，以往“中南美洲或俄罗斯以及世界富豪用美元来存私房钱。1997 年之后，全球发生过多次金融危机，但都没有引发恐慌，原因就在于大家藏在衣柜里的现金（保管在家里的现金）都不是自己国家的货币，而是美金。”然而在 2009 年之前的几年里，“无论是中央银行还是个人，都一点一点的将美元换成欧元。大众已经普遍认为所有的鸡蛋不能摆在同一个篮子里，只存美金很危险，开始将风险分散到欧元上。”[①] 欧元的壮大虽然在短期内难以撼动美元霸权，但其在国际货币体系中的地位将日益增强。这是美国自 20 世纪末消除日元对美元霸权的威胁之后，第二次面临新兴货币的挑战。

欧元区体量巨大且处于不断扩大的进程中，其对美元霸权及美国的国际经济地位的威胁较之日本有过之而无不及。但由于欧元区制度设计存在缺陷以及欧元区重债国的脆弱性，在美国金融危机的冲击下，欧债危机爆发。此间，美国主导的主权信用评级机构对欧元区重债国家的评级打击，导致欧元区整体经济形势受到重创。而欧债危机的发展使得避险资金大量涌入美国，不仅有利于美国金融市场的恢复和稳定，而且使得美国国债相对于他国公债反受投资者青睐，由此巩固了美国的债务融资渠道。

二、美国评级机构打击欧元区

欧元区自成立之日起就令美国如芒在背。2007 年美国次贷危机爆发后，大量避险资金流向欧洲，不仅加剧了美国金融市场的动荡，而且这种态势一旦长期持续，必将重创乃至击垮美元霸权。2008 年，在美国金融危机的冲击下，“欧猪五国”[②] 政府相继出台了大规模的经济刺激计划，导致原已不堪重负的财政赤字和公债规模不断

① ［日］大前研一著，陈光棻译：《美国再见？后经融危机的全球趋势》，台北：天下远见出版股份有限公司，2009 年版，第 163 页。

② “欧猪五国”（PIIGS：以下五国的英文名首字母组合），即葡萄牙（Portugal）、意大利（Italy）、爱尔兰（Ireland）、希腊（Greece）和西班牙（Spain）。

攀升，由此导致欧元区于2010年爆发债务危机。

欧元区主权债务危机的发生存在诸多原因。从欧元区自身来看，自其成立以来，即面临着统一的货币政策和各国独立的财政政策之间的矛盾。在欧元区对成员国财政缺乏强有力约束的情况下，“欧猪五国”实施多年的高福利制度导致财政入不敷出、公债规模居高不下，发展模式、经济结构的不合理又导致经济增长乏力。这些因素是导致欧元区债务危机的内在制度原因。而美国次贷危机的冲击，[①]特别是评级机构的“恶评”，则是欧元区部分国家陷入债务危机的外部原因。在欧债危机一波三折的进程中，美国政府隔岸观火，还不时对欧元区国家冷嘲热讽地进行指责。而美国主导的主权信用评级机构却突然和频繁地调降欧元区国家主权信用评级，导致欧债危机的逐步升级，最终使得希腊等欧元区国家坠入债务危机的深渊。

陷入主权债务危机的希腊是欧盟国家中的相对欠发达国家。2001年，为顺利加入欧元区，希腊政府曾请美国投行高盛出谋划策，并成功隐瞒了高达10亿欧元的公债赤字，此举使希腊政府的财政赤字在账面上符合《马斯特里赫特条约》的规定。在加入欧元区以后，由于对外融资成本的降低，希腊的财政政策更加松散。次贷危机发生后，希腊等欧元区国家为刺激经济而大量举债。2009年11月，在希腊财长宣布当年的政府财政赤字占GDP比重高达13.7%，而非之前预测的6%之后，希腊国债的收益率骤然上升。同年12月，标普等三大评级机构开始不断降低希腊的主权信用评级。2010年1

---

① 美国次贷危机爆发前，欧洲金融机构购买了大量的以次贷为基础的美国金融衍生产品，并与美国金融机构进行了大量的衍生品交易，而美国金融机构的倒闭使得欧洲金融机构面临巨大的交易对手风险（Counterparty Risk）。同时，欧洲商业银行普遍通过购买美国保险公司出售的信用违约掉期产品（CDS）以规避《巴塞尔协议》对银行资本充足率要求，而美国保险公司濒临破产使得欧洲商业银行面临严重的资本金短缺困境。由于欧洲金融体系对银行间接融资的依赖程度更高，因此商业银行受损对欧洲债务体系的冲击很大。参见曲凤杰：“2010年欧元区经济及2011年展望”，《宏观经济管理》2011年第1期，第74页。

月底至2月初，市场上出现了对希腊债务的金融攻击，关于希腊出现支付能力的谣言四起。而高盛和另两家美国对冲基金却是针对希腊支付能力进行攻击的幕后推手，换言之，高盛一方面“帮助”希腊做假账、混入欧元区，另一方面又伺机攻击希腊和欧元，以从中牟利。[①] 由于希腊国债收益率不断攀升以及三大评级机构持续下调其国债评级，到2010年第1季度末，希腊10年期国债的收益率已高达6.529%，而国债占GDP的比重更是高达惊人的115%，希腊债务形势的不可持续性日益明显。[②] 2010年4月下旬，希腊政府申请接受欧盟和国际货币基金组织的救援。至此，希腊主权债务危机全面爆发。其后标普等又调降希腊信用评级，导致希腊的融资渠道受限。

值得注意的是，三大评级机构在将希腊打入债务危机的漩涡之后，随即迅速下调其他欧元区国家的主权信用评级，促使债务危机在欧元区不断蔓延。2010年6月初，欧元被打到4年来的最低点。[③] 其后意大利等国也因财政赤字高企、主权信用评级被调降、国债收益率不断上升等因素影响，逐步陷入主权债务危机。

从市场表现看，“欧猪五国”主权债务危机的发生和延续呈现以下的循环：国债利率上升—市场对债务国的偿债能力产生怀疑—主权信用评级降低—国债收益率上升。[④] 可见，在市场尚未意识到主权债务风险时，这些著名评级机构并未发出有效的风险预警，从而助长了市场对于欧元区主权债务前景的乐观预期。而在债务危机爆发后，评级机构又火上浇油，造成全球金融市场动荡。

---

① 参见丁一凡、钮文新：《美元霸权》，成都：四川人民出版社，2014年版，第154页。

② 王永琴、王刚：“‘欧猪五国piigs’主权债务危机：进程、原因、救助方案及走向”，《中北大学学报（社会科学版）》，2011年第6期，第22页。

③ 张锐：“国际信用评级机构的罪与罚”，《决策与信息》，2010年第8期，第18页。

④ 王永琴、王刚：“‘欧猪五国piigs’主权债务危机：进程、原因、救助方案及走向”，《中北大学学报（社会科学版）》，2011年第6期，第23页。

三、欧债危机对美国的影响

美国主导的主权信用评级公司在金融风险暴露之后再追加降级的做法，不仅于事无补，还会加剧金融市场的动荡。欧洲主权债务危机对欧元区的经济前景造成了严重的负面影响。危机期间，欧盟被迫投入高额的救助资金；欧元区经济遭受重创，欧元大幅贬值，导致欧元区国家的国际支付能力以及贸易地位有所下降。欧元区债务危机爆发的时机，以及美国借助欧债危机打压欧元的结果，导致欧元区大量的避险资金以及原来流向欧元区的资金转而流向美国以寻求避险。而中国等美国国债的投资者也被迫放弃以欧元区公债和金融资产作为主要的投资对象，仍继续选择美债作为避险投资的“避风港”，从而顶托了包括美国国债市场在内的美国债券市场和股票市场，在很大程度上稳定了美债和美元在国际金融市场上的传统地位。

因此，欧元区陷入债务漩涡的重要原因在于美国成功地利用了欧元区重债国的脆弱性和美国在信用评级话语权方面的优势，通过频繁调降有关国家的主权信用评级对欧元信用形成有效打击，使欧元在短期内无法与美元竞争、长期发展趋势堪忧，由此捍卫了美元霸权。这与美国当年以金融方式打压日本的方式有异曲同工之效。欧元区因债务危机而受到的重创，虽未必重于当年日本的“金融战败”，但至少在短期内，欧元区与欧元都无力与美国和美元竞争国际经济与货币体系的主导地位。可见无论是日本还是欧洲，只要威胁到美国的全球经济地位和战略利益，都必遭美国的打压。[①]

与在欧元区迅疾的行动风格相比，三大评级机构对美国严重的金融风险和债务负担长期视若无睹。在2008年美国次贷危机中，美

① 周寂沫：“从欧元与美元的博弈看欧元危机”，《社会科学辑刊》，2010年第4期，第19页。

国的各大评级机构并未事先发出预警，即使在美国金融危机发生后的相当长的时间内，三大评级机构也未下调美国的主权信用等级。而在欧债危机中，这些评级机构却在金融风险已经上升之后发挥助燃作用。

在欧债危机爆发及恶化期间，三大评级机构的煽风点火式的评级活动导致了欧盟的强烈不满。欧盟官员对这些评级机构不负责任的评级下调行为的批评异常尖锐。如 2010 年 7 月中旬，欧洲央行行长特里谢（Jean – Claude Trichet）在接受法国《解放报》采访时表示，“三大评级机构通常放大金融市场的涨跌幅度，破坏金融市场的稳定。消除三大评级机构在世界范围内的垄断地位的根本目的是要削弱或消除评级机构对市场涨跌的放大作用。”[①] 2011 年 7 月，在穆迪将葡萄牙的主权债务评级降至“垃圾级”之后，欧盟委员会主席巴罗佐（Jose Manuel Barroso）批评穆迪的评级存在不公、错误和夸大效应，增加了市场投机因素；指出欧洲应该摆脱对具有深厚的美国背景的评级公司的依赖。同时，德国财政部长朔伊布勒（Wolfgang Schaeuble）也认为，在葡萄牙的金融市场趋于稳定之际，穆迪调降其信用等级是不公平的，并认为应限制三大评级机构的垄断地位。[②] 鉴于具有美国背景的、占据行业垄断地位的评级公司在欧元区债务危机演进过程中的表现屡屡有失公正并造成严重后果，2010 年 6 月，欧盟建立欧洲证券和市场管理局（ESMA），加强了对信用评级机构的监管，如发现信用评级机构违反欧盟规定，该机构将有权对其实施惩罚。总之，美国利用其在主权信用评级领域的优势打击潜在竞争对手的做法，已经引起了广泛的警惕。

---

① “ECB’s Trichet wants end of rating agencies oligopoly”, *Reuters*, Jul 13, 2010, http: //in. reuters. com/article/2010/07/13/idINIndia – 50078120100713.

② Luke Baker, “UPDATE 2-EU attacks credit rating agencies, suggests bias”, *Reuters*, Jul 6, 2011, http: //www. reuters. com/article/2011/07/06/eurozone – ratings – barroso – idUSLDE7650ST20110706.

金融危机发生之后，美债问题举世瞩目。美国通过提高国债法定上限，延续了“借新债还旧债的老路”；通过削减财政赤字、实施“再工业化”和刺激出口战略以改善财政和贸易收支状况；通过美联储实行的量化宽松的货币政策，稀释了美国的债务；通过外交行动宣示美债的安全性，劝说中国等重要债务国继续投资美债；通过信用评级机构对欧元区的评级打击，重创欧元区经济、欧元的国际地位以及欧元区公债的市场空间。此外，美国还对中国发起“汇率战”，以期逼迫人民币升值，此举不仅会累及中国经济，还能降低美国的实际债负。美国政府以上的举措不仅稳定了美元的国际地位，而且增强了全球投资者对美国金融市场的依赖，从而有利于长期保持美国在全球范围内的债务融资能力。

第四章

基于债务问题的中美相互依赖分析

国际经济体系的中心—外围结构下的国际分工形成了中美经贸关系的失衡，在此基础上形成了两国间史无前例的债务关系。这一债务关系不仅影响美国对中国的战略定位，而且强化了中美之间的经济纽带，并在此基础上造就了中美之间至少在经济上的相互依赖关系。虽然这一相互依赖关系蕴含着明显的非对称色彩，但债务关系对中国也具有一定的战略意义。

第一节　债务问题与中国战略地位的变迁

鉴于中美债务关系对于美国在全球范围内进行债务融资以及维持美元地位的重要作用，金融危机发生后，在美国战略界的视野中，中国的重要性稳步上升。这一态势可从所谓的“金融恐怖平衡论”和“两国论”的形成与发展过程中得到反映。

一、中美债务问题与“金融恐怖平衡”

自 20 世纪 90 年代末以来，国家在外汇市场、公债市场、资本市场等金融市场中的地位和作用日益显著。中国主要通过经常账户和资本账户顺差积累了逾 3 万亿美元的外汇储备，其中约 7 成为美元资产。由于仅持有美元等于对美国提供了无息贷款，中国不能获得投资收益，因此中国在美元资产中配置了大量的美债资产。中美之间这样一种融资关系非常独特，随着中国持有美债额度的上升，中美债务关系具备了特定的战略性和政治性含义。在中美债务关系中，美国在短期内难以消除对中国的借贷需求；但大量持有美国国债又存在风险，中美债务关系实际上将中国和美国的利益捆在了一起，使两国不仅是利益相关者，而且成为利益共同体。①

早在 2004 年，美国前财政部长劳伦斯·萨默斯（Lawrence H. Summers）就认为，美国对外国政府的短期融资的依赖，不可避免地增加了美国在经济和政治领域的脆弱性，并产生了一些其他问题。萨默斯用“金融恐怖平衡”说形容这样一种情形，即：如果他国不为美国的贸易赤字融资，则这些国家将会遭受损失，美国依靠这种状况来保证他国继续为美国的贸易赤字融资。② 由此，“金融恐怖平衡”说一度引起美国战略界的热议。但从总体上看，“金融恐怖平衡”的表象下，蕴含着不平衡性、不平等性和脆弱性。

第一，“金融恐怖平衡”主要体现为东亚地区和美国之间的金融平衡：东亚经济体的货币与美元挂钩。跨太平洋之间的贸易—金融关系维持系着东亚与美国之间的经济平衡。这种表面平衡的实质恰是东亚和美国，尤其是中美之间经济的巨大失衡。

第二，在上述格局中，形成了收入（外汇储备）从发展中国家向主要发达国家再分配的“反向援助”现象，如中美之间的穷国补贴富国的“反向援助”关系。美国的部分外债是其他国家积累的美元储备，通常美国只需支付较低的利率，这就导致了全球资源分配

① 管清友：“从中国外汇储备看中美利益共同体”，《上海证券报》，2009 年 2 月 9 日，第 005 版。

② Lawrence H. Summers，“The U. S. Current Account Deficit and the Global Economy”，THE 2004 PER JACOBSSON LECTURE，Washington，D. C.，October 3，2004，http：//mypb. biz/pdf/Summers-CAdeficit. pdf.

不公的问题。自次贷危机爆发以来，这种现象更为明显。[①]

第三，这一国际金融平衡具有很强的脆弱性。为了保持本币对美元汇率的稳定性，东亚经济体不得不继续持有更多的美元资产，特别是中国为冲销外汇储备而发行了大量货币，加剧了国内的通胀压力。同时，美国的贸易与财政赤字额度却依然巨大，这会导致东亚地区所持有的美元资产面临不断缩水的巨大风险。此外，美国存在的美元霸权的自利动机、对外政策的单边主义倾向、贸易保护主义等因素正在侵蚀金融平衡的基础，这也是"平衡"的脆弱性所在。[②]

二、"两国集团"构想与中美经济共生关系

自布雷顿森林体系于 20 世纪 70 年代解体之后，美国在国际关系中先后安排了一系列明确的负担转移（burden-sharing）渠道。第一，沙特阿拉伯和石油输出国组织（OPEC）以美元为石油贸易的计价货币。海湾地区的石油生产国将出口石油获得的美元投资于美国政府债券及其他资产，由此确保石油美元回流美国以弥补美国国内储蓄的不足。第二，一种较之前者更为非正式的安排，即美国军事援助和保护的一些国家和地区，主要包括日本、韩国以及中国台湾。这些经济体通过将包括美国国债在内的美元债券作为储备资产以维护美元的全球地位，从而间接分担了美国的保护成本。第三，形成于 2003 年、别称"布雷顿森林体系 II"的一种更为非正式的安排。其中，中国和其他对美国大量出口商品的、拥有巨额外汇储备的国家，通过非正式的协作，持有巨额美国国债以支持美元的地位。[③] 但

---

① 韩宝兴："从'特里芬难题'看美元扩张及其影响"，《中国金融》，2009 年第 2 期，第 29 页。

② 江涌："'国际金融恐怖平衡'与美国的金融陷阱"，《现代国际关系》，2005 年第 7 期，第 52—53 页。

③ Kevin Phillips, *Bad Money*, New York: Viking Penguin, 2008, p. 169.

是由于国际关系的发展变化，上述的非正式的负担转移安排在政治、金融及财政方面充满不确定因素。

进入21世纪以来，国际经济与政治格局在经济全球化的影响下正经历深刻的变革，最重要的特征是以“金砖四国”为代表的新兴市场国家群体性崛起。同时，中美两国的相互依赖也达到了前所未有的程度。在政治关系方面，两国在一系列全球和地区性问题上具有广泛的合作空间，并已建立超过90个对话与合作机制，几乎涵盖所有领域。通过多渠道、多层次的沟通与合作机制，两国政府互动频繁。随着中美两国“建设性合作”的发展，中美关系愈加具有全球意义。

在21世纪初的前十年里，中国与美国在某种程度上构成了一个经济共生体：美国借助美元霸权持续保持其财政和外贸双赤字，以此来为2000年破灭的互联网泡沫和反恐战争融资。美国的贸易赤字被全世界的主要工业制造国和能源出口国分享，中国是其中的主要接受者。中国制造的廉价工业制成品帮助美国维持了长期的低通胀，让包括失业者在内的美国民众的实际生活质量得以提高。中国积累的巨额外储又通过购买美国国债和准国债的方式维持了美国的低利率和美元的国际地位。而美国市场的需求又推动中国对美出口，促进中国的经济增长。因此两者形成依赖关系：中国要获得持续的外贸增长，就必须确保美国市场的开放与活力；美国要维持国内低利率、低通胀的局面，就必须同时引入中国的商品和外储。随着中国全球地位的日益重要和中美相互依赖的不断发展，美国战略界对中国的地位、作用的认识也在不断发生变化，对中国“崛起”的关注和“战略倚重”以及希望中国明确接受美国“负担转移”的意图溢于言表。

早在2004年底，美国彼得森国际经济研究所（Peterson Institute for International Economics）所长弗雷德·伯格斯滕（C. Fred Bergsten）首先提出中美“两国集团”应作为美国未来关注的四组特殊关系（G2）之一。这四组G2分别为：美国—欧盟、美国—中国、美国—日本和美国—沙特。[①] 同时，也有一些美国学者批评“西方七国”（G7）无能，呼吁以美中欧日组成的“四国集团”或仅中美组成的“两国集团”取代 G7。[②] 中美“两国集团”的提法经媒体传播、炒作后，一度备受关注。2008 年 6 月，在第四次中美战略经济对话期间，伯格斯滕又在《外交》杂志刊文，提出中美战略经济对话应进一步升级为领导世界经济秩序的“两国集团”格局，认为中美应“共享全球经济领导权”，并使中国部分取代欧洲的地位。[③] 随后世界银行行长佐利克（Robert B. Zoellick）等撰文认为，“在世界经济复苏的过程中，中美作为世界经济增长的两大动力源需要进行合作，并成为 G20 合作的推动力。如果没有强有力的 G2，G20 的发展进程也将遭遇挫折。”[④]

2007 年 2 月 5 日，英国历史学家、哈佛大学教授尼尔·弗格森（Niall Ferguson）与柏林自由大学教授舒拉里克（Moritz Schularick）撰文提出了所谓“中美经济共生体”或“中美国”（Chimerica）的概念。两位学者指出，当前世界经济最明显的特征是企业利润与实际利率水平之间的差距。造成这一现象的主要原因之一是“中美经济共生体”的崛起。该共生体汇聚了中美两国的优势，中国是增长

① C. Fred Bergsten, “A New Foreign Economic Policy for the United States”, In: C. Fred Bergsten and the Institute for International Economics, *The United States and the World Economy: Foreign Economic Policy for the Next Decade*, Washington: Peterson Institute for International Economics, 2005, p. 22, http://leyqlvs. iie. com/publications/chapters_preview/3802/1iie3802. pdf.

② 褚国飞、陈文鑫，“中美‘两国集团’构想的由来及可行性分析”，《现代国际关系》，2009 年第 6 期，第 18 页。

③ C. Fred Bergsten, “A Partnership of Equals: HowWashington Should Respond to China's Economic Challenge?”, *Foreign Affairs*, Jul. /Aug. 2008, http://www. foreignaffairs. com/articles/64448/c-fred-bergsten/a-partnership-of-equals.

④ Robert B. Zoellick and Justin Yifu Lin, “Recovery: A Job for China and the U. S. ”, *The Washington Post*, March 6, 2009, http://www. washingtonpost. com/wp-dyn/content/article/2009/03/05/AR2009030502887. html.

最快的新兴市场国家，美国是金融实力最强的国家；美国精于企管、金融与营销，中国长于工程设计与制造；美国富足且追求享乐，中国虽穷但节俭；美国购买大量中国商品，且习惯于用房屋抵押借款消费，而中国则更热衷于储蓄，并将存款借给美国；美国满足了消费欲望，而中国则获得了就业机会；中国创造了巨额贸易盈余并立即借给美国，中国政府转而持有美债，并由此降低美国的长期利率；美国得益于低利率，保持了国内金融和房地产业的兴旺。[①]

此后，基辛格和布热津斯基等人士也提议中美应建立类似“两国集团”的关系。各种“两国集团”论的提出，反映了中美经济相互依赖的日渐深入，中国逐渐成为美国日益重要的债务融资来源，美国需要和中国结成稳定的借贷关系，以支撑美国的财政贸易双赤字，从而延续美国霸权。特别是金融危机爆发初期，美国需要中国的合作以继续顶托美国国债。但由于中美之间仍缺乏互信、两国经济的相互依赖前景的不确定性、其他大国可能的负面反应以及中国继续“韬光养晦”的需要等原因，中国未能接受“两国”集团之议。尼尔·弗格森之后也指出，“虽然这个看似典雅、完美结合的中美国有存在的理由，但是美国危机的解决方案并未出现。”由于中美在人民币汇率议题上存在争议以及中国对外经济和投资政策的调整，“中美国内部的核心存在着可以探测到的政治紧张局势。”因此，弗格森认为，“中美国只不过是一种幻想，是古代传说中的一种怪兽：狮头、羊身、龙尾。”[②] 尽管如此，以上相关的构想启示了未来中美两国需要密切合作、共同承担国际责任。

2009 年 4 月 1 日，中国国家主席胡锦涛与美国总统奥巴马在伦敦参加 G20 峰会期间举行首次会晤，双方一致同意建立中美战略与

① Niall Ferguson and Moritz Schularick, “Chimerica? Think Again”, *The Wall Street Journal*, February 5, 2007, p. A17.

② ［英］尼尔·弗格森著，高诚译：《货币崛起》，北京：中信出版社，2012 年版，第 301—302 页。

经济对话机制。同年7月，中美首轮战略与经济对话在华盛顿召开，这是中美双方就事关两国关系发展的战略性、长期性、全局性问题而进行的战略对话。此前，双方已从2005年起召开了6次中美战略对话以及从2006年起召开了5次中美战略经济对话。中美双边对话机制的升级和完善，为中美在经贸、金融等诸多双边或全球性议题领域的深入沟通和密切协调创造了良好的平台，对促进两国的政治互信和国际局势的稳定具有重要意义。

无论是“金融恐怖平衡”的评价，还是中美“两国集团”的设想，或是近年来中美战略经济对话机制的发展，都反映了在美国的战略视野中，中国国际地位的提高。同时这些评价、构想、机制的形成和发展也在某种程度上显示了中国全球战略地位的提升，以及中美互动与合作在当今国际关系中的重要地位和巨大影响。

第二节　基于债务问题的双边贸易投资关系分析

中美债务关系的发展反映了两国至少在经济层面上的深入的相互依赖关系。在国际关系中，任何一种相互依赖关系都必然表现出一方依赖性较强而另一方依赖性较弱的特征。[①] 中美债务关系形成的主要基础是两国之间密切的贸易关系和巨大的贸易失衡。通过分析

① 罗伯特·基欧汉和约瑟夫·奈将相互依赖分为均等依赖、纯粹依赖和不对称依赖三种类型，并提出了敏感性和脆弱性概念，从而将经济相互依赖同政治权力联系起来。他们认为，在国际关系中的大多数相互依赖是不对称的，既然相互依赖要付出代价，即一部分自主权受限，而且相互依赖产生的利益分配又是相对的，因此在某一相互依赖框架之中，付出代价较少、自主权受限较少而受益较大的国家和付出代价较大、自主权受限较大、受益较少的国家之间必然会展开讨价还价。这种讨价还价的能力就是国际政治中的权力。

两国对双边货物贸易的依存度①以及贸易构成等因素，在很大程度上可以判断两国在双边货物贸易中各自的地位，即两国对双边货物贸易的依赖性不同，进而可以显示两国对债务关系的依赖性的差异。而分析中美对外投资收益的差异，亦可在很大程度上体现两国对债务关系的依赖性的差异。通过分析，可以发现中美债务关系中的相互依赖具有明显的非对称性，中国是脆弱性和敏感性较强的一方。

一、中美双边贸易的依存度分析

自中国于2001年加入WTO以来，中美贸易增长迅速，经济关系日益紧密。在对美货物贸易依存度方面，中国位居全球之首，且占比领先于日本、德国等发达国家较大幅度，足以显示中国对中美货物贸易的依赖。其中，2011年美国货物贸易的前五位出口伙伴分别为加拿大（占货物出口贸易额的18.8%）、墨西哥（占13.2%）、日本（占4.4%）、中国（占3.9%）、英国（占3.7%）；位于前五位的主要货物贸易进口伙伴分别为中国（占17.9%）、加拿大（占14.2%）、墨西哥（占11.8%）、日本（占5.8%）、德国（占4.4%）。② 在对美服务贸易依存度方面，中国虽然排名第三，但位于中国之前的加墨两国均是美国的邻国且是北美自贸区的成员国，中国能取得如此排名已经实属不易。虽然在2006年以后，由于中国GDP的增长以及人民币对美元大幅升值，使得中国对中美双边货物贸易的依存度有所降低，但在中美贸易中，美国的依存度始终显著低于中国。

中美两国各自对双边货物贸易的依存度存在显著差异的主要原

---

① 一国对贸易的依赖程度，一般用对外贸易总额在该国国民生产总值（GNP）或国内生产总值（GDP）中所占比重来表示。在双边贸易关系中，一国的贸易依存度等于它与对方进出口贸易的总额与其国民生产总值或国内生产总值之比。本书采用双边货物贸易额与国内生产总值之比来计算对货物贸易的依存度。

② 中国商务部：《对外投资合作国别（地区）指南：美国》，2012年版，第21页。http：//fec. mofcom. gov. cn/gbzn/gobiezhinan. shtml.

因在于：第一，两国的经济发展模式不同。美国拥有全球最大的国内市场，其经济增长的最大动力源自内需，而中国经济增长的最主要动力则是出口与投资。第二，中美两国经济实力存在较大差距。美国的经济规模远大于中国，自然对双边贸易的依存度远低于中国。第三，一些扰动因素如人民币汇率的长期低估、中国外贸中加工贸易比重较大等，也影响到中美两国的对外贸易依存度。[①] 虽然上述因素说明了中美两国在双边贸易依存度方面存在差异具有一定的合理性，但显而易见的是，中国比美国更依赖中美贸易。

表 4—1　　　　中美双边货物贸易及依存度统计

年度	中国 GDP（单位：十亿美元）	美国 GDP（单位：十亿美元）	中美货物贸易额（单位：十亿美元）		中国对中美货物贸易的依存度		美国对中美货物贸易的依存度	
			中国统计	美国统计	根据中国统计数据测算	根据美国统计数据测算	根据中国统计数据测算	根据美国统计数据测算
2005	2287	13094	212	285	9.3%	12.5%	1.6%	2.2%
2006	2793	13856	263	342	9.4%	12.2%	1.9%	2.5%
2007	3505	14478	303	384	8.6%	11.0%	2.6%	2.7%
2008	4548	14719	345	408	7.5%	8.9%	2.3%	2.8%
2009	5106	14419	298	366	5.8%	7.1%	2.1%	2.5%
2010	5950	14964	385	457	6.4%	7.6%	2.5%	3.1%
2011	7315	15518	447	504	6.1%	6.9%	2.9%	3.2%
2012	8387	16163	485	536	5.8%	6.4%	3.0%	3.3%
2013	9469	18768	521	562	5.5%	5.9%	2.8%	3.0%

根据以下数据整理：中国和美国的 GDP 数据来源于国际货币基金组织网站：http：//www. imf. org/external/pubs/ft/weo/2014/02/weodata/weoselgr. aspx. 中美贸易数据（中国统计）来源于中国国家统计局网站，http：//www. stats. gov. cn/tjsj/ndsj/；中美贸易数据（美国统计）来源于：U. S. Department of Commerce，https：//www. census. gov/foreign-trade/balance/c5700. html.

① 汪占熬："中美对外贸易依存度的比较分析"，《决策与信息》，2007 年第 4 期，第 43 页。

二、中美货物贸易商品构成分析

中美贸易的失衡主要体现为美国在对华货物贸易方面存在巨额逆差，而美国在服务贸易方面始终保持顺差。据美国商务部统计，中国输美商品主要是服装、玩具、鞋类等大众消费品。虽然计算机等电子产品的比重逐渐提高，但中国对美国出口这些商品主要是加工贸易带来的出口转移的结果。中国在这些产品的生产环节中往往仅承担组装环节。这表明中国对美出口仍然是基于出口退税和廉价劳动等条件的支持，主要以低廉的成本和价格优势拓展美国市场，真正具有技术优势的、附加值高的出口产品很少。由于中国输美商品的自主技术含量较低，美国基本上能够生产这些商品，或者可以寻找到可替代的进口国家。正因如此，美国传统基金会（The Heritage Foundation）的研究专家德里克·希瑟斯（Derek Scissors）认为，尽管美国从中国进口了巨量的货物，但这种状况在两国关系面临危机时，不会对美国的国家安全形成威胁。①

相比而言，美国对华出口的大宗商品中，既包括附加值极高的产品，如金额较大的有半导体、大型客机等，也有美国能够掌控或者影响定价权的初级产品，如大豆、铜等。像大豆、铜之类的初级原料，中国可以通过在发展中国家或其他国家寻求替代进口渠道，或者可从国际大宗商品市场等处购买，但是高技术设备、零部件的替代进口空间却很小。例如，电子计算机的核心部件——中央处理器（CPU）的技术基本上由美国英特尔和AMD两家企业垄断，中国无法独立制造。大型客机市场亦是如此，中国基本上只能在美国波音公司和欧洲的空中客车公司之间进行选择，可替代进口的空间极小。即使中国将来能够独立地、大规模制造大型客机，考虑到中国

① Derek Scissors, "Free Markets and National Defense: U. S. Import Dependence on China", *Backgrounder*, The Heritage Foundation, September 21, 2010, p. 11.

的基础工业水平，中国也不可能在短期内完全摆脱对大型客机核心部件的进口需求。总之，从中美双边贸易的商品构成来看，虽然中美两国对对方的商品均有依赖，但在附加值和替代选择方面，美国均占显著优势，相比之下，中国获益程度和选择余地较小。在国家间贸易中，如果商品的技术含量较低且商品的最终消费国有较多的替代选择，那么最终消费国则居于优势地位，加之前文所分析的，中国对中美货物贸易的依存度明显高于美国，可见在中美货物贸易中，美国是依赖性较低的一方。

三、中国对美贸易企业主体分析

自 20 世纪 80 年代以来，伴随着全球化的推进，跨国公司在世界范围内的业务拓展发展迅猛。受到中国优惠的投资政策及低廉的劳动力等因素的影响，外资企业大量涌入中国。从此中国逐渐成为世界“工厂”，承接着大量从发达国家转移的生产外包业务，而外资企业则成为中国出口的主力军和贸易盈余的主要来源。据中国商务部外资司的统计显示，2010—2012 年，在华外资企业进出口总值分别占到中国对外贸易总值的 53.83%、51.07%、48.98%，出口总值占到同期全国出口总值的 54.65%、52.42%、49.92%。[①] 可见，外资企业不仅在中国对外贸易中占据半壁江山，而且更是中国获得贸易盈余的支柱。

基于中国对美贸易的巨大规模以及在华外资企业对美国出口的偏好，在华外资企业通过加工贸易所形成的对美贸易顺差已经成为中国对美贸易顺差的主要部分。而且中国对美出口所产生的贸易收益的大部分也被外资企业收入囊中，并成为美国等发达国家对外投资收益的重要组成部分。由此可见，基于中国出口企业的性质及贸

---

① 参见：中国商务部投资指南，“外商投资统计”，http://www.fdi.gov.cn/pub/FDI/wztj/wstztj/default.htm。

易方式的分析，美国通过其在华企业从中美双边贸易中获得了可观的经济收益，而中国却因此承担了对美巨额贸易顺差所产生的巨大的政治压力，不可避免地要经常面对美国就双边经济失衡问题而强加于己的种种指责和反制措施。

鉴于中美两国在双边货物贸易中的贸易依存度、出口商品构成、贸易收益等方面的差异，美国在中美贸易关系的相互依赖中具有更大的主动性、灵活性，并享有更大的实际收益。由于中美贸易关系是中美债务关系的形成基础，贸易关系的非对称相互依赖，必然使得中美债务关系的相互依赖具有非对称相互依赖的色彩，而且在债务关系的非对称相互依赖中，美国的回旋余地相对较大。

四、中美对外投资收益比较

中国通过长期的经常账户和资本账户顺差等渠道积累了大量的美元外储，成为利用外资大国和新兴的资本输出大国。虽然中国对外净资产的不断增加体现了对外金融状况具有较好的可持续性，能够在本国或全球金融体系产生动荡之际发挥稳定作用，但中国的对外投资结构所存在的问题，如大量投资于美国国债资产，在很大程度上影响了中国的投资收益，集中表现为中美债务关系中两国投资收益的非对称性。

通过对中美两国国际投资头寸（IIP）[①] 的分析，有助于了解中美两国的投资收益差异。美国在 1985 年以前是净债权国。1986 年美

① 在国际货币基金组织（IMF）公布的国际收支统计体系中，一个经济体的外部状况有两套统计指标，即国际收支（Balance of Payment，简称 BOP）和国际投资头寸（IIP）。BOP 反映了特定时段内一个经济体的对外交易，属于流量概念。对外交易将形成某一时点上的对外债权、债务存量，反映这种存量关系的是国际投资头寸。IIP 将能够使一国的对外经济关系得到更加全面、准确的反映。

国的这一地位发生扭转，当年美国的国际投资净头寸（NIIP）[①] 变为 -217 亿美元，此后不断扩大至2008 年底的 -3.47 万亿美元，约相当于当年 GDP 的 1/4。即便如此，美国经常项目中的“收益”却一直为正且不断扩大，其中2006—2008 年从481 亿美元升至1182 亿美元。[②] 与此相反，中国的 NIIP 虽多年为正，但是经常项目中的“收益”却差强人意，2005 年为91 亿美元，2009 年达到361 亿美元高点，其后在 2011 年转为负数，为 -268 亿美元，2013 年降至 -599 亿美元。[③] 尽管不能片面看待上述数据所包含的信息，但中美两国对外投资收益存在巨大差异是不争的事实。以下三方面因素可以大致说明中美投资收益呈现巨大差异的原因。

第一，中美两国对外投资的资产结构不同。中国对外投资的主要部分是外汇储备。2011 年中国对外资产仅居全球第七位，但储备资产居第一位，占全球储备资产总量的近1/3。相对而言，发达国家的证券投资资产（包含金融衍生资产）占总资产的比例较高。美、英、德、法、日等国均占50%左右，而新兴经济体的这一比例很低，中国约占6%。发达国家的直接投资资产占比一般较高，为20%—30%，中国仅为8%。所以美国对中国的投资以包括直接投资和证券投资在内的股权投资为主，而中国对美投资主要是债权投资，由此对中国的对外投资收益产生重要影响。据中国国家外汇管理局的统计，2013 年末，中国对外直接投资和其他投资分别为6091 亿美元和11888 亿美元，分别占对外金融总资产的10% 和20%；储备资产为

---

① 国际投资净头寸（NIIP：NetInternational Investment Position），即一个经济体的对外金融债权存量和对外金融债务存量的差额。如一国的国际投资净头寸为正值，则该国对外资产超过对外负债，属于净债权国；如一国的国际投资净头寸为负值，则该国为净债务国。

② 牛薇薇、李林杰：“基于 IIP 的中美国际投资收益比较研究”，《国际金融研究》，2010 年第 8 期，第 29 页。

③ 数据来源：国家外汇管理局网站，“中国国际收支报告”，http：//www.safe.gov.cn/。

38804亿美元，占对外金融总资产的65%；对外证券投资资产为2585亿美元，占比为4%。2013年末，中国金融部门与企业等其他部门对外净负债合计达1.86万亿美元，其中又以较高成本的外国来华直接投资为主，这是导致中国对外净资产规模较大，而投资收益却为负的重要原因；当然，直接投资在对外金融总资产中的比例在2007年仅为5%，其他投资在对外金融总资产中的占比在2009年也曾低至14%。[①]

第二，对外负债结构不同，主要发达国家以证券投资负债为主，占总负债的比重在50%以上，美国达到67%，在发达国家中比例最高。[②] 这种状况对美国具有重要意义：美国对外投资实体经济的收益率平均高于本国金融资产的收益率，所以美国虽为净负债国，但其投资收益却长期为正。根据美国经济分析局（BEA）的数据，美国企业海外总资产占美国GDP的比重，已从1999年的49%上升到2011年前后的将近100%，美国企业的海外投资收益也十分可观。1999—2008年间，年平均增长速度为18%；在2008年，年度盈利9563亿美元，是1999年的1819亿美元的5倍多；据估算，2004年美国对外直接投资的收益率为11.2%，而外商对美的直接投资收益率仅为4.4%，收益率差额高达6.8个百分点。[③] 此外，美国向海外出售金融资产可以将投资风险转嫁给国外投资者。

自21世纪初以来，包括美国企业在内的外资企业在中国的证券与直接投资中获得了巨大的投资收益，其盈利记录不断被刷新。2000年，中石油旗下的中国石油天然气股份有限公司在香港上市。

---

① 参见：《国家外汇管理局年报（2013）》，http：//www.safe.gov.cn/wps/portal/sy/cbw_ whglnb。

② 管涛、周济："2011年中国国际投资头寸状况分析"，《中国金融》，2012年第10期，第54页。

③ 周文："债务危机下真实的美国：穷政府+富企业"，财经网，2011年08月22日，http：//new.caijing.com.cn/2011-08-22/110820658.html。

英国石油公司（BP）以5.78亿美元购入中石油股票，到2004年又以16.5亿美元的价格卖出；而“股神”巴菲特投入4.88亿美元购入的中石油股票到2007年底的市值为35亿美元，增值近10倍。[①] 2005年，美国金融机构以每股1.19元的价格入股中国建设银行，同年10月27日，建行股票在香港的公开发行价达到2.35港元，仅此一笔，外资就获得巨额回报；2006年，美国高盛运通、德国安联等三大公司出资37.8亿美元入股中国工商银行，以每股1.16元的价格收购工行约10%的股份，三家公司在不到一年的时间内净赚2460亿美元，创造了高达900%的世界顶尖收益率。[②]

外资企业不仅通过投资中国获得丰厚利润，而且对中国部分产业具有很强的控制力。以食用油产业为例：自1996年起，中国开始进口大豆。2010年进口数量已经突破5480万吨，而国产大豆只有1400万吨左右，仅占消费量的25%。进口大豆涌入国内不仅抑制了国内的大豆生产，还导致中国大豆产业从原料供应、加工到相关的饲料和食品业等整条产业链基本为外资所控制。2012年，四大跨国粮商——ADM、邦吉、嘉吉和路易达孚通过控股或参股曾控制中国油脂市场的原料、加工及食用油供应的75%以上，跨国粮商参股或控股中国97家大型油脂企业中的64家企业，占总股本的66%。国际巨头的垄断使中国的大豆和食用油的对外依存度都达到60%以上，超过了安全警戒线。[③] 而在高技术产业，外资市场控制度和总资产控制度长期保持高位。在高技术产业的外资市场控制度方面，1999年为56.7%，到2004年达到74%的高点，至2008年一直为超过70%的水平，其后有所下降，但在2010年仍达到64.7%；在外资总资产

① 参见刘福堆：《金融殖民》，北京：中信出版社，2011年版，第119页。

② 参见黄加铭：《不相信美国：多角度宽领域透视美国对中国的暗战》，北京：知识产权出版社，2014年版，第52—53页。

③ 参见：“外资巨头全产业控制中国大豆 助推食用油涨价”，人民网，2012年6月6日，http://finance.people.com.cn/GB/18085857.html。

控制度方面，1999 年为 35.3%，其后快速上升，从 2004 年到 2009 年一直保持在 60% 以上，并曾在 2007 年达到 68.9%，至 2010 年才降至 54.1%。[①] 由此可见，外资在中国高技术产业的市场份额和资产份额方面占有很大比例。而外资在中国的市场控制度和总资产控制度的背后，是其对中国高科技产业核心技术、标准和品牌的控制，这些要素都是其获得垄断利润的关键。

第三，美元的贬值影响。美元与黄金挂钩时，美元的价值直接体现着黄金中所包含的社会劳动。在美元与黄金脱钩之后，美元即在一定程度上被虚拟化。在此背景下，美国的负债结构使得美国可以利用估值效应[②]降低债负。美国对外资产以外币为主，而负债却以本币为主，美元贬值会使美国对外净资产增加，从而呈现正的估值效应，提高投资收益。[③] 长期以来，美元曾相对于世界主要货币明显贬值。1960—2005 年，美元对欧洲主要货币和日元已经贬值了 2/3；[④] 而 2005—2008 年，美元的发行量从 10 万亿增至 14 万亿，整整增加了 40%。如果用美元货币供应量的数据来计算其贬值率，在 2005—2008 年间，美元每年就贬值了 13%。[⑤] 另外，从黄金价格的走势也可以看出美元价值的缩水。据世界黄金协会（World Gold Council）统计，2001 年 12 月 31 日，黄金价格为 276.5 美元每盎司；

① 李孟刚主编：《中国产业外资控制报告（2011—2012）》，北京：社会科学文献出版社，2012 年版，第 320、326 页。

② 估值效应（valuation effects）是指，给定国际投资的资产、负债结构和规模不变，由汇率、资产价格和收益率变化所引起的国际净资产头寸的变化。

③ 牛薇薇、李林杰："基于 IIP 的中美国际投资收益比较研究"，《国际金融研究》，2010 年第 8 期，第 31 页。

④ 江涌："'国际金融恐怖平衡'与美国的金融陷阱"，《现代国际关系》，2005 年第 7 期，第 56 页。

⑤ Damon Vickers, *The Day After the Dollar Crashes: A Survival Guide for the Rise of the New World Order*, New Jersey: John Wiley&Sons, Inc., 2011, p. 13.

到2012年12月31日，黄金价格涨至每盎司1657.5美元。[①]

由于美国对外负债以美元计价，中国以巨额外汇储备投资于美国国债或准国债，名义收益率为3%。由于股权投资的回报一般高于债权投资，由此导致中国的投资收益相对较低，甚至略有逆差。[②] 而且2001—2014年间美元曾持续贬值，因此2000—2010年间，中国持有美债的名义利息收入虽为1560亿美元左右，但实际利息收入仅为名义收入的50%左右。[③] 总体上，中国持有的美债用“一篮子”非美元货币来统计的外汇投资收益大概近于零（2001年—2008年，美元指数从112点下跌到最低70点，相当于年均下跌3.5%，而绝大部分外汇储备都是在此间积累的；换言之，用“一篮子”非美元货币计价，中国所积存的外储到目前为止的储备收益率接近于零）；此外，中国对出口工业的补贴，包括资金、土地、环境、劳动力成本等各种要素的显性或者隐性的补贴，导致中国在快速发展的同时，也给予了外部市场以巨额的财富转移。[④] 而美国前财政部副部长法兰克·纽曼也指出，在很长一段时期内，美国GDP的平均增长率是高于美国国债的真实利率的，因此现在国债的真实成本其实是负的。[⑤] 由此，在包含中美债务关系的中美双边投资关系中，中国的投资收益不可避免地低于美国。

---

① World Gold Council, “Gold price in a range of currencies since December 1978 XLS version”, 28 Jan, 2013, http: //www. gold. org/media/publications/.

② 管涛、周济：“2011年中国国际投资头寸状况分析”，《中国金融》，2012年第10期，第55页。

③ 傅红春、李笑影：“中国持美国国债的利息收入估算：2000—2011”，《河北科技大学学报（社会科学版）》，2012年第1期，第9—10页。

④ 翟东升：《中国为什么有前途——对外经济关系的战略潜能》，北京：机械工业出版社，2010年版，第35—36页。

⑤ ［美］法兰克·纽曼著，龚元元等译：《美国的迷思：为何中国经济快速发展而美国经济停滞不前》，北京：东方出版社，2012年版，第52—60页。

第三节　经济安全关注与中国持债的战略意义

美国在金融危机之后的相关措施，使得中国对于所持美债资产的安全性的关注度不断上升，而美国也对与债务问题相关的经济安全问题保持关注。虽然在中美债务关系的相互依赖中，中国的脆弱性和敏感性较强，但是债务问题对中国也具有一定的战略意义，对于维护国家安全和保持中美关系的稳定具有不容忽视的影响。

一、中国对资产安全的关注

金融危机发生后，美国实行“量化宽松”等政策，导致中国所持的美债资产的实际价值不断缩水，而两党关于债务上限问题的角力甚至一度急剧增加了美债的“违约”预期。这些事态的发展对中国的资产安全形成了巨大的隐患。中美之间的债务关系仅依靠证券合约维系，这样的合约对于债务人没有绝对保值义务，美国国债的价值保障仅依赖于市场信心和美元汇率，因此债权人完全处于被动地位。第一次世界大战前后美国也有过类似的惨痛经历。战前所购买的欧洲各国债券在战后成了一堆废纸。因此，在中美债务关系中，中国处于较为被动的地位。通过这一债务关系，美国获得中国的物质财富、无形资产等确定性财富；中国获得美元和美债等金融产品，是不确定财富；中国从美国获得的金融产品是财富的要求权，而非财富本身，因此中国处于风险暴露状态并在金融危机中显露无遗。[①]

① 李景彬、徐丹丹：“论中美贸易——金融关系的‘食物链’式平衡”，《管理现代化》，2011 年第 2 期，第 53 页。

当初中国增持美元和美债就有维护国家经济安全的战略考量，但形同悖论的是，由于中国持有的美元资产额度太高等原因，反而对中国的经济安全成了一定的束缚和挑战。虽然基于美元霸权，美债不存在危机，但美国两党就债务上限等议题形成僵局等事态的发展会打击市场信心，从而造成投资者的重大损失。

美债问题牵动着中国的国家利益，但可资利用的保障措施仅为美国的国家信用，这种状况对保障当代债权国的利益形成诸多制约。正如英国学者苏珊·斯特兰奇所言，在一个根据领土划分主权国家政府权力的政治结构中，国家与公司不同，国家可以借款，但债权人无法迫使国家破产或解散。这并非一个新问题，但其表现形式和解决办法与 19 世纪不同。例如，以前债权人可以接管海关及“暂时”或部分地管理国家行政机构（例如埃及当年的情况），现在这些办法在政治上已经行不通，而且其政治代价也太高。[①] 更何况美国是全球唯一的超级大国，其政治、经济、军事各方面实力是他国无可企及的，债权国也只能承受巨大的经济损失和国内政治后果。

尽管如此，中国政府努力通过双边政治渠道，要求美方确保中国所持美元资产的安全性。2008 年美国金融危机爆发后，在美联储接连推出“量化宽松”政策、转嫁经济危机，美国两党为债务上限议题大打拉锯战以及国际社会质疑美债安全性之际，温家宝总理等中国政府高层领导多次通过新闻发布会和中美战略经济对话等场合，表示对美债问题的关切，并要求美国政府保障中国持有的美国国债的安全性。虽然中国投资美国国债可视为一种市场行为，但考虑到中国所持美债的巨大额度，美国政府仍对中国政府及时给予正面回应，并再三强调美债的安全性。美国财长盖特纳、副总统拜登等高

---

① ［英］苏珊·斯特兰奇著，杨宇光等译：《国际政治经济学导论：国家与市场》，北京：经济科学出版社，1990 年版，第 129—130 页。

级官员曾多次与中国政府高官沟通，甚至对中国所持美债的安全性进行了政治担保。

美债问题在很大程度上是中美经济关系失衡的结果，只要中美之间的贸易格局不发生显著变化，美债仍然会是中国外储的主要投资对象。首先，中国政府虽然大力推进经济转型，以期拉动内需，改变国内经济增长对出口的依赖，但在短期内中国仍然需要以出口消化国内过剩的制造业产能。在此背景下，中国外汇储备居高不下的状况仍会延续。其次，中国无法在短期内找到美国国债的替代投资品。第三，当前中国需要有利于国内经济发展的良好外部环境，出于维护中美关系稳定、减少外部干扰因素的政治考量，中国不会大幅调整外汇储备的资产结构，即不会大幅减持美债。况且中国持有美债的规模过大，如果大幅减持美债，会因美债资产等外汇资产的大幅贬值，而遭受严重损失以及不可预期的衍生后果。所以中国难以在短期内降低所持美债的规模，由此在可预见的未来，基于贸易—金融循环而产生的中美债务关系仍将延续。但从远期来看，中国外汇储备的资产结构需要做大的调整，即减少美元资产的比重。2013 年 1 月 14 日，时任中国主权财富基金——中国投资有限公司董事长兼 CEO 的楼继伟在香港表示，美国国债并非好的资产，中投公司期望在投资组合中，各种资产均有所配置，以减少对美国国债的依赖。这一表态至少预示着中国不会在近期大幅增持美债，同时在远期会对外汇投资的资产结构进行调整。

二、美国对经济安全的关注

任何重大的国际经济问题都具有一定的政治意义。“高度依赖或紧密依赖的国家对安全问题异常担忧。国家间的高度相互依赖意味着，深陷其中的国家不得不面临这一相互依赖所附生的共同脆弱性问题。国家需要努力控制其赖以为继的资源或尽力减弱这种依赖程度。”对美国而言，需要保持美中债务关系，还要防范可能的经济和政治风险。[①]

历史上采用货币武器不乏先例。在布雷顿森林体系下的金汇兑本位制时期，美国就曾用货币武器向英国成功施压。在 1956 年 10 月底爆发的第二次中东战争（又称苏伊士运河战争）中，英国和法国为对抗埃及的苏伊士运河“国有化”政策并重新控制运河，英法伙同以色列发动对埃及的战争。英、法、以三国的战争行为遭到国际社会的普遍指责，而作为三国盟友的美国也将英法的侵略看作殖民主义的再次体现，并欲将英法势力挤出运河区。为此，美国在政治、经济及军事领域对英法全面施压。在经济方面，同年 11 月 15 日，在美国财政部长乔治·汉弗莱的命令下，美联储纽约分行开始大量抛售英国国债。美国出售英国国债的规模之大，导致英镑汇率浮动并贬值 15%，英国财政大臣哈罗德·麦克米伦认为，美国是在操纵货币以逼迫英国屈服。同时，美国还停止对英国的经济援助，并利用其对 IMF 的控制权，威胁在 IMF 内阻挠英国获得贷款，而英国急需贷款以遏制金融市场上对英镑的挤兑。此外美国还阻挠英国获得紧急的石油供应。而如果英国遵照联合国的决议撤军，美国不仅不阻碍英国向 IMF 寻求援助，还会额外向英国提供 5 亿美元的进出口信贷，以解决英国的财政困难。在巨大的压力下，英、法被迫撤军。[②] 麦克米伦后来回忆道，这是“一个衰落大国的最后喘息”，“或许 200 年后美国会像我们一样感受衰落的切肤之痛”。[③]

---

① ［美］罗伯特·J. 阿特、罗伯特·杰维斯著，陈积敏、聂文娟、张键译：《政治的细节》，北京：世界图书出版公司，2014 年版，第 39 页。

② 参见丁一凡、钮文新：《美元霸权》，成都：四川人民出版社，2014 年版，第 58—59 页。

③ Arvind Subramanian, “The Inevitable Superpower: Why China’ dominance is a Sure Thing”, *Foreign Affairs*, Sep/Oct 2011, Vol. 90, Issue 5.

鉴此，美国彼得森国际经济研究所（PIIE）高级研究员萨布拉曼尼亚（Arvind Subramanian）认为，未来的某个时候，中国完全有可能像当年在苏伊士运河事件中美国打击英国那样，用抛售美国国债的方式来逼迫美国服从中国的意志，交换诸如从亚洲撤军等条件。[①] 但是，目前的中美关系与20世纪40—50年代的美英关系有很大的区别。中国和美国并非盟友，但又在经济上深入地相互依赖，以至于政治关系破裂将给双方带来巨大的危险和高昂的代价。苏伊士运河危机时期，美国政府持有的英国债券数量仅为人均1美元，而目前中国持有的美国政府债券数量超过了人均1000美元。所以，20世纪40—50年代的美国政府有能力随时引发一场英镑危机，且不会伤及自身，但中国目前就不能对美元采取类似行动。[②] 况且当今美国在国际经济体系中的中心地位以及唯一超级大国的身份远非当年的英国可比。

尽管中国难以直接通过债务“武器”制约美国，但由于目前中美政治互信尚显不足，两国在诸多领域存在分歧，因此美方认为中国持有高额美债对美国国家利益的影响依然具有不确定性。早在20世纪60年代，当法国政府认为仅通过谈判无法让美国克制对美元霸权的滥用，于是从1965年2月开始，戴高乐政府开始通过动摇布雷顿森林体系的基础来逼迫美国让步，大规模地将其美元储备兑换为黄金，并劝说他国加入兑换行列，由此引发第二次美元危机。但以美国为“保护伞”的联邦德国，却在美国的施压下承诺其不会协同法国。虽然法国的努力最终失败，但其行为对布雷顿森林体系的解体起到了重要的推动作用。当前，美国对日本持有大量美国国债很放心，因为其在日本大量驻军，并对日本

① Arvind Subramanian, “The Inevitable Superpower: Why China' dominance is a Sure Thing”, *Foreign Affairs*, Sep/Oct 2011, Vol. 90, Issue 5.

② ［美］本·斯泰尔（Benn Steil）著，符荆捷、陈盈译：《布雷顿森林货币战：美元如何统治世界》，北京：机械工业出版社，2014年版，第348页。

有很大的控制权；而对中国持有巨额美债却心存疑虑，因为中国是主权完全独立的国家且并非美国的盟国，若中国抛售美债，可能导致极为严重的后果。[①]

而且金融危机发生后，中国国内就利用美债为工具反制美国的声音也不鲜见。2011 年 8 月 1 日，美国国会众议院通过了提高债务上限和降低财政赤字的法案。而在次日，逾 180 位众议员致函奥巴马总统，对台湾海峡的军事失衡表示关切，宣称美国出售 F－16C/D 战机给台湾对维持台海和平与稳定至关重要，要求政府尽快宣布支持这项军售。对此，中国官方媒体人士曾撰文表示，“现在该是用中国的‘金融武器’来敲打一下华盛顿的时候了！我们本不愿意把美国债券当成武器，是华盛顿在逼着中国这样做。”同时，该文认为美国国会支持提高债务上限，发行新债要靠中国等“资本大户”来购买，但同时又根本无视中国的核心利益，继续鼓动甚至升级对台售武。如果中国停止或大规模减少购买美债，会让美债贬值并使得中国的外汇资产缩水，但如果无视华盛顿政客们的行径，中国的损失恐不仅只是外汇资产的损失。[②] 即使中国无意针锋相对地利用美债“武器”，但如果中国持续购买美债，会加深美国对中国意图和能力的担心；若停止购买，则又会被视为中国政府的示威和要挟；如果抛售美债，则坐实了美国各界对中国的怀疑与指责；随着对中国的担忧加深，美国积极寻求防范与反制措施。[③]

在奥巴马政府执政期间，美国国会启动了相关的立法活动，以

---

① 丁一凡、钮文新：《美元霸权》，成都：四川人民出版社，2014 年版，第 66—77 页。

② 丁刚：“是时候用‘金融武器’来惩罚华盛顿了”，《环球时报》，2011 年 8 月 4 日。

③ 宋国友：《中美金融关系研究》，北京：时事出版社，2013 年版，第 49 页。

评估和防范中国持有美债对美国可能造成的“威胁”。相关的立法活动[①]主要包括：2011 年 5 月，联邦参议员孔宁（John Cornyn）提出《外国持债透明度与威胁评估法案》（Foreign-Held Debt Transparency and Threat Assessment Act/S：1028）；同年 6 月，众议员约翰逊（Sam Johnson）提出同名议案（H. R. 2166）。这些议案均提及，在特定的情况下，中国持有的美债会成为中国操纵美国政策（如台湾政策等）的一种工具等。上述两项立法议案要求总统就外国持有美债的情况发布季度报告。报告应包括美债持有国的相关分类，分析外国持有美债的意图、长远目标和对美国国家安全、经济稳定造成的风险，并决定这种风险是属于“可接受的”还是“不可接受的”。如果总统判断某国持有美债对美国造成了不可接受的风险，就必须制订行动计划以降低此类风险。此外，众议员麦肯伊（Howard P. McKeon）主持制定的《2012 财年国防经费授权法》（H. R. 1540：National Defense Authorization Act for Fiscal Year 2012）要求美国国防部就中国持有的美债对美国国家安全所形成的风险进行评估等。在进行众多的立法评估以外，美国还在亚太战略调整、对华汇率政策等方面发力，防范中美债务关系对美国的经济乃至安全利益产生冲击，后文对此将予以深入分析。

三、中国持有美债的战略意义

鉴于美国是国际经济体系的中心国家和全球唯一的超级大国，

① 美国第 112 届国会为评估、应对中国持有美债的相关立法情况参见：（1）Wayne M. Morrison，“China-U. S. Trade Issues”，Congressional Research Service，September 30，2011，pp. 13 – 14；（2）“H. R. 2166：Foreign-Held Debt Transparency and Threat Assessment Act”，http：//www. govtrack. us/congress/bill. xpd? bill = h112 – 2166；（3）“S. 1028 ：Foreign-Held Debt Transparency and Threat Assessment Act”，http：//www. govtrack. us/congress/bill. xpd? bill = s112 – 1028；（4）“H. R. 3581：Budget and Accounting Transparency Act of 2011”，http：//www. govtrack. us/congress/bill. xpd? bill = h112 – 3581。

中国国力与美国之间存在巨大差距；中国需要美国的消费市场以促进国内经济增长，还需要保持中美关系的稳定以营造和平发展的外部环境，因而难以直接通过债务问题对美国施加影响。正如美国塔夫茨大学教授丹尼尔·德茨那（Daniel W. Drezner）所言：资本输出国试图利用其金融力量强行改变大国的政策，会遇到很大的困难。能施加金融影响力的债权国，其必定会和债务国形成依赖关系。通常情况下，利用金融实力对大国施加政治影响的企图往往会失败。目前，中国已经将其大量的资本盈余转化为较小的，而不是较大的外交政策收益。当美国欠中国数百亿美元债务时，那是美国的问题，但当美国欠中国数万亿美元时，那就是中国的问题了。① 一旦中国开始大规模减持美元资产，会导致整个国际市场对美元资产的恐慌性抛售，会使得中国所持美元资产缩水并伤及中国经济，因此中国无法在短期内大规模减持美元资产。正如约瑟夫·奈所言：在两国的相互依赖中，一方对另一方较少的依赖可以成为权力的来源，美中之间就存在类似关系。②

虽然中国难以直接通过中美债务问题这一极具敏感性的议题对美国施加影响力，但是中国投资美债额度之大，使得中美债务关系的意义不仅局限于经济层面，而且具有一定的战略或政治意义。中国在一定限度内运用债务问题的杠杆效应，并非无法对美国施加影响，而且放眼于议程广阔的中美关系诸多领域，债务问题也可以成为中国的对外政策工具。第一，中国通过战术性的市场操作，在市场上反复售出及购买规模适中的美债，可以无碍于中国的资产价值和投资收益，但却会对美债市场的稳定性产生影响。同时，在中国之外，日本、英国以及诸多欧元区国家各自都至少持有数千亿美元

① Daniel W. Drezner, "Bad Debts: Assessing China's Financial Inovence in Great Power Politics", *International Security*, Vol. 34, No. 2 (Fall 2009), pp. 9 - 10.

② ［美］约瑟夫·奈："金融危机后的中美实力——约瑟夫·奈教授在复旦大学社会科学高等研究院的讲演"，《文汇报》，2010 年 12 月 25 日，第 6 版。

的美债资产，这些国家不会在短期内集体抛售美债，美债市场的波动很可能会导致上述国家对美国政府施加压力。第二，假设中国大规模减持美债并遭受重大损失，同时美国的利率和美元汇率等影响美国经济的核心要素也会受到负面影响，而且全球投资者对于美债的市场信心也会遭到重大打击，这对美国在全球范围内继续进行债务融资的前景将造成负面影响。第三，如果中国大规模减持美债并遭受重大损失，美国通过发行货币回购美债，势必将会导致美元贬值，并削弱美元霸权。第四，债务关系只是中美经济关系中的一个重要的组成部分，美国在中美经济关系中获益甚巨，在中美贸易与金融循环中，美国通过大规模进口中国商品，保持了国内较低的通胀水平并维持了民众的生活品质。尽管包括美国在内的发达国家开始将位于中国的部分生产环节转往其他发展中国家，但考虑到中国输美商品量大、价廉、质优，短期内美国在全球范围内几乎难以找到另外的替代进口国家或国家群体。如果中国大幅减持美国国债并反作用于中美贸易关系，将会影响美国民众的生活水平。在选举政治条件下，任何一位美国总统都不希望类似事态发生。

因此，虽然中国相对于美国的债权国地位与历史上金本位或金汇兑本位时期的债权国地位有明显的差异，但在一定程度上，中美债务关系已经使两国在经济上形成一种相互依赖关系，甚至稳定的利益输送关系。尽管所谓的“金融恐怖平衡”存在种种问题，但由于中美两国都无法从债务问题所造就的利益捆绑关系中全身而退，因此债务问题也可成为中国的战略“砝码”，能够在中美关系的全局以及有关具体议题上，弥补中国在整体国力方面相对于美国的弱势。第一，债务关系有助于提升中美之间的战略默契。这一关系绝不仅是单方面地对中国的行动能力形成束缚，并且部分基于债务问题而形成的利益交错关系，使得美国也无法对华采取高强度的遏制政策，如小布什和奥巴马政府均对中国保持了接触加防范的政策基调。“奥巴马政府寻求一种与中国的非零和关系，是因为认识到与中国对抗的代价超过合作的代价。在核威慑与经济高度依赖、共同面临地区与全球问题的条件下，对抗必然是双输或失败的。”[①] 债务问题在其中的影响不可忽视，能够抑制美国对华冲突思维的强度。第二，在具体的政治议题方面，如美国对台军售、南海主权争端以及香港“占中”等涉及中国重大利益的问题上，虽然美国没有改变其根本立场，但如果没有债务问题的存在，美国不可能小心地采取目前的谨慎与平衡政策。第三，在双边经济议题方面，中国债权国地位所发挥的作用更加明显，例如在美国国内的“中国威胁论”和贸易保护主义倾向此消彼长的情况下，美国政府未对中国采取严重的贸易保护主义或限制性的经济政策等。虽然中美债务问题的存在并非美国采取上述政策的唯一原因，但债务问题在上述的议题领域确实发挥了潜在的重要作用。[②] 因此，中美债务关系在很大程度上也有利于使得两国间复杂而微妙的关系越来越趋于成熟和稳定。

综上所述，中美债务关系的形成和发展使得中国在美国的战略视野中的重要性不断提升，并形成了一种相互依赖关系。通过分析中美两国对中美双边货物贸易的依存度、贸易收益以及投资收益的差异，可见在中美债务关系中，中国的脆弱性和敏感性相对较强。这种非对称性对两国各自的行动能力产生了不同的影响。在美国的对华战略中，美国关注的重点是利用中美之间的相互依赖因素为美国利益服务，并致力于保持美国对华依赖小于中国对美依赖的局面。[③] 当然，即使中美债务关系的相互依赖存在非对称性，对中国而

---

① 杨文静：《奥巴马政府第一任期对华政策析论》，北京：中央编译出版社，2014 年版，第 147 页。

② 宋国友，“不应忽视持有美债的政治战略意义”，《社会观察》，2011 年第 10 期，第 51 页。

③ 王帆：“不对称相互依存与合作型施压——美国对华战略的策略调整”，《世界经济与政治》，2010 年第 12 期，第 34 页。

言，债务问题仍具有一定的政治和战略意义。债务问题可以限制中美关系中的冲突性因素的发酵，对中美关系的未来走向具有重要影响。

第五章

中美债务问题的关联议题

在中国国力持续提高和中美经济相互依赖的背景下，金融危机发生后美国亚太战略的调整，对于维护美元在东亚的国际地位并巩固美国的对外债务融资空间具有重要影响。同时，伴随着中美债务关系的发展，美国一度就人民币汇率问题对华加大施压力度，并主导亚太区域经济合作机制以及加强对华贸易保护倾向，这些事态的发展对于维护美元霸权及美国在亚太地区乃至全球的主导地位具有重要影响。

第一节　美国在东亚的战略利益与安全再平衡

中国作为美国的最大债权国，在东亚地区的影响力上升会影响到美国在该地区的主导地位，并对美国债务融资能力的可持续性产生冲击，由此导致美国在战略重心东移的过程中，着力阻滞东亚一体化的进程。而且在美国减赤计划将导致军费增长空间受限的情况下，美国不断增加对东亚的军力投入，并对中国实力的上升以及中国战略意图愈加关注，且不断加大对东亚地区热点问题的直接或间接介入的力度，以期阻滞中国在东亚地区影响力的上升，维护美国在东亚地区的主导地位和全球霸权。

一、美国在东亚的战略利益

21 世纪初，美国因深陷阿富汗和伊拉克两场战争而糜费甚巨且招致国际社会的诸多批评，金融危机爆发之初，美国金融体系和消费者信心遭到重创，国内经济一度持续疲软，失业率居高不下。而欧元区因债务危机而风雨飘摇，除德国因实体经济强大而保持形势稳定之外，欧洲国家均不同程度受创。日本经济长期低迷，并因地震及其引发的海啸与福岛核电站事故而雪上加霜。只有新兴市场国家经济发展形势相对稳定。在新兴市场国家的代表——“金砖五国”之中，俄罗斯因经济体系过于依赖能源产业而屡受国际市场变化的冲击，而巴西、南非及其他新兴市场国家的经济规模仍然有限。相比之下，只有中国仍然保持了较快的经济增长态势，并在 2010 年取代日本成为世界第二大经济体。虽然中国的经济结构、发展空间存在种种制约和挑战，但其综合国力不断增强，且对全球经济的巨大拉动作用以及国际影响力不断提升是不争的事实。

东亚地区的局势变化攸关美国的全球利益。首先，东亚聚集了中、日、韩以及台湾地区等与美国经济或政治关系极为密切的国家和地区，是美国最重要的进口商品来源地和投资目的地之一。其次，较之世界其他地区，东亚经济体持有的美元外储和美国国债份额最大。中国和日本是美国国债最大的海外投资者，两国持有的美国国债一般占到外国投资者持有量的 40% 以上。此外，中国台湾、中国香港、韩国、新加坡等经济体也都是美债的主要投资者，因此东亚地区是海外美元最主要的“蓄水池”，是美国最重要的债务融资来源地。第三，东亚、西太平洋地区是美国为维护其全球霸权所着力控制的“边缘地带”。其中，东北亚的中、日、韩三国共同构成了世界财富和实力的最大中心之一；同时，该地区也是全球战略竞争的核心地区之一，还是美国在西半球之外最先持续不断地动用军事力量并长期施加政治影响的地区。[①] 因此，第二次世界大战结束后，美国在亚太地区建立了环环相扣的联盟体系，而这些安全同盟已经成为美国在亚太地区最重要的政治安全资产。虽然这些同盟起源于冷战时期，但在冷战结束后这些同盟的作用仍未终结；相反，美国依然谋求通过保持、调整与强化其在亚太的同盟体系，使之服务于新形势下的美国亚太和全球战略。[②]

根据美国布兰迪斯大学教授罗伯特·阿特（Robert J. Art）的观点，美国在东亚地区有六大利益：一是保持中美间的相互确保摧毁状态；二是台海局势的稳定和台湾问题的和平解决；三是朝鲜半岛无核化和最终统一；四是维护美日同盟和日本的无核状态；五是中国与邻国海洋权益争议的和平解决以及保持南海商业航行自由；六是保持东亚地区的经济开放性。[③] 其中的“东亚地区的经济开放性”，主要是指美国在该地区贸易和资本流动渠道的畅通。

如果东亚地区形成一国独大或者区域合作强化进而形成货币一体化等地区一体化局面，将直接重创美元霸权和美国的全球霸权。因此，确保美国在东亚安全方面的主导权、分享东亚发展的红利、以安全控制寻求经济主导权、防止其他大国在经济上主导东亚是美国必然的战略目标。[④] 在此背景下，诸多美国学者认为美国外交政策所面临的最大挑战是如何应对中国崛起，并维护美国在东亚的主导

---

① ［澳］休·怀特著，樊犇译：《中国抉择：美国为什么应与中国分享权力》，北京：世界知识出版社，2013 年版，第 19—20 页。

② 周方银：“美国的亚太同盟体系与中国的应对”，《世界经济与政治》，2013 年第 11 期，第 5 页。

③ Robert J. Art，“Agreeing to Agree（and Disagree）”，*The National Interest*，May/June，2007，p. 36.

④ 门洪华：《霸权之翼：美国国际制度战略》，北京：北京大学出版社，2005 年版，第 271 页。

地位。[①] 而且东亚地区合作虽一度取得进展，但受困于地缘政治环境的复杂性以及美国等区域外因素的干扰，东亚区域经济一体化进程一直徘徊不前。

自 20 世纪 90 年代以来，随着经济全球化的发展和全球产业链的形成，东亚各国和地区分处于产业链上的不同节点，区域内产业分工的协调性和经济依存度很高；区域内投资规模巨大；金融联系不断加强，具有推进地区经济一体化的广阔空间。东亚经济体高度依赖美元，积累了大量美元储备，而美元也成为事实上的区域货币。美国则借对东亚的货币扩张，向中、日、韩等国征收铸币税。

1997 年爆发的亚洲金融危机使东亚各国经济遭受巨大破坏。这次危机凸显了由于东亚经济体盯住美元、缺乏区域经济协调所带来的汇率制度风险和高昂成本，而美国经济周期的起伏、美联储货币政策的变化有可能给东亚经济带来巨大的负面影响。汇率博弈的经验证明：在参与国家众多且与美国势力悬殊的情况下将难以取得合理的协调结果，因此最好先在地区内部各国之间协调一致，形成一股能与美元抗衡的合力，减轻因美元汇率波动造成的负面影响，从而有利于地区金融的稳定，这也是欧元诞生的主要动因之一。[②]

1997 年 9 月，日本曾提议在东亚建立一个亚洲货币基金组织，规模先定位 1000 亿美元，由日本出一半，其余的由中国、中国香港和中国台湾提供。亚洲基金可以为东亚经济体提供充足的流动性，以应对外部资本对本地区货币发起的投机性攻击，但这一建议遭到美国和国际货币基金组织的强烈反对，在亚太经合组织马尼拉第五次会议上被否决。

2000 年 5 月，在泰国清迈召开的亚洲开发银行年会上，东盟十

---

① "View from the top: Nine of the world's top international relations scholars weigh in on the Ivory Tower survey", *Foreign Policy*, JAN/FEB 2012, http: //www.foreignpolicy.com/articles/2012/01/03/view_ from_ the_ top? page =0, 0.

② 成思危：《人民币国际化之路》，北京：中信出版社，2014 年版，第 64 页。

国和中、日、韩三国财长就东亚地区财政金融合作，特别是对在“10+3”机制下建立“双边货币互换机制”达成共识，以寻求规避金融风险、加强区域内的资金协调与互助，并发表了联合声明，也称“清迈协议”。[①]“清迈协议”标志着东亚地区货币合作的显著进展。其后，东亚国家先后采取了盯住“一篮子”货币的汇率政策，美元在区域内的地位逐渐下降。2006年年初，亚洲开发银行宣布，将以中、日、韩和东盟国家等15种货币的加权平均为基础推出亚洲货币单位的设想。

2008年以后，东亚国家被动卷入美欧金融危机。美国采取“量化宽松”货币政策在世界范围内摊销危机成本，特别是从东亚拥有高额美元资产储备的经济体征收了高额的通货膨胀税。在此形势下，深化东亚区域货币合作，不仅有利于降低对美元的依赖，优化储备资产，降低货币风险，保障区域经济发展，还有利于防止区域内发生以邻为壑的货币贬值现象，维护区域经济稳定。2008年12月，为降低金融风险，中韩两国签署了双边货币互换协议。该协议的突出特点是非美元化的双方货币直接互换，突破了“清迈协议”框架中通过美元进行互换的旧模式。2011年10月，两国将货币互换规模扩大至3600亿元人民币，并以此鼓励在双边贸易中使用人民币及韩元。

中日两国央行曾于2002年签署30亿美元货币互换协议，2011年12月，两国再度续约，并达成扩大人民币与日元在两国跨境交易中的使用、发展人民币与日元的直接交易市场、投资发展人民币和日元债券市场、日本购买人民币主权债务等一揽子协议。2009年8月30日，日本鸠山内阁上台后，批判日本过去的外交政策过于依附美国等西方盟国；以“友爱哲学”为旗帜，推行“新亚洲外交”，

① “清迈协议”的主要内容为：在亚洲地区发生短期资本急剧流动等情况下相互提供干预资金；建立备用贷款基金，各国出资额按外汇储备额比例分摊等。

重视改善与发展日中关系；提出按照欧盟模式与中国一同构建东亚共同体的设想。

在此状况下，美国在冷战后树立的全面的霸权优势面临挑战。正如巴里·布赞所言，霸权国无法永久延续其霸权地位。霸权国国内因素和国际体系的特征、管理难度不断加大的趋势都决定了霸权衰落不可避免。就国内因素而言，霸权国经济长期疲软，如长期对外输出通货膨胀，资本外流，技术扩散，权势不断扩张引起的社会政治需要所导致的经济结构的不断僵化，维持霸权的成本失调（特别是军事开支的失控）等。就国际体系层面而言，霸权国的优势地位或霸权国对特权的滥用会招致他国的不满和抵制；随着国际贸易的发展，以及资本输出和技术扩散促进了新兴工业中心的发展，霸权国创立了一个更加多元的国际体系。上述因素导致霸权国管理国际体系的难度日益增加。① 作为国际经济体系的中心国家，美国凭借美元霸权对外征收铸币税、通货膨胀税和肆意转嫁金融危机成本的做法，必然引起诸多国家的不满和警惕，而在此背景下形成的区域性金融合作的发展必将侵蚀美元霸权及美国的全球霸权。此外，考虑到美日同盟在美国亚太联盟体系中的核心地位以及美韩同盟的重要意义，东亚三国积极推进在相互贸易中实行本币结算等合作议题必然会削弱甚至瓦解美国的亚太同盟体系的基石。

就在东亚地区合作不断取得进展之际，美国成功利用东亚地区的历史遗留问题和地区固有的地缘政治矛盾，侵蚀东亚三国之间的政治信任与相互协调。2010 年 3 月 26 日，云谲波诡的“天安舰”事件爆发，朝鲜半岛局势骤然紧张，而本已趋暖的中韩、中日关系也转而趋冷，日美、韩美关系反而得到强化。此后，由于受制于日美同盟的羁绊，鸠山内阁未能兑现将美军在冲绳的普天间基地迁到

① Barry Buzan, “Economic structure and international security: the limits of the liberal case”, *International Organization* 38, 4, Autumn 1984, pp. 621 –622.

冲绳县外的承诺，从而面临国内政治危机并很快倒台，日本的“脱美入亚”和东亚一体化进程中止。此后，由于日本政府单方面宣布钓鱼岛“国有化”等一系列行为，中日关系陷入停顿。

虽然东亚货币合作仍在缓慢推进，但仍处于初级阶段，短期内不会动摇美元在东亚地区的储备货币地位。尽管如此，随着中国综合国力的提高和区域影响力的提升，势必会冲击美国对东亚的控制力，相应地也会削弱美元在东亚地区的储备和国际交易货币地位，进而动摇美元霸权这一美国维系全球霸权的重要基础，不可避免地影响美国的全球融资能力。因此，美国不断加大对东亚地区的战略投入，2010 年 5 月发表的《美国国家安全战略》报告明确把东盟、亚太经合组织（APEC）、跨太平洋伙伴关系协议（TPP）和东亚峰会列为美国需要发挥强有力作用的 4 个多边机构。[①] 显然，美国在利用东亚地区的复杂地缘形势，努力将东亚国家纳入其主导的区域体系之中，成为其国维护地区主导地位和全球霸权的不二选择。

二、金融危机后美国战略重心东移

早在小布什政府时期，部分美国决策层和战略界就担心将“反恐”作为首要战略目标可能会导致中国有更多机会提升在亚太地区的影响力。而“随着经济的快速发展，中国通过广泛地发挥自身在经济、技术和外交方面的影响力，已经改变了东亚地区和全球的权力结构”。[②] 美国学者罗伯特·阿特（Robert J. Art）曾认为，在未来的数十年间，由于中美两国在东亚和全球的地位变化，中美关系可能会出现严重的紧张状态。中国最有可能对美国霸权形成挑战。这

---

① Hillary Clinton，“Regional Architecture in Asia：Principle and Priorities”，January 13，2010，http：//www. Iseas. Edu. sg/aseanstudiescentre/ascdf3_ clinton. pdf.

② William W. Keller and Thomas G. Rawski，“Aaia's Shifting Strategic and Economic Landscape”，In：William W. Keller and Thomas G. Rawski，*China's Rise and the Balance of Influence in Asia*，Pittsburgh：the University of Pittsburgh Press，2007，p. 4.

种挑战当然是经济上的，也有可能是军事上的。中美双方对此心知肚明。[①] 随着中国经济、军事实力的不断增强和全球影响力的进一步提升，美中之间将会出现政治、经济冲突和摩擦。[②]

奥巴马政府上任伊始，正值美国深陷金融危机而需中国“同舟共济”。彼时奥巴马总统认为美中合作应对金融与气候变化问题十分重要。2009 年 1 月，在美国国会参议院外交委员会举行的听证会上，希拉里·克林顿国务卿提出了“巧实力外交”思想。“巧实力外交”思想要求摒弃过去的军事优先和武力相向的政策手段，通过展现合作意愿和软性姿态，借助多边主义的国际合作和伙伴关系，综合运用软、硬实力来达到美国的外交目标。[③] 同年 2 月，希拉里也将其首次出访的行程设定为包括中国在内的亚洲四国。在此次访问中，双方达成建立中美战略与经济对话机制的共识，以强化中美全方位的对话合作。同年 4 月，胡锦涛主席与奥巴马总统在 G20 会议上首次会面，并正式同意建立“面向 21 世纪的积极合作与全面的中美关系”。这比布什时期的“建设性、合作、坦率”的对华关系更进一步。[④]

虽然美国在金融危机之后曾一度主动对华缓和，以期“同舟共济”，但不容忽视的是，中美两国意识形态、政治制度、地缘政治利益等方面存在明显差异，而且两国曾有过在朝鲜、台海、印支等东亚边缘地带激烈冲突和对峙的历史，因此美国对中国的防范是根深蒂固的。随着中国经济、军事实力以及国际影响力的逐渐提高，中

---

① Robert J. Art, “Agreeing to Agree (and Disagree)”, *The National Interest*, May/June, 2007, p. 39.

② Robert J. art, “The United States and the Rise of China: Implications for the Long Haul”, *Political Science Quarterly*, Fall 2010, p. 360.

③ 金灿荣、刘世强：“奥巴马执政以来的中美关系”，《美国研究》，2009 年第 4 期，第 41 页。

④ 杨文静：《奥巴马政府第一任期对华政策析论》，北京：中央编译出版社，2014 年版，第 77 页。

美关系中的结构性矛盾日益明显。虑及历史上任何霸权衰落的不可避免性，美国对于自身霸权衰落的危机感与日俱增，并直接强化了美国对中国的战略防范与围堵。因此奥巴马政府执政后，即着手展开全球战略调整，对亚洲投入更多的战略关注。

首先，在战略宣示方面，美国政府强化对东亚的战略关注。如奥巴马总统上任伊始就在政策演讲中自称是“美国第一位太平洋总统”，显示了美国意欲增强并保持在东亚地区主导地位的决心。2009年7月，希拉里·克林顿国务卿在出席东盟外长扩大会议时高调宣称美国“重返”亚洲，并签署了《东南亚友好合作条约》。同年11月，奥巴马总统在亚太经合组织领导人非正式会议上，明确表示“美国属于太平洋国家”。

其次，在国家间关系方面，美国政府高官频访东亚，拉近与中国周边诸多国家的关系。如2009年2月，希拉里·克林顿国务卿上任伊始就打破传统，首次正式出访便前往亚洲，这是近半个世纪以来美国国务卿首次将亚洲作为上任后的首访地，显示了奥巴马政府对于亚洲地区，特别是东亚地区重视程度的提高。在此背景下，美国高官频访中国周边国家，并加强对这些国家的影响力，美缅关系的快速缓和就是一例。美国曾长期对缅甸实施制裁，但奥巴马政府执政后，美国高官接连前往缅甸访问，美缅关系迅速缓和。最具代表性的是希拉里·克林顿于2011年12月访缅，这是美国国务卿50年来首次访缅；而奥巴马总统也于2012年11月访缅，这是美国总统首次访缅。同时，美国还积极参与“东亚峰会”并提升“美国—东盟峰会”的地位，借此加强对中国的双边和多边牵制。伴随着美缅关系的改善，中国在缅多个大型投资项目遭遇挫折，而且缅甸政府开始加大对缅北少数民族地方武装的打击力度，造成中缅边境局势动荡，并危及中国边民的生命财产安全。

第三，在军事方面，美国政府不断加强在东亚地区的军事存在和投射能力。奥巴马政府执政后多次发布有关中国军力的报告，均强调中国军力的持续增长，其戒备心态暴露无遗。相应地，美国历年发布的《国防安全纲要》均强化对亚太的军事投入。如2012年1月初，美国政府发布的《国防安全纲要》提出，美国要调整在亚太方向的军力部署；为了可信地阻止潜在敌人并防止其得逞，在美国的进入和行动使用权（access and freedom to operate）受到挑战的地区，美国必须保持力量投射能力。[①] 在此情况下，美国逐步扩大在亚太地区的军力规模，加强了F－22隐形战斗机、“全球鹰”无人侦察机、B－2隐形战略轰炸机以及攻击核潜艇等最先进武器的部署，强化远程打击能力。与此同时，美国还进一步强化了与日、韩和澳大利亚等国的军事同盟，扩大了与印度、新加坡、泰国以及菲律宾等国的军事交流。美国在亚洲西太平洋区域一系列的军事部署调整表明，美国要加强其在亚太地区的军事存在，以应对后危机时代中国的崛起，从而确保美国在该地区的主导权及其秩序不受中国崛起的冲击。[②]

第四，在地区热点问题方面，美国在南海、东海及钓鱼岛等热点问题上貌似公允，但背后暗流涌动，且支持相关国家向中国寻衅。基于中美之间的“核恐怖平衡”以及经济的相互依赖关系，美国兰德公司国际安全与防务政策中心主任詹姆斯·杜宾斯（James Dobbins）等认为，美中两国之间爆发任何军事冲突，其后果都将是灾难性的。为了避免和中国的直接军事冲突，美国应该采取一种“双轨战略”（parallel strategy），加强中国邻国的军事力量，同时邀请中国参加对各方有利的安全合作。只要美国保持遏制冲突的能力，中

① The White House, “Sustaining U. S. Global Leadership: Priorities for 21st Century Defense”, January 3, 2012, pp. 2－4, http://www.defense.gov/news/Defense_ Strategic _ Guidance. pdf.

② 阮建平、江涌：“双重‘再平衡’与美国对华政策调整”，《现代国际关系》，2010年第11期，第43页。

美之间不太可能会发生军事冲突。[①] 杜宾斯指出，自从苏联垮台之后，中国就成为美国“默认的敌手”（default adversary）。20年后，中国的GDP和军费可能超过美国，将成为美国真正的、实力相当的对手。美国的对策之一就是应扶持中国的邻国。[②] 美国正是利用南海问题作为其战略重心东移的重要切入点，而菲律宾等东南亚国家也期望通过美国介入来增强其对抗中国的资本和力度。[③] 总之，美国由暗地到逐渐公开地对有关国家的支持，以及这些国家企图挟美自重的倾向，在很大程度助长了近年来中国周边的热点问题如南海问题的升温。

尽管如此，美国政府对华制约仍是有限的，其制约的底线在于不破坏美中合作的大局，防止美中关系出现严重冲突。其主要手法“多是隐形、间接而非直接对立型的；强调规则、法律等软性约束与制衡；借用第三方、盟友伙伴集体协作或多边机制以增强‘合法性’；克制性地利用危机，谨防危机失控”。[④] 通过对中国的防范、威慑、制约甚至吓阻，迟滞中国的崛起，塑造中国崛起的态势，防止中国颠覆美国主导的东亚以及全球秩序。

三、美国减赤的军费控制及其影响

美国政府以财政减赤作为重振国内经济和维持债务融资能力的

---

① James Dobbins, David C. Gompert, David A. Shlapak, Andrew Scobell, “Conflict with China Prospects, Consequences, and Strategies for Deterrence”, RAND Corporation, http://www.rand.org/pubs/occasional_ papers/OP344.html.

② James Dobbins, “Conflict with China: What It Would Look Like, How to Avoid It”, RAND Corporation, August 14, 2012, http://www.rand.org/blog/2012/08/conflict-with-china-what-it-would-look-like-how-to.html.

③ 蔡鹏鸿：“美高调介入南海打什么‘算盘’”，《文汇报》，2011年7月20日，第010版。

④ 杨文静：《奥巴马政府第一任期对华政策析论》，北京：中央编译出版社，2014年版，第159—160页。

主要措施之一。由于强制性支出中的社会保障等支出项目难以削减，自主性支出项目因而成为削减的重点。根据国会预算局（CBO）的估算，如果在2012—2021年间按照自主性支出的上限拨款，与自主预算授权按照现有通胀率执行相比，将会使预算赤字降低7780亿美元（不含节约的利息支出）。[①] 这一预计的减赤额度较之美国庞大的联邦财政赤字似乎微不足道，但是对国防开支的削减占到了这些削减的最大份额，这是由于国防预算在自主性支出中占比最大，且在金融危机之前数年增速较快。

在两党就减赤问题往往难以达成共识的情况下，根据国会预算局的分析，如果实施自动削减赤字机制，有71%的净削减将来自对自主性拨款的削减。相对于未实施自动削减赤字机制，在2021年，削减的国防拨款（包括与战争相关的海外临时行动拨款）将会减少1100亿美元，约减少16%。对自主性支出中的非国防性支出的削减将达到990亿美元，相对减少15%。[②] 如果自动削减赤字机制基于新的减赤法案开始实施，在2013—2021年间，自主性支出和强制性支出中的国防支出将减少4920亿美元，当然强制性支出中的国防支出占整个国防支出总额不足1%。国会预算局测算其间约有1.5亿美元的强制性支出中的国防支出将被扣押（sequestration），因此几乎所有的国防支出的削减将来自于自主性支出的削减。[③] 基于削减国防开支的方案，美国国防部需要在军事服务能力、后勤、供应链管理、军人退休、福利、卫生保健政策等方面寻求额外效率与节约。

对一国政府而言，关于防务、消费和投资的优先权的安排往往是进退两难的选择。“如果抑制社会消费，结果会造成严重的国内紧张局势和阶级冲突。社会冲突会造成社会结构的分裂，曾削弱了许

① Douglas W. Elmendorf, “Discretionary Spending”, Congressional Budget Office, October 26, 2011, p13, http://www.cbo.gov/doc.cfm? index=12490&type=1.

② Ibid, p. 2.

③ Ibid, p. 15.

多一度强大的国家。如果一国忽视了防务开支，其将不可避免地被新兴强国击败；如果一国将其盈余的足够部分节省下来并重新投入工农业，维持消费和防务的能力将衰退。”[①] 由于军事能力是维护美国霸权的最后手段，而国防支出预算又惠及众多从业人员和利益集团，因此削减国防支出引起了美国决策层和战略界的担忧。

2010 年 9 月 8 日，美国国务卿希拉里·克林顿在美国智库“对外关系委员会”（The Council on Foreign Relations）的讲话中指出，“目前尤其明显的是，我们保持全球领导能力需要雄厚的国内基础，因此不断上升的债务水平和脆弱的基础设施将危及国家的长期安全。”[②] 前国防部长罗伯特·盖茨（Robert Gates）在 2011 年 2 月 23 日接受采访时声称，国防开支并非预算赤字的主要部分。如果将国防支出减少 10%，这在 1.6 万亿美元的财政赤字中仅占 500 亿美元，但对国防能力将产生灾难性的影响。[③] 同年 6 月 9 日，参议院军事委员会等机构的资深成员约翰·麦凯恩（John McCain）在出席国会听证会时声称，国防支出并非美国陷入财政危机的原因。如果国会和总统按照这一有缺陷的假设行事，将会造成美国军力下降，后果不堪设想。[④] 同年 8 月 3 日，在美国两党达成提到国债上限的妥协之

① ［美］罗伯特·吉尔平著，武军、杜建平、松宁译：《世界政治中的战争与变革》，北京：中国人民大学出版社，1994 年版，第 166 页。

② The Council on Foreign Relations, “A Conversation with U. S. Secretary of State Hillary Rodham Clinton”, September 8, 2010, http: //www. cfr. org/diplomacy/conversation-us-secretary-state-hillary-rodham-clinton/p22896.

③ The Heritage Foundation, “What People Are Saying About National Security, Defense Spending, and the Debt”, August 10, 2011, p. 4, http: //www. heritage. org/research/reports/2011/08/what-people-are-saying-about-national-security-defense-spending-and-the-debt.

④ “HEARING TO CONSIDER THE NOMINATION OF HON. LEON E. PANETTA TO BE SECRETARY OF DEFENSE”, U. S. SENATE, COMMITTEE ON ARMED SERVICES, JUNE 9, 2011, p. 5, http: //armed-services. senate. gov/Transcripts/2011/06% 20June/11-47%20-%206-9-11. pdf.

后，美国国防部长莱昂·帕内塔（Leon Panetta）在致国防部全体人员的信中指出，如果国会无法就减赤方案达成共识，债务上限协议包含的扣押机制生效后，会导致一轮危险的、全面的国防经费削减，这将有损国家安全、军人及其家庭的利益，以及保护国家的能力。美国必须以必要的军事能力来保护国家的核心安全利益，并准备应对、阻遏相关的威胁和敌人。[①] 2011 年 11 月，由美国传统基金会、企业研究所等三家研究机构联合发布的一份报告认为，国防开支已被削减 1 万亿美元以上，已经为减赤作出了应有的贡献，进一步削减国防经费将冒着从根本上削弱美国的世界领导地位的风险。[②]

在当前中国快速发展，在东亚乃至全球的影响力迅速提升的背景下，美国国防预算的削减自然引起了美方对所谓中国威胁的担忧。布鲁金斯学会的卡根（Robert Kagan）曾在《旗帜周刊》（*Weekly Standard*）撰文认为，数十年以来，美国在东亚和西太平洋区域部署军力防止了该地区爆发大规模战争，维护了地区稳定和开放的国际贸易航线，使亚洲与美国保持了空前的繁荣。中国的崛起对美国形成了新挑战和威胁，中国正利用不断提高的经济实力树立霸权。由于削减军力，美国无法向该地区的有关国家提供安全保证。[③] 2011 年 7 月，美国企业研究所的丹·布鲁门萨尔（Dan Blumenthal）和迈克尔·马萨（Michael Mazza）撰文认为，削减国防经费的远期代价

---

① Leon Panetta, "Meeting Our Fiscal and National Security Responsibility", letter to all Defense Department personnel, August 3, 2011, http: //www. defense. gov/home/features/2011/0711_ message1/.

② "Defending Defense: Defense Spending, Super Committee, and The Price of Greatness", A Joint Project of The Foreign Policy Initiative, American Enterprise Institute, and The Heritage Foundation, November 17, 2011, p. 9, http: //www. heritage. org/research/reports/2011/11/defending-defense-setting-the-record-straight-on-us-military-spending-requirements.

③ Ibid, p. 8.

将超过近期的节约，如果美国节省军费，中国将会成为地区霸主。[①]而美国著名的政治咨询公司——欧亚集团总裁伊恩·布雷默（Ian Bremmer）指出，由于资金困难愈益明显，美国将对其海外行动成本与风险更加敏感。国外将怀疑美国对相关地区的安全承诺，当然这也会鼓励有关国家试图对美国发起挑战。[②] 总之，在美国为削减财政赤字而控制军费的过程中，类似的言论不绝于耳。面对中国地区影响力的上升，美国对中国的防范意识与日俱增。美国 2013 财年的国防预算为 5250 亿美元，另有 884 亿美元用于海外应急行动。虽然这两项费用与上年相比有所削减，但美军加强了在亚太地区的军力。[③]在美军规模与资源整体降低的情况下，反而在亚太区域强化军力，充分显示了美国防范、威慑中国的意图。

一国的债务融资能力取决于投资者对该国的信心，而美国的军事优势有利于保持国际投资者对美国的信心。[④] 鉴于美国在东亚地区存在重大的战略利益，特别是美元在东亚的主导地位事关美元霸权和美国全球主导地位的延续，金融危机后美国加快调整全球战略部署，推动战略重心东移。在国防经费受减赤计划限制的情况下，美国在亚太地区的军事部署反而得到显著加强。美国战略重心东移以及强化在亚太地区战略部署的进程在很大程度上将会延续东亚国家间的合作困境，有利于保持美国的霸权优势和霸权利益。这一动向

---

① "What People Are Saying About National Security, Defense Spending, and the Debt", *Backgrounder*, The Heritage Foundation, August 10, 2011, No. 2595, p. 10, http://www.heritage.org/research/reports/2011/08/what-people-are-saying-about-national-security-defense-spending-and-the – debt.

② Ian Bremmer, on the Economy, be Careful What You Wish for, *Foreign Policy*, Jul/Aug 2011, Issue 187, p. 61.

③ U. S. Department of Defence, "Panetta Announces Fiscal 2013 Budget Priorities", January 26, 2012, http://www.defense.gov/news/newsarticle.aspx? id =66940.

④ 张文木："'天安舰事件'后东亚战略形势与中国选择"，《太平洋学报》，2010 年第 11 期，第 24 页。

对亚太地区局势已经而且还将继续产生重大影响。

第二节　中美债务关系与人民币汇率议题

汇率制度是一国经济制度的重要组成部分。汇率变动会直接影响国际收支，并会对一国的经济增长速度、通胀率和失业率等主要宏观调控目标产生重大影响。随着世界经济一体化和国际金融关系的日益密切，一国的汇率，尤其是经济大国的汇率变化，还会对他国经济产生重大影响。自布雷顿森林体系解体以来，特别是20世纪90年代以后，一系列的国际金融危机都伴随着国家汇率的调整乃至汇率制度的变革。[①] 汇率问题涉及一国的货币稳定，国家之所以重视货币的稳定，不仅因为货币稳定具有重大的经济意义，还因其常被视为一个国家及其政府地位和能力的风向标，不管是在国内还是国际均是如此。[②] 正因汇率制度对一国经济发展和国家福利具有重大影响，历史上大国间为争夺有利于己的汇率安排的斗争从未停止过。[③] 中美债务问题形成的主要基础是两国间长期的经贸失衡关系，而美国国内普遍认为人民币汇率的低估是中美贸易出现巨大失衡的主要原因。在此情况下，人民币汇率问题成为美国对华施压的一个重要工具。

---

① 杜安国："美元贬值人民币升值原因分析"，《合作经济与科技》，2009年1月号下，第56页。

② ［美］乔纳森·科什纳著，李巍译：《货币与强制：国际货币权力的政治经济学》，上海：上海世纪出版集团，2013年版，第90页。

③ 孙希良："美国施压人民币汇率的政治因素"，《党政干部论坛》，2007年第11期，第44页。

一、人民币汇率问题的形成

中国于2001年加入WTO之后，对美贸易增长迅猛。由于中国对美出口的增速明显快于进口增速，中美贸易失衡不断扩大。2002年，中国已经取代日本成为美国最大的贸易逆差来源国。同年，美元开始持续贬值，以提高美国制造商在全球贸易中的竞争力，减缓美国贸易逆差的增长，但由于人民币实行盯住美元的固定汇率，美元贬值的效果并不明显。美方认为，“中国实行‘盯住美元’的汇率政策和积累大量的美元外汇储备，使得中国的出口部门获得了重大收益。由于人民币随着美元贬值，中国增加了对欧洲的出口，并取代美国成为欧洲最大的进口国。弱势人民币政策也有助于中国厂商与外国企业争夺本国市场。”[①] 在此背景下，中国对美出口的不断扩大逐渐引起美国国内诸如钢铁、纺织、汽车零配件等传统制造行业的不满。这些行业将美国制造业竞争力的下滑和国内的高失业率归咎于中国的汇率政策，认为中国通过压低人民币汇率对中国的出口企业进行变相补贴，由此导致美国制造业企业在与中国企业竞争时处于劣势。[②]

从2002年起，在美国东北部的制造业密集地区，一些厂商和劳工利益集团开始对本地的联邦议员、州政府以及联邦行政和立法等机构进行游说，以期通过制造国内舆论迫使美国政府对华施压。2003年1月，美国利益集团全国制造商协会和健全美元联盟致信财政部部长斯诺，要求财政部对中国等东亚经济体施压，要求这些东亚经济体停止用货币操纵促进出口的做法。同年9月25日，劳联—产联游说美中经济与安全评估委员会（The U. S. -China Economic and Security Review Commission），通过国会听证会作证的方式，指责中

① Brad Setser, “Covering Your Assets”, *The National Interest*, May/June 2008, p. 53.

② 孙哲主编：《后危机世界与中美战略竞逐》，北京：时事出版社，2011年版，第128页。

国将人民币汇率低估40%以促进出口，攻击中国此举违反 WTO 规则，要求政府采取包括向 WTO 提起诉讼在内的一切手段解决。2004年9月，劳联—产联和中国货币联盟向美国贸易代表办公室提交申诉报告，该报告指责人民币被低估40%，要求美国贸易代表办公室根据美国国内贸易法对中国通过操纵货币促进出口的行为进行调查“301 条款”。

此间，美国政界人士亦在人民币汇率问题上发声。2003年，多名州长及约翰·克里（John Forbes Kerry）等数位有意参加次年总统大选的民主党籍联邦参议员开始表态，抨击中国的汇率制度。同时，国内压力也促使小布什政府将人民币汇率议题提上了对华施压的日程。随后，时任美国财政部长斯诺（John Snow）在9月访华时正式提出希望中国政府允许人民币汇率由市场决定。[①] 同月，参议员查尔斯·舒默（Charles Schumer）递交了第一份涉及人民币汇率的议案（ S. 1586），该议案认为人民币汇率过低是美国制造业部门失业人数上升的主要原因；指控中国长期压低本币汇率，违背了国际货币基金组织协定所规定的不得进行操纵汇率的义务等。从此，人民币汇率问题迅速政治化，而热衷于人民币汇率议题的议员也不断增多。

美国对华贸易逆差主要是由于两国的产业结构、劳动力价格以及两国之间的贸易结构等因素综合作用下形成的，短期内难以迅速得以改变，因此在国会的呼吁下，美国政府不得不开始加大对中国政府的施压力度，以期达到当年通过“广场协议”迫使日元升值所取得的效果，通过推动人民币兑美元升值，从而实现降低美国的对华贸易逆差等多重目的。

基于防范投机行为和海外“热钱”涌入，以及稳妥推进人民币汇率改革的考虑，中国政府并未屈服于美方的压力，而是根据中国经济

---

① Joseph Kahn, “China Seen Ready to Conciliate U. S. on Trade and Jobs”, *The New York Times*, September 2, 2003, pp. A1 – C2.

发展的实际情况，统筹考虑，稳妥地推进汇率改革。此后，尽管美国国会议员继续不断呼吁政府就人民币汇率问题对华施压，但中美两国政府始终保持了克制与协调。同时，中国政府在放宽外汇管制等方面也进行了改革，为汇率改革的推进创造条件。美国政府也对中国在汇率政策方面所取得的进展给予了积极评价，并抵制了国内一些人士、团体提出将中国列为“汇率操纵国”和对中国施以报复措施等要求。至2005年，中国为汇率改革所做的铺垫工作已取得实质性进展。但当年2—4月，美国国会议员密集提交针对人民币汇率问题的议案。在国会的压力下，美国政府就人民币汇率问题又开始了新一轮的对华施压，两国就此议题的争议也达到了前所未有的高潮。

2005年5月16日，中国总理温家宝在会见美国商会代表团时阐明了中国政府在汇率问题上的基本立场：推进人民币汇改；汇率制度的改革需从中国实际出发；汇改属于中国的主权。温家宝表示如果汇改条件不成熟，即使外界压力再大，中国也不会贸然启动。[①] 两天后，布什政府拒绝了国会和商界所提的将中国列为“汇率操纵国”的要求，但布什再次敦促中国尽快升值人民币。此后，中美两国多次交锋。2005年7月21日，中国启动汇率改革，实行参考“一篮子”货币调节、有管理的浮动汇率制度。在此后的3年时间里，中国汇率改革稳步推进，人民币兑美元的升值速度也逐步加快，至2008年8月累计升值近20%。[②] 至此，由于中国的汇率改革进程的推进，中美两国间关于汇率问题的争议暂时平息。此间，美国政府尽管希望中国实行更加灵活的汇率机制，并一直坚持以外交方式表达这一立场，同时积极劝说国会放弃通过就汇率问题制裁中国的法案。2006年中美建立了“战略经济对话机制”，使得两国拥有了就

---

① “温家宝在会见美国商会代表团时表示：从中国实际出发坚定不移地推进人民币汇率制度改革”，《人民日报》，2005年5月17日，要闻版。

② 孙哲主编：《后危机世界与中美战略竞逐》，北京：时事出版社，2011年版，第133页。

人民币汇率及其他经济议题进行对话的良好平台。

二、金融危机后人民币汇率问题的发展

金融危机的爆发给中美经贸关系带来了新挑战。在发达国家经济增长趋缓、外部需求下降、国际金融风险上升的背景下，中国于2008年下半年暂停了汇率改革的步伐。由于奥巴马政府需要中国与之“同舟共济”，合作刺激全球经济以及应对气候变化等问题，在汇率问题上基本延续了小布什政府时期的政策路径，即强调对话、避免对抗，并对国内的呼声降温。“奥巴马政府一方面通过G20机制敦促中国实施强劲的经济刺激计划，另一方面鼓励中国购买美国国债。在这一时期，寻求中国与美国共同稳定世界经济、各自实现内部调整（美国减少赤字与重振国内经济、中国提高国内消费和减少对出口的依赖）是美国的主要考虑，因此暂缓催促人民币升值的调门。”[①]

2009年，美国已经度过了金融危机初期最凶险的阶段，但国内经济形势依然疲软，失业率居高不下。在美国金融危机爆发前的2007年12月，美国国内失业率为5%；到2009年10月骤升至10%，达到了一个高峰；此后失业率略有回落，至2012年维持在8.2%左右。[②] 在此形势下，美国国内的贸易保护主义思潮进一步增强，各界对人民币汇率问题的关注以及媒体的炒作再次升温。2009年12月31日，经济学家保罗·克鲁格曼（Paul Krugman）在《纽约时报》撰文认为：人民币汇率的低估会减少美国约140万个就业岗位。[③] 克鲁格曼对中国的指责在美国政商各届获得了广泛回应。从

---

① 杨文静：《奥巴马政府第一任期对华政策析论》，北京：中央编译出版社，2014年版，第88页。

② Linda Levine, “The Increase in Unemployment Since 2007: Is It Cyclical or Structural?”, Congressional Research Service, January 24, 2013, p. 1, http://www.fas.org/sgp/crs/misc/R41785.pdf.

③ Paul Krugman, “Chinese New Year ”, *The NewYork Times*, Dec. 31, 2009.

2010年2月开始，美国国会、政府不断就人民币汇率问题对华施压，形成了又一轮人民币汇率争议的高潮。同年2月3日，奥巴马总统在会见民主党参议员时称，在人民币问题上，美国将采取更加强硬的姿态。此后，人民币汇率议题的热度一直受到美国国内经济状况、政治选举形势、中国的立场宣示和汇改进程以及两国关系中的其他议题领域的牵制等因素的影响，总体上呈现相互沟通、斗而不破的状态。

在中美人民币汇率问题上，美国国会可谓最主要的发难者。金融危机发生后，美国国会议员发起人民币汇率议题，并频繁提交涉及人民币汇率的议案。2010年3月15日，民主党籍、缅因州联邦众议员米乔德（Mike Michaud）等130位美国众议员联合致信财政部长盖特纳和商务部长骆家辉，要求将中国列为“汇率操纵国”。[①] 在人民币汇率议题方面，美国国会比较具有代表性的提案主要有下列几项：[②]

---

① “130 MEMBERS OF CONGRESS PUSH FOR ACTION ON CHINA CURRENCY MANIPULATION ”, March, 15, 2010, http://michaud.house.gov/press-release/130-members-congress-push-action-china-currency-manipulation.

② 美国国会关于汇率问题的相关立法参见：

（1）“H. R. 639: Currency Reform for Fair Trade Act”, http://www.govtrack.us/congress/bill.xpd? bill = h112 – 639;

（2） “S. 328: Currency Reform for Fair Trade Act”, http://www.govtrack.us/congress/bill.xpd? bill = s112 – 328;

（3）“S. 1238: Currency Exchange Rate Transparency Act”, http://www.govtrack.us/congress/bill.xpd? bill = s112 – 1238. “Sens. Brown, Snowe Introduce Legislation to Combat Chinese Currency Manipulation”, http://brown.senate.gov/newsroom/press_ releases/release/? id = 80f8803c – 1b6a – 4f10 – b07d – de01895d4fff;

（4） “S. 1619: Currency Exchange Rate Oversight Reform Act of 2011”, http://www.govtrack.us/congress/bill.xpd? bill = s112 – 1619;

（5）“S. 1267: Strengthening America's Trade Laws Act”, http://www.govtrack.us/congress/bill.xpd? bill = s112 – 1267;

（6）Wayne M. Morrison, “China – U. S. Trade Issues”, Congressional Research Service, September 30, 2011, pp. 22 – 23, http//www.fas.org/sgp/crs/row/RL33536.pdf。

2010年9月29日，国会众议院通过《汇率改革促进公平贸易法案》，该法案要求对中国输美商品征收反倾销税，但该法案在参议院未获通过。2011年2月，密歇根州联邦众议员桑德尔·莱文（Sander Levin）提出了《为公平贸易改革货币法案》（H. R. 639）。同月，俄亥俄州联邦参议员施罗德·布朗（Sherrod Brown）也在参议院提出了同名法案（S. 328）。两个法案中提出，根据美国《反补贴税法》（countervailing duty law）将“被低估的货币”作为一种“可申诉的补贴”（actionable subsidy）。2011年5—6月间，西弗吉尼亚州联邦参议员约翰·洛克菲勒（John Rockefeller）先后提出两份同名法案——《加强美国贸易法法案》（S. 1130/S. 1267），要求参照美国反倾销案例，将“汇率操纵”作为一种“可申诉的补贴”行为。这些立法议案针对人民币汇率问题的意图相当明显。2011年6月21日，共和党人、缅因州联邦参议员奥林匹亚·斯诺（Olympia Snowe）提出了《汇率透明度法案》（S. 1238），要求“给予奥巴马政府新的资源以应对中国对汇率的操纵”。2011年9月22日，民主党参议员施罗德·布朗（Sherrod Brown）提出了《2011年货币汇率监督改革法案》（S. 1619），并于当年10月11日在参议院以63票赞成、35票反对的结果获得通过。该法案要求政府对汇率低估的主要贸易伙伴征收惩罚性关税，针对人民币汇率问题的意图暴露无遗。

尽管部分国会议员宣示在人民币汇率议题方面的立场，仅是为了表达某种姿态，但美国国会议员在人民币汇率议题上的密集提案，对美国政府形成了强大的压力，加之相关利益集团和战略界的参与，美国国内对于人民币汇率问题基本上已经形成共识。如美中经济与安全评估委员会认为，中国有意为之的经济政策，导致中国对美国出现大量经常账户盈余并借贷给美国；中国操纵人民币汇率；中国出口导向型战略使对美形成大量贸易顺差，并将积累的美元购买美元债券，美元流回美国有利于人民币汇率被低估，由此美国的相关出口部门遭受损失。①

尽管美国国会要求人民币汇率升值的呼声一波未平一波又起，但美国政府需要在国内选举政治、美国现实的国家利益、中美在各领域的利益博弈状况、美国对华政策的多重选择及可操作性等因素之间进行权衡，在此基础上对人民币汇率问题采取适当政策。在中美双边交流过程中，特别是中美两国政府就人民币汇率问题的直接对话过程中，两国政府都采取了务实的态度。虽然美国政府“既唱红脸、又唱白脸”，时常反对国会通过涉及人民币汇率问题的法案，但另一面又向中国施压。对此，中国政府也基于中国的国家利益，在坚持既定原则的基础上，予以了明确的回应。

2010 年，两国高官通过“热线”联系、互访、战略与经济对话、针对性地公开讲话等方式频繁沟通与宣示立场。2010 年 4 月 2 日，中美两国元首进行通话，胡锦涛表达了通过平等协商处理中美经贸关系的愿望。为争取胡锦涛出席当年4 月中旬在华盛顿召开的核安全峰会以及得到中国对制裁伊朗决议的支持，美国财政部长盖特纳宣布美方将推迟发布汇率报告。同年 4 月 8 日，盖特纳在访问印度之后顺访北京，在首都机场和王岐山副总理进行会谈时，就人民币汇率问题交换了意见。2010 年 4 月 12 日，胡锦涛在华盛顿与奥巴马会晤时就人民币汇率问题再次强调了中国政府会根据国内情况有序推进汇改、不受外界干扰等原则；而奥巴马也表示尊重中国主权，希望以对话与合作的方式解决人民币汇率问题。② 中美领导人关于人民币汇率问题的表态，打压了人民币升值的市场预期。

此外，2010 年之后，美国还努力促使和利用国际货币基金组

① U. S. -China Economic and Security Review Commission，“2010 Report to Congress of the U. S. -China Economic and Security Review Commission”，November 2010，pp. 40 - 41，http：//www. uscc. gov/.

② 胡岩：“‘胡奥会’暂息汇改争议”，《中国贸易报》，2010 年 4 月 15 日，第 001 版。

织、“二十国集团”（G20）峰会等国际组织和多边国际会议就人民币汇率问题对中国施压，但未能达到美国的预期目标。虽然国际货币基金组织曾一度认为人民币被“显著低估”，但其在 2012 年 7 月 25 日发布的年度中国经济评估报告中认为，人民币相对“一篮子”其他货币汇率被“轻度低估”。这表明国际货币基金组织承认人民币汇率已接近合理水平。这一评估结果也使中国在汇率和贸易政策上承受的国际压力得到缓解，并使美国所谓的人民币汇率被“严重低估”的论断丧失了部分支持基础。①

总体上，在中美两国关于人民币汇率改革问题的争议中，美国政府认为，中国实行非弹性的汇率制度有违公平竞争原则；中国政府对人民币汇率的干预，是通过低估本币汇率以在国际贸易中保持本国不公平的市场竞争优势。而中国政府则认为，干预市场是为了维护人民币汇率的稳定，西方主要国家都曾实行过类似制度；中国的汇率制度属于中国主权，不会受外部力量的干扰。②“总体上看，奥巴马政府在人民币汇率问题上有意保持了某种低调，更倾向于通过国内压力与多边场合间接施压，或通过领导人见面等静悄悄方式施压，并藉此推迟财政部汇率报告并最终未将中国列为‘汇率操纵国’，这表明奥巴马政府在人民币汇率问题上不愿与中国搞僵，也对人民币渐进性升值的做法表示默认，尽管仍不满意。”③ 总之，由于中国政府在汇率问题上态度鲜明，顶住了美国的压力，美国未能达到预期目的。

---

① “IMF 最新人民币汇率评估让美国倍感压力”，新华网，2012 年 7 月 27 日，http：//www. zgjrw. com/News/2012727/waihui/788415646300. shtml。

② 周宇：“中美汇率之争的三个核心问题”，《世界经济研究》，2010 年第 10 期，第 11 页。

③ 杨文静：《奥巴马政府第一任期对华政策析论》，北京：中央编译出版社，2014 年版，第 154 页。

三、美国就汇率问题对华施压的原因和实质

以美国为首的发达国家，将国际金融危机归因于全球经济失衡，要求中国承担全球经济再平衡的责任。在国内经济疲软、对外债台高筑的情况下，美国以所谓“中美经济失衡”和“人民币汇率被低估”为由，将汇率问题政治化，要求人民币大幅升值，很大程度上是为转移国内矛盾、遏制中国“崛起”以及维护美元霸权、降低债务负担的利己需要。

（一）转移国内矛盾

经济方面的议题历来是美国选举的重要问题，当美国公众对中美贸易状况不满时，人民币汇率议题就成了绝佳的靶子和发泄渠道。很多美国“政客”深谙此道。每逢总统大选、国会选举，许多候选人都以人民币汇率议题吸引关注，并以人民币汇率问题作为美国经济不景气的“替罪羊”。

2003 年，美国政界人物开始攻击中国汇率政策。当年美国的失业率曾达到 6.4%，其中制造业就产生了近 90% 的失业人数。而彼时中国已经连续 3 年成为美国最大的贸易逆差国，这进一步导致美国制造业利益集团将矛头对准人民币汇率。以美国全国制造商协会和劳联—产联为首的利益集团开始通过直接或间接的方式游说政府部门或国会议员，以对人民币汇率施压，企图通过压制中国对美出口，来缓解美国制造业的失业压力。

到 2007 年，美国的失业率虽仅为 4.6%，但由于受到金融危机的打击，2008—2011 年失业率分别为 5.8%、9.3%、9.6% 和 8.9%。[①] 2007—2010 年，美国制造业部门的工作岗位减少了约 236

---

① 唐彦林、陈欢欢：“对美国国会施压人民币汇率的分析及应对举措”，《中国国情国力》，2012 年第 10 期，第 42 页。

万个。[①] 在经济持续疲软的背景下，美国诸多政客和利益集团面对高企的失业率不从国内寻找原因，反而以中国为“替罪羊”。美国加州伯克利大学经济与政治科学教授巴里·艾肯格林（Barry Eichengreen）也指出，美国等西方国家在金融危机之后贬值货币以缓解经济困境，其货币政策相互冲突。这种零和游戏会导致严重后果。避免货币战争很简单，并不需要中美之间达成重大的交易，只需各方认清自己的利益所在。[②]

（二）限制中国“崛起”

随着中国经济的迅速发展和影响力的日益提高，美国将中国视为其霸权的竞争者。“在两国缺乏政治互信、在诸多领域面临竞争的背景下，美国对于北京版的市场经济愈加感到不耐烦，敲打中国就成为国会山大厅里以及总统大选过程中颇受欢迎的做法，所以认为被低估的人民币、日益增加的贸易赤字等议题都成为指责中国的竞赛中好使的武器，其实这是美国面对中国的强劲增长感到不安等因素的结果。”[③] 通过遏制中国以延缓中国崛起已经成为美国对华战略的组成部分，加之中美两国缺乏互信以及两国都存在难以调整的经济结构问题等因素的影响，导致了人民币汇率议题成为焦点。[④] 但鉴于中美在劳动力成本上的巨大差异，人民币升值不太可能减少美国的进口量。美国前财政部副部长纽曼曾指出：“如果亚洲的配件成本比美国便宜50%，那么美元贬值20%并不

---

① Linda Levine，“The Increase in Unemployment Since 2007：Is It Cyclical or Structural?”，Congressional Research Service，January 24，2013，p. 5，http：//www. fas. org/sgp/crs/misc/R41785. pdf.

② Barry Eichengreen，“Mr. Bernanke Goes to War”，*The National Interest*，January/February 2011.

③ 李庆四：“中美经济关系：动力与张力”，《新视野》，2008 年第 4 期，第 92 页。

④ 李兴伟：“中美经济关系四大焦点问题的分析及消解”，《当代世界》，2012 年第 4 期，第 48 页。

会导致美国制造商放弃采购亚洲配件而去购买美国配件。美元的贬值若要对以美元计价的商品进口产生影响，其前提是进口总量的下降幅度必须超过美元的贬值速度。如果进口需求的弹性相对不高，则美元贬值实际上会增加美国的贸易逆差；美国人会需要在同样的产品上花更多的钱。因此，实现中美贸易平衡的最佳途径并不在于减少美国对中国的进口，而在于扩大美国对中国的出口。”①

其实，美国部分国会议员以人民币汇率问题作为提案的靶标，其深层次目的是欲迫使人民币升值并以此打击中国经济。相关压力测试的结果显示，如果人民币升值仅3%，就会导致汽车等制造业企业的利润下降三至五成。② 由于美国采取的“量化宽松”货币政策曾经加大了人民币的升值压力，大幅推高原材料价格，提高了中国的外贸成本和出口商品价格，压缩了中国出口企业的利润空间，加剧了中国国内的通货膨胀，催生了巨大的资产泡沫，这些因素还对中国国内的社会稳定产生了一定的负面影响。③ 如果人民币大幅升值，其在经济与政治方面的负面效应将更加严重。

值得注意的是，当美国政府逼迫人民币升值的同时，一些在华投资的美国公司在资本市场上以减持中资银行股等方式“做空人民币”。特别是从2011年第四季度开始后，中国工商银行等多家中资银行都遭遇了高盛、摩根大通、美国银行以及德意志银行等“外资

---

① ［美］法兰克·纽曼著，龚元元等译：《美国的迷思：为何中国经济快速发展而美国经济停滞不前》，北京：东方出版社，2012年版，第99—100页。

② 陆前进：“‘汇率表态’透露了什么”，《上海证券报》，2010年4月14日，第F06版。

③ 卢立伟：“大宗商品高价体制与货币战”，《改革与战略》，2011年第5期，第19页。

战略投资者”的频频减持。[1] 2012 年下半年，花旗、摩根士丹利、瑞信等外资机构纷纷发布看空中资银行股的报告。摩根士丹利以及全球最大的资产管理公司——贝莱德等外资金融机构还不断减持其所持有的民生银行等中资银行的股份。[2] 同时，近年来高盛等国际投资机构屡次发布不利于中国的研究报告，做空在美国上市的中国企业，由此导致中国在美上市的概念股大幅下挫。此外，多家信用评级公司以及国际货币基金组织等机构发布的报告，也对中国经济的发展前景作出不容乐观的预测。[3] 从总体上看，美国资本意欲通过传播关于中国经济发展前景的悲观论调来打击人民币，由此逐渐引发在华外资和“热钱”外流。

由于美国资本在市场上“做空人民币”之际，正逢美国国会及政府不断施压人民币升值，且这些做空行动范围广泛、手段多样，可见美国金融机构“做空人民币”是蓄意而为，有其更深远的战略意图。[4] 考虑到日本当年因陷入美国的“金融陷阱”而最终“金融战败”的教训，金融危机发生后美国对华汇率争议的深层次意图值得警惕。

（三）维护美元霸权的利己需要

美国长期的经常项目逆差导致美国负债累累，这种状况如不加以改善，会逐渐侵蚀美国赖以汲取全球资源的美元霸权，因此美国必须缓解经常项目逆差居高不下的状况，提升国际社会对美元的信心。美

---

① 参见罗晶：“中资银行成外资‘提款机’?”，《中国财经报》，2011 年 11 月 24 日，第 007 版。张炜：“美银暴利是建行 A 股的悲哀”，《中国经济时报》，2011 年 11 月 22 日，第 001 版。徐淼、杨颖、魏小央：“高盛领头 外资唱空中国便宜了谁”，《中国贸易报》，2011 年 12 月 1 日，第 003 版。孙永剑：“国际资本的阴谋和阳谋”，《中华工商时报》，2011 年 12 月 23 日，第 A02 版。

② 参见柳灯：“空头步步为营 银行股需警惕外资做空”，《中国经济时报》，2012 年 9 月 10 日，第 003 版。

③ “IMF 首发中国银行业评估报告：金融崩溃即将到来”，福布斯中文网，2011 年 11 月 21 日，http://www.forbeschina.com/review/201111/0013504.shtml。

④ 林苞、钟惠波：“警惕美国对待人民币‘矛盾行为’背后的真实意图”，《高校理论战线》，2012 年第 4 期，第 61 页。

国前财政部长劳伦斯·萨默斯认为，只有两种方式可以降低美国的贸易逆差：一是降低对进口商品的需求；二是改变进口商品的相对价格。前者在美国无法取得共识，且会造成全球经济的下滑，因此合适的方式只能是改变进口商品的相对价格。[①] 而改变商品的相对价格的实质就是汇率问题。美国希望美元贬值的进程缓慢而可控，但美元一旦贬值就有可能造成难以控制的暴跌，所以通过美元贬值来缩减经常项目逆差是一种风险极大的政策选择。因此，相对于让美元贬值，美国让其贸易逆差来源国的货币升值当然是更好的解决办法。[②]

同时，美国除了希望扩大对中国实体经济和服务业的投资，还希望在中国金融领域的投资产生新突破。与其他类型的投资相比，金融投资的变现能力与流动性更强，更易从中国攫取利益，有利于美国保持“自由进出”中国的权利以及对中国的影响力，还不会直接强化中国的军力。鉴于上述因素，美国对华金融投资远远领先于其他国家，所占比例超过五成以上。由于受限于中国政府对金融市场的管制，美国对华金融投资远未达到其目标，因此美国的战略目标是要进一步促进中国金融市场开放。美国对华发起汇率议题的最终目的迫使人民币汇率市场化和中国金融市场更加开放，为美国对华金融投资铺平道路。[③] 由此，美国就可以通过对华投资获取更多利益，并进一步强化对中国的影响力。

（四）债务稀释

在汇率问题上的一种国际博弈就是债务稀释，一国通过本币贬值的方式可以使以其本币计价的债务得到稀释。金融危机发生后，

---

① Lawrence H. Summers, “The U. S. Current Account Deficit and the Global Economy”, THE 2004 PER JACOBSSON LECTURE, Washington D. C., October 3, 2004, http://mypb. biz/pdf/Summers-CAdeficit. pdf.

② 余永定：“美国经济再平衡视角下中国面临的挑战”，《国际金融研究》，2010年第1期，第24页。

③ 阮建平：“经济与安全‘再平衡’下的美国对华政策调整”，《东北亚论坛》，2011年第1期，第64页。

美国财政部和美联储实施的货币超发政策，导致美元在数年里持续贬值，此举导致他国持有的美国债券价值缩水。在此过程中，美国以挤压美国经济泡沫的方式换取他国的优质资产。对此，日本当年“金融战败”的教训至为深刻。日本学者大前研一曾指出：“日本自签下‘广场协议’之时，就注定要在对美的经济战争中败阵。”[①] 人民币兑美元汇率的稳定对于中国持有的美元资产的保值具有至关重要的作用。如果人民币兑美元升值仅1%，中国的美元储备资产的价值损失就会超过200亿美元，而美国的实际债务负担会得到有效降低，从而能够有效巩固美元霸权。同时，美国经济学家斯蒂格利茨认为，只要美国保持每年6%的通胀率，那么10年以后，美国的实际债务价值就会缩水2/3。[②] 近年来，人民币兑美元汇率的总体升值已经导致中国持有的美元资产不断缩水。由此可见，美国国内利益集团以及美国政府试图希望人民币汇率向有利于其利益最大化的方向变动，从而使得人民币汇率问题成为一种博弈行为，导致人民币汇率议题从单纯的经济问题变成政治博弈的工具。

美国对华发动人民币汇率争议的目的虽然有改善贸易失衡的需求，但更重要的是金融收益方面的目标。如果将中国定为“汇率操纵国”，就意味着要打响汇率战和贸易战。由于中国不会屈服于美国，基于中美经济关系的相互依赖，特别是中国持有高额美元和美债资产的情况下，美国对华汇率争议不断升级只会导致“双输”的结果。美国必须避免中国政府在其强压之下抛售美债、购买他国国债的结果。[③] 因此，美国财政部于2012年11月公布报告认为中国未

---

① ［日］大前研一著，陈光棻译：《美国再见？后经融危机的全球趋势》，台北：天下远见出版股份有限公司，2009年版，第223页。

② ［美］斯蒂格利茨著，李俊青、杨玲玲等译：《自由市场的坠落》，北京：机械工业出版社，2011年版，第122页。

③ 窦晓博：“21世纪初期美国对华金融外交——以人民币汇率问题为案例分析，”《黑龙江史志》，2012年第12期，第80页。

操纵汇率，并肯定了人民币汇率改革的进展。[①] 此后，2013年3月12日，美国财政部在向国会提交的《国际经济和汇率报告》中指出，虽然人民币汇率依然被显著低估，但美国政府不会将中国列为“汇率操纵国”。这是奥巴马政府第九次，也是第二任期内首次拒绝将中国纳入“汇率操纵国”名单。[②] 当然，随着2014年美国经济复苏与退出量化宽松、欧日等国推出更大范围的量化宽松、中国降低准备金率存贷款利率等因素所引起的美元的阶段性走强，美国对中国汇率政策的指责也有所平息，但这并不意味着美国会停止以汇率问题向中国施压。只要中国仍然对美保持大量的贸易顺差，并且储备高额的美元资产，汇率问题就将一直是美国打压中国、减轻债务负担的主要手段之一。

第三节　美国亚太经济战略与对华贸易保护倾向

2008年金融危机发生后，美国不仅在安全上对中国进行再平衡，而且在经济上也以主导亚太区域经济合作机制等方式对中国进行再平衡。同时，鉴于美国对华贸易逆差持续高企，美国对华贸易保护倾向也在上升，使得双边贸易摩擦呈常态化。

一、TPP与美国的亚太经济战略

美国与东亚经济体的经贸关系对于保持美国的国内经济增长和民生福利具有重要意义。2009年，在奥巴马总统向国会提交的一揽子刺激经济计划中专门强调了刺激出口、限制进口的措施，并

① 曾会生：“美国财政部：中国未操纵人民币汇率”，《中国经济时报》，2012年11月29日，第001版。

② “美政府连续9次拒绝将中国列为‘汇率操纵国’”，新华网，2013年4月14日，http：//news. xinhuanet. com/2013-04/14/c_ 124577572. htm。

很快得到落实。2010年3月，美国政府宣布实施“国家出口振兴行动”，其中提出了“五年出口倍增计划”和增加200万个就业岗位的目标。对美国而言，其扩大出口的主要对象是东亚地区。这是由东亚地区的经济形势及其在世界经济体系中的重要地位所决定的。东亚经济的平均增速长期为世界平均增速的2—3倍，使得东亚在全球三大经济中心中最具活力。2009年东亚的GDP超过12万亿美元，而且保持着较快的总体增速。东亚地区还分布着中国、日本、东盟、韩国等美国的主要贸易伙伴。1990年，环太平洋国家对美国出口的制造业产品占美国进口的制造业产品总额的47.1%，其中中国占3.6%。至2011年，环太平洋国家对美国出口的制造业产品占美国进口的制造业产品总额的46.1%，而中国已经占到25.3%。[①] 同时，这些国家也是美国最主要的贸易逆差来源地。

东亚地区不仅是美国对外贸易的重要对象，而且还是海外美元和美国国债投资者的最重要聚集区，基于东亚地区对美国保持中心国家地位以及巩固债务融资渠道的重要意义，伴随着美国战略重心的东移，美国高调参与、主导亚太地区经济合作的进程，并集中体现在其参加并主导“跨太平洋伙伴关系协议”（TPP）[②] 的谈判进程之中。

---

① Wayne M. Morrison, “China-U. S. Trade Issues”, Congressional Research Service, May 21, 2012, p. 10, http://www.fas.org/sgp/crs/row/RL33536.pdf.

② 1994年，亚太经合组织（APEC）通过《茂物宣言》，提出发达国家与发展中国家成员分别于2010年和2020年实现贸易及投资自由化。2005年5月28日，文莱、智利、新西兰、新加坡四国签订“跨太平洋战略经济伙伴关系协议”（Trans - Pacific Strategic Economic Partnership Agreement，简称TPSEP），协议规定成员之间彼此承诺在货物与服务贸易、知识产权以及投资等领域相互给予优惠并加强合作。协议采取开放的态度，欢迎任何APEC成员参与，非APEC成员也可以参与。该协议的重要目标之一就是建立自由贸易区。由于初始成员国为4个，故又称为“P4协议”。“P4协议”是“跨太平洋伙伴关系协议”（Trans - Pacific Partnership Agreement，简称TPP）的基础。

TPP 是由智利等四国于 2005 年 5 月签署的“跨太平洋战略经济伙伴关系协议”（TPSEP）发展而来的，原本对亚太地区和世界经贸发展的影响很小。2008 年 9 月，时任美国贸易代表的苏珊·施瓦布（Susan Shwab）宣布美国将参与 TPP 谈判。2009 年 11 月，奥巴马总统在访问亚洲时正式宣布美国将参与 TPP 谈判，认为这将有助于美国国内经济的繁荣和增加就业，并为构建未来的贸易协定标准作出重要贡献。至此，原本影响甚微的 TPSEP 因美国高调关注而引发全球的强烈关注。2009 年 11 月，美国正式提出扩大跨太平洋伙伴关系计划，意在借助已有协议，推行其贸易议题，主导 TPP 谈判。自此 TPSEP 更名为 TPP，开始发展壮大。

TPP 最突出的特征是其开放性和高质量。TPP 设立的“开放条款”使得亚太经合组织（APEC）成员和其他国家均可申请加入，从而为 TPP 的进一步扩张预留了广阔空间。同时，在货物贸易方面，TPP 要求缔约方执行零关税措施，而不对敏感产品保留例外，并要求各方于 2015 年前取消所有商品的进口关税。这一规定高于一般 FTA 消除 90% 以上关税的要求。[①]

美国加入和推动 TPP 对于确保其在东亚的主导地位具有重要意义。一方面，随着中国力量的上升，随之而来的“中国威胁论”使得东亚国家在政治和安全上向美国靠拢，以寻求中美之间的平衡点。[②] 在美国战略布局的调整过程中，利用新加坡等部分东亚国家对中国未来走向的疑虑心理，吸引这些国家共同加入 TPP，使美国在与中国争夺东亚乃至全球经贸话语权方面进一步占据优势。另一方面，当 TPP 的影响逐渐提高，并超越东亚原有的合作机制如东盟与中、日、韩等国的合作机制之后，TPP 就会形成以美国为主导的、

① 汤碧、林桂军：“跨太平洋伙伴关系协定对中国战略的影响与中国的对策”，《社会科学研究》，2012 年第 6 期，第 17 页。

② 门洪华：《霸权之翼：美国国际制度战略》，北京：北京大学出版社，2005 年版，第 271 页。

涵盖东亚的区域贸易集团，而且其的影响将会扩展到政治和军事领域。简言之，美国加入TPP的战略目的在于确保本国在亚太市场准入等方面的利益，巩固其在亚太地区全方位的主导地位。[①] 美国主导TPP进程构成其战略东移在经济方面的主要手段，对中国的对外贸易、投资前景将产生重要影响。

美国与其他东亚国家在中国的对外贸易格局中占有极其重要的地位。中国的前十大贸易伙伴有一半在亚太地区。2010年中国对美国和东亚的出口额占出口总额的52%以上。[②] TPP规则形成之后，将会对中国在亚太地区的经济利益、贸易条件产生重大影响。而且由于东亚地区是美元资产，特别是美国国债的最重要的“蓄水池”，美国主导TPP的谈判进程，使得东亚地区性贸易或金融合作机制的构建进程受到阻滞。对美国而言，这有利于维护美元在东亚地区的主要国际结算货币地位，进而巩固美元的全球地位；有利于维护美元资产，特别是美国国债在东亚各国储备资产中的地位，使得美国债务融资能力得以巩固和延续。届时，对于美国的最大债权国——中国而言，由于难以和东亚地区的贸易伙伴以美元的替代货币进行贸易，中国外储中的币种结构将难以优化，对包括美国国债在内的美元资产的储备需求也难以降低，进而将对中国的经济发展和国家福利造成隐忧。

二、美国对华贸易保护倾向

中美之间存在巨大的经济失衡关系。中国以巨大的资源消耗、廉价劳动、环境质量和较低的贸易收益为代价，成为全球最大的加工工业基地和美国所需的大众消费品的最大供应国，这也导致中国

---

① 刘中伟、沈家文：“跨太平洋伙伴关系协议（TPP）：研究前沿与架构”，《当代亚太》，2012年第1期，第45页。

② 汤碧、林桂军：“跨太平洋伙伴关系协定对中国战略的影响与中国的对策”，《社会科学研究》，2012年第6期，第17页。

成为美国外贸逆差的最大来源国。金融危机爆发之初，严峻的经济形势使得美国国内对华贸易保护倾向加强。在2008年的一次民意调查中，大多数受访的美国民众都认为中国是全球体系中日益令人瞩目的经济体；为了防范中国取代美国的霸权地位，一些人甚至思考美国的决策者是否应采取重商主义政策来限制中国的发展。[①] 此后，奥巴马政府强调通过扩大对华出口和投资来改变中国高储蓄并保持顺差，美国高消费而呈现逆差的经贸模式，通过降低对华贸易逆差，推动国内经济发展和促进就业。

尽管奥巴马政府一度需要中国“同舟共济”，但“美国对华经济需求的上升并未妨碍其采取进取型的贸易政策”。[②] 在中美贸易失衡问题上，美国通盘使用单边、双边和多边手法，沟通、说服与施压并举。单边渠道即通过国会的反倾销和反补贴（“双反”）议案、商务部的“双反”调查、向WTO起诉等方式施压；双边渠道通过领导人对话、高官访问、工作组谈判、机制化平台沟通等方式不断敦促中国开放金融市场，改革国有企业制度以给予美国企业公平待遇、保护知识产权等；多边渠道则通过反对中国本土创新、要求中国开放金融市场、就中国“管制原材料”向WTO起诉等方式，谋求与欧、日等国联合对华施压。[③]

为此，美国政府一方面要求中国扩大内需，为扩大美国对华出口和投资创造条件；另一方面频举保护主义大棒，对中国输美商品设限。2012年2月底，美国政府建立的贸易稽查中心（ITEC）开始运作，该中心协同多个政府部门共同应对所谓的全球不公平贸易行为，矛头直指中国。同年3月5日，美国国会参议院通过修订的关

① Andrew C. Sobel, *Birth of Hegemony: Crisis, Financial Revolution, and Emerging Global Networks*, Chicago: The University of Chicago press, 2012, p. 9.

② 杨文静：《奥巴马政府第一任期对华政策析论》，北京：中央编译出版社，2014年版，第88页。

③ 同上书，第154页。

税法案，保留了商务部对获得政府补贴的进口商品的征税权。在此背景下，美国成为对华进行“双反”调查最多的国家，涉及金额超过一半。[①] 总体上，美国对华贸易摩擦的态势具有以下特点：

第一，美国对华贸易保护事件频发，歧视性的“双反”成主要形式。

金融危机发生之后，美国频繁针对中国输美商品采取反倾销、反补贴、特保等贸易救济措施。[②] 上述措施一直是美国对华采取贸易保护的主要形式。由于中国的市场经济地位尚未获得美方认可，美国政府在采取对华反倾销措施时往往表现出明显的不公正性和随意性。在1988年美国通过《综合贸易与竞争法》时，就对非市场经济国家的反倾销作出特殊规定，由此导致美国以替代国制度来确定非市场经济国家产品价格的方式法制化，这为对华实施反倾销、反补贴联合调查和制裁创造了条件。目前，美国对中国实施的“双反”调查主要包括：一是中国的出口商品价格明显低于美方计算的“正常价格”，则可认定为倾销并对中国输美商品征收反倾销税；二是将部分中国输美商品的所属行业认定为具有市场经济特征的行业，为计算中国政府对相关出口商品的补贴以及对中国商品征收反补贴税创造了条件。“双反”调查已成为美国对华贸易保护主义的主要形式。

2009—2012年，美国政府对中国出口美国的种类繁多的商品挥舞起“双反”大棒，如轮胎、钢管、钢格板、柠檬酸和柠檬酸盐、油井管、铜版纸、多层实木地板等。特别是在金融危机形势严峻的

---

① 阮建平：“经济与安全‘再平衡’下的美国对华政策调整”，《东北亚论坛》，2011年第1期，第65页。

② 贸易救济是指当进口产品对一国国内产业产生负面影响时，该国政府所采取的减轻乃至消除该负面影响的措施。在WTO框架内，“贸易救济”包括三种形式：反倾销、反补贴和保障措施。“贸易救济”措施主要表现为：经过国内产业或其代表申请或者经一国主管当局认为有必要而自行发起之后，主管当局发起一项反倾销、反补贴或者保障措施调查，最终确定对进口货物加征关税或实施配额管理。

2009年，美国针对中国的贸易保护措施最为严重。据中国商务部统计，2009年，美国对华发起贸易救济调查共计29起，涉及金额76亿美元，案件金额环比增加了8倍。[①]

2009年9月的中国输美轮胎特保案堪称标志，由此奥巴马开辟了对中国进行特保调查的先例。此前，美国国际贸易委员会[②]曾提交了一份报告，称中国对美轮胎出口增多，对美国国内市场造成“威胁”，应对中国输美轮胎采取制裁措施。在小布什执政时期，政府曾4次抵制这一制裁要求。由于该要求最初由美国钢铁工业协会提出，该组织对奥巴马医保法案的通过至关重要，因此奥巴马政府宣布对中国轻型卡车轮胎增收35%的进口税。对此，中国商务部正式向WTO起诉，并对美国进口鸡肉和汽车零部件展开调查。2009年12月底，美国国际贸易委员会宣布对中国输美石油工业专用钢管征收10%—16%的最终关税。该贸易制裁涉及金额约27亿美元，是迄今最大一笔对华贸易制裁案件。2009年11月初，美国商务部曾发表声明，初步裁定对中国输美金属丝网托盘征收的惩罚性关税上限竟超过437%，但在2010年7月初，美国国际贸易委员会作出终裁判定中国产金属丝网托盘并未损害美国相关产业，因此罕见地否决了美国商务部此前作出的“双反”制裁决定。尽管如此，通过这一“双反”制裁决议的惩罚额度，也可管窥金融危机之后美国贸易保护主义倾向的强度。

同时，按照《清洁能源和安全法案》的规定，如果他国企业没

---

① 张心宇：“中美贸易摩擦现状与对策浅析”，《经济研究导刊》，2012年第23期，第95页。

② 美国国际贸易委员会（ITC）是一个独立的、非党派性质的、准司法联邦机构。国际贸易委员会与商务部共同负责美对外反倾销和反补贴调查工作。商务部负责判定被控的倾销或补贴是否存在及程度如何。国际贸易委员会则判定国内行业部门是否因外国倾销或补贴行为而受到损害。最高领导机构是由6名委员组成的执行委员会，均由总统任命，经过参议院审议通过，任期为9年。主席与副主席由总统任命，任期为2年，下一任主席不得来自同一个政党。

有增加碳排放成本，美国将对该国的相关商品征收“碳关税”。此外，美国政府还通过向 WTO 申诉等方式，对中国施以制裁。2009 年 8 月，WTO 应美国的申诉，裁定中国政府在进口、销售音像产品方面违反国际贸易规定，但奥巴马政府仍认为该裁决离美国的目标还很远，表示美国在向中国出口电影、图书、音像制品及电脑游戏方面仍存在重大障碍，并要求中国政府放松进口管制。

第二，美国对华贸易保护内容升级。

金融危机后，美国对华贸易保护的产品对象也发生了明显改变，由劳动密集型产品转向技术和劳动密集型并重的产品。20 世纪，美国等发达国家对中国施行贸易摩擦的产品对象主要是纺织、服装、鞋帽等传统的劳动密集型产业。但随着美国国内劳动密集型产业基本向外转移完毕，钢铁、有色金属、化工等产品则成为美国对华贸易保护的重点。据统计，2008—2010 年，在美国对华发起的贸易救济调查中，有 39% 针对钢铁、有色金属类产品，21% 针对化工类产品，而传统的劳动密集型产品仅占 10.7%，并且机械、交通运输设备乃至新能源设备、新材料等技术密集型产品也成为美国针对中国采取贸易保护主义措施的重要目标。[①] 如美国商务部于 2012 年 10 月决定对中国光伏产品征收 18.32%—249.96% 的反倾销税，同时针对中国政府的补贴征收 14.78%—15.97% 的反补贴税。具体涉及的中国产品包括晶体硅光伏电池、层压板、模块、面板及建筑一体化材料等。由于光伏产业是中国罕有的具有国际技术优势的产业，美国政府对中国光伏产业的打击，显然是为了制约中国的技术优势和保护国内绿色产业的发展，并且助推产能过剩的中国光伏产业陷入行业危机。

第三，美国对华贸易摩擦具有示范效应。

---

① 中国出口信用保险公司：“美国对华贸易保护主义的趋势、影响与对策”，2012 年 10 月 22 日，http://www.sinosure.com.cn/sinosure/xwzx/rdzt/ckyj/ckfx/152898.html。

美国传统的以“美国例外论”为代表的利己主义、美国在国际经济规则领域的影响力以及美国是全球最大的消费市场等因素，都赋予了美国在国际贸易中的特殊地位。在此基础上，美国的贸易保护措施，包括对中国商品实行的反倾销措施的密度、强度与方法的变化，直接对欧、日等发达国家乃至许多发展中国家产生重要的示范效应，由此往往造成中国商品在国际市场上的被动局面。如在美国对中国光伏产业进行反倾销调查和裁决后，欧盟委员会也于2012年9月和11月先后启动对从中国进口的太阳能电池板的反倾销及反补贴调查。此项调查涉及中国企业对欧盟的出口金额高达210亿欧元，堪称欧盟历史上涉案金额最大的“双反”案件。此后，欧盟又于2013年2月底启动了对从中国进口的太阳能玻璃的反倾销调查。

总体上，金融危机发生后，美国的贸易保护倾向明显抬头，呈现范围扩大、强度提高、频率加快、手段翻新等特点，导致美国涉华贸易摩擦一波未平一波又起。在美国国内经济疲软、国债剧增之际，许多美国政客和利益集团简单地将双边经济失衡的责任推给中国，无法真正解决美国的贸易失衡问题。当然，目前美国政府的贸易保护倾向尚未对中美经济关系产生重大的冲击。主要原因如下：

第一，中美经济相互依赖的现实，特别是中美债务关系的重要性，限制了美国对华贸易保护的强度。在上任初期，“奥巴马对华贸易强硬政策难以掩盖其在宏观上对美中相互依赖的认知。除了在应对金融危机、购买国债及‘全球经济再平衡’上的合作，两国企业间的合作也在增强，如美国通用公司与上海通用合作开发印度市场，以及与神华公司合作开发煤炭气化技术等”①。如果中国对美出口大幅降低，美国对外输出美元的渠道就会受到限制，也更有可能导致

① 杨文静：《奥巴马政府第一任期对华政策析论》，北京：中央编译出版社，2014年版，第89—90页。

中国持有美元资产的额度降低，这不利于美元霸权的巩固和美国债务融资能力的持续。

第二，由于经济和贸易政策被高度政治化，美国政府清楚如果在贸易问题上采取软身段，不仅所获有限，而且将冒被指为不关心困境中的美国中产阶级状况的风险。将贸易问题政治化也是为了向中国提高要价。[①] 因此，美国政府针对中国的贸易保护倾向，不仅可以作为积极回应国内利益群体呼声的一种姿态，而且还可借此对华施压，以期在和中国的多领域博弈中获得更多利益。

第三，美国从中美贸易中不仅获得了价廉物美的商品，而且美国的经销商也获得了可观的利润。据亚洲开发银行曾经的估算，美国苹果公司的某一型号的 iPhone 零售价为 178.96 美元，中国赚取的加工费仅占其价格的 3.6%，大部分利润都落入了美国的设计、物流和零售企业囊中。

第四，在中国对美出口的商品中，真正能对美国国内产业形成冲击的只有少数技术含量较高、中国具有相对技术优势的产品，这些产品是美国设置进口障碍的主要目标。而一般的消费品，特别是服装、鞋帽、玩具之类的低附加值、劳动密集型产品，美国国内的生产规模很小。这一因素限制了美国政府贸易保护的范围。

第五，中国的反制措施也会对美国出口商的利益产生冲击。当前，美国为巩固其在国际经济体系以及亚太地区的主导地位，并拓展美国经济的增长空间，需要积极参与并主导亚太地区的经济合作进程，这将对中国的经济甚至安全形势产生重要影响。同时，虽然美国对华贸易保护倾向逐渐抬头，但考虑到两国的债务关系等经济相互依赖因素的影响，美国对华贸易摩擦仍将是可控的。

---

① 李庆四：“中美经济关系：动力与张力”，《新视野》，2008 年第 4 期，第 92 页。

而且在中美贸易失衡难以在短期内得以改观的情况下，随着中国的快速发展，美国对华贸易摩擦也将进一步在可控的范围内不断发生。

第六章

中国国际经济战略与中美债务问题

就外部因素而言，中美债务关系的形成源自中美两国在国际经济与货币体系中地位的不平衡。在这一债务关系所体现的中美相互依赖关系中，蕴含着两国在自主性与发展收益等方面的不平衡。这也是中国作为国际经济体系中的外围国家，中国在向中心挺进过程中的很难回避的发展阶段。随着中国国力的发展，需要改变这一格局，以提高中国在国际经济体系中的地位和发展收益。当前，中国正在大力推进人民币国际化进程以及“一带一路”战略，以提升中国在国际经济与货币格局中的地位。同时，中国积极推动“金砖银行”等新兴金融机构的建设，有利于提升中国在国际金融体系中的影响力。而全方位推进对外直接投资，有利于中国释放外汇储备、提升发展收益，其中对美国——这一中国最大贸易顺差来源国以及债务国的直接投资的发展，对于中国对外投资新格局的拓展具有重要的推动作用。

第一节 中国对外经济战略的新拓展与中美债务问题

中美债务关系的形成及其对中国的制约在很大程度上与人民币国际化程度不足有关，而且东亚区域内贸易长期以美元为主要结算货币、区域经济合作进展相对滞后也是导致中国高度依赖对美贸易与美元体系的重要原因。金融危机发生后，中国大力推动人民币国际化进程，并启动“一带一路”战略以促进亚太地区乃至更大范围的经济合作，对于提升中国在国际经济与金融格局中的地位并缓解中美债务问题及其负面效应具有重要意义。

一、人民币国际化进程与中美债务问题

（一）人民币国际化的动力

货币在脱离了金本位制和金汇兑本位制，仅靠国家信用发行之后，就逐渐成为发达国家以不公平手段从发展中国家攫取利益的重要手段。美国等发达国家可以通过输出本币来换取发展中国家的商品，而无需采用历史上的武装掠夺等高成本的方式来获取发展中国家的各类资源。而发展中国家一旦积存了超量外汇储备，只能将其释放到发达国家的债券市场上，从而使外币回流到发达国家。中国大举投资美国国债市场堪为典型。

在融入世界经济体系的过程中，中国已经形成了对美元体系的依赖。美国打造的全球货币机制，可以通过操控利率，控制美元在全球市场的涨跌，同时控制汇率，以达到美国利益的最大化。[①] 由此使得中国经济运行中的诸多方面受到美国经济与货币政策的负面影响。美国利用中国对美元体系的依赖，不仅可以通过金融渠道从中国汲取利益，还可对中国的经济运行发挥影响。正如康奈尔大学教授乔纳森·科什纳（Jonathan Kirshner）所言，他国盯住本币国的货币或在交易中将其作为国际货币来使用，由此形成的“货币依赖”有助于本币国形成一个势力范围，并赋予了本币国一种权力地位。对于目标国而言，本币国能够在很大程度上控制其命运；而对于第

① 许馨友、安烨：“人民币如何打破美元霸权”，《江汉论坛》，2013 年第 5 期，第 80 页。

三方而言，本币国能够获得贸易优势，并能使自己隔离于他国宏观经济政策的影响。[①] 中国在中美债务关系中的无奈之举，在很大程度上与人民币国际化程度低、尚未充分参与国际金融资源的配置有直接关联，而中美债务关系的发展也凸显了提升人民币国际地位的重要性和紧迫性。

（二）人民币国际化的发展

货币国际化是指某种主权货币超越国境，在国际贸易与资本流动、外汇储备中被他国广泛使用，行使货币职能的过程；人民币国际化即人民币在国际范围内行使货币功能，成为主要的贸易与计价结算货币、金融交易货币以及国际储备货币的过程。[②] 近年来，随着中国国际经济地位的上升，人民币的国际地位不断上升。特别是中国积累了超过3万亿美元的外汇储备，为人民币的国际化积累了实力基础。随着对外贸易关系的深化与对外非债券类投资的扩张，人民币的国际化之路将依次经历周边化、金砖化、亚洲化和全球化的过程。通过贸易拓展跨国经济联系，以投资输出过剩的产能和资本，并在这两个过程中嫁接人民币国际化战略，最终中国的经济影响力会伴随着人民币的国际化而提升。[③] 由此可以改善以往对美欧日贸易关系以及美国金融资产的严重依赖，提升中国发展收益，优化中国在全球利益分配格局中的地位。

当前，由于中国人民银行部署双边本币互换进程加快等因素的影响，人民币国际化进入快速发展阶段。与世界主要经济体实现货币互换，是人民币实现国际化较为便利的途径。货币互换是一种服

---

① ［美］乔纳森·科什纳著，李巍译：《货币与强制：国际货币权力的政治经济学》，上海：上海世纪出版集团，2013年版，第7页。

② 中国人民大学国际货币研究所：《2013人民币国际化报告：世界贸易格局变迁与人民币国际化》，北京：中国人民大学出版社，2013年版，第1页。

③ 邵宇："金砖银行：全球化4.0的节奏"，《第一财经日报》，2014年7月24日，第B05版。

务于双边实体经济的金融安排，旨在为双边经贸往来提供支持，并维护金融稳定。参与货币互换的国家将得到的他国货币注入本国金融体系，用于支付从他国进口商品所需。这样，在双边贸易中，出口企业可以收到本币计值的货款，可以有效规避汇率风险，降低汇兑费用。目前，中国已经与欧洲央行、英格兰银行签订了货币互换协议。推进人民币国际化有利于改革现有不合理的国际货币体系格局，获得融入全球金融体系的收益，当然，这一过程也会面临前所未有的货币管理和外部冲击风险。

具体而言，自2009年人民币国际化启动以来，这一进程已经取得了显著突破。第一，在跨境结算方面，从2009年以来，中国政府以跨境贸易人民币结算为突破口，推动人民币区域化和国际化。越来越多的外贸企业享受到使用人民币结算带来的便利。第二，在境外直接投资方面，中国央行于2011年1月宣布实施《境外直接投资人民币结算试点管理办法》，以配合跨境贸易人民币结算试点，便利银行业金融机构和境内机构开展境外直接投资人民币结算业务。此后，中国企业人民币境外直接投资呈快速增长势头，其中2012年银行累计办理跨境直接投资人民币结算业务2840亿美元，较之2011年增长156%。[①] 第三，在国际证券投资与金融交易方面，人民币国际债券的发行主体开始从香港向全球拓展，日本等多个发达国家政府开始发行人民币国际债券。2011年12月6日，全球最大的期货交易所——芝加哥商业交易所集团宣布，从次年1月起，将离岸中国人民币并入众多衍生工具之列，允许国际投资者把人民币用作所有期货产品交易的抵押品，此举对人民币国际化具有重大象征意义。2012年12月，法国巴黎银行发行的全球首只人民币计价权证产品在香港成功挂牌。第四，在他国的外汇储备中，人民币的地位不断上

① 中国人民大学国际货币研究所：《2013人民币国际化报告：世界贸易格局变迁与人民币国际化》，北京：中国人民大学出版社，2013年版，第24页。

升。到2014年10月底，人民币已被马来西亚、韩国、柬埔寨、尼日利亚、白俄罗斯等50个国家和地区纳入国家外汇储备资产。第五，在外汇与离岸市场方面，中国央行与多国签署了相关协议，加速布局国际离岸人民币交易。据交易量推算，伦敦已经成为全球仅次于香港的人民币离岸市场。此外，中国正在积极力争在2020年底将人民币纳入国际货币基金组织特别提款权篮子（SDR），争取成为特别提款权篮子中的除美元、欧元、英镑、日元以外的第5种货币。人民币国际化还在境外信贷市场等方面逐步取得进展。

（三）人民币国际化前景

不容忽视的是，尽管人民币国际化取得显著成绩，但较之于其他主要国际货币，人民币国际化程度依然存在巨大差距。例如，2012年人民币国际债券和票据余额占全球比重约为0.27%，较之2011年略增3.85%；同期，在全球国际债券和票据余额中，美元占比34.11%，欧元占45.37%，英镑占9.50%，日元占3.07%。[①] 从总体上看，人民币在国际货币体系中的地位与美元、欧元等主要国际货币相比差距巨大。

在当前的国际货币格局中，美元的地位虽然在缓慢下降，但仍是最重要的世界货币。考虑到美元的国际货币地位在短期内不可能被撼动，欧元依托欧盟巨大的经济体量和老牌工业化国家在国际政治舞台上的影响力，到2025年，国际货币体系将形成以美元、欧元、人民币“三足鼎立”的格局；这一货币格局的基础是美国、欧元区和中国在世界经济格局中“三极”态势。[②] 从货币发行国的信用保证上看，三种货币赖以生存的基础不同：美元和欧元大体一致，

① 中国人民大学国际货币研究所：《2013人民币国际化报告：世界贸易格局变迁与人民币国际化》，北京：中国人民大学出版社，2013年版，第26页。

② The International Bank for Reconstruction and Development/The World Bank, “Global Development Horizons 2011——Multipolarity: The New Global Economy”, xii Foreword, http: //siteresources. worldbank. org/INTGDH/Resources/GDH_ CompleteReport2011. pdf.

主要由金融资本来支撑市场信心；而人民币则是由实体经济、产业资本来支撑市场信心。所以，今后的国际货币博弈很可能是人民币与美元、欧元在社会分工层面上的南北对抗，美元与欧元在金融资本利益分配上的对抗，当然在相当长的一段时间内，欧元才是美元最具威胁性和竞争力的对手，人民币只会在很小的范围内触及美元的利益。①

人民币国际化对于中国缓解中美债务关系及其消极影响具有重要作用。人民币国际化程度的提高，中国外汇储备高企且不断增长的局面将最终得到控制与解决。当然，一国在其货币国际化的准备阶段，其外汇储备规模会随着货币国际化的推进而增加，而在货币国际化启动之后，特别是成为国际主要储备货币之一时，国家调控外汇储备的自主性增强，有利于外汇储备的大幅降低。总之，随着人民币国际化进程的稳步推进，将为改善中国对外资产格局创造有利条件。

二、"一带一路"战略与中美债务问题

长期以来，基于在国际分工中的地位，中国的经济增长高度依赖美国等发达国家的国内消费需求，并由此形成对美元体系的高度依赖和中美债务问题的积重难返。近年来，欧元区经济增长乏力，日本经济复苏缓慢，这些发达经济体与中国的经贸增长空间在短期内较为有限。虽然美国经济显现复苏迹象，但对中国而言，美国市场的潜力已经得到充分挖掘，高额的对美贸易顺差以及由此而来的中美经济失衡一直招致美方的指责，基于中美贸易与金融循环所产生的中美债务关系还导致两国之间发展收益分配的失衡。因此，继续依赖对美国等发达经济体的出口以实现经济增长将面临越来越多

① 涂永红、戴稳胜：《大国货币Ⅰ（政治篇）》，北京：科学出版社，2014年版，第29页。

的挑战，加之国际金融危机发生后中国国内经济增速放缓，对外经济战略的调整势在必行。

2013 年，随着中国新一届领导集体上任，周边外交新战略的提出成为中国外交全局中的一大亮点，而“丝绸之路经济带”及“21 世纪海上丝绸之路”战略在周边外交新布局中具有重要的引领作用。2013 年 9 月，习近平主席在访问哈萨克斯坦期间，提出以创新模式共建“丝绸之路经济带”，打造以“政策沟通、道路联通、贸易畅通、货币流通、民心相通”为内涵的“五通”工程，旨在进一步密切欧亚国家间的经济联系与相互合作，共同拓展发展空间。同年 10 月，习近平主席访问印尼期间在印尼国会大厦发表演讲，提出中国致力于加强与东盟国家互联互通建设，倡议筹建亚洲基础设施投资银行，同东盟国家发展好海洋合作伙伴关系，共同建设“21 世纪海上丝绸之路”。

“一带一路”是世界上跨度最长的经济走廊以及最具发展潜力的经济合作带，覆盖约 44 亿人口，经济总量约 21 万亿美元，分别占全球的 63% 和 29% 。[①] 通过实施“一带一路”战略，中国有望继续保持较高速度的经济增长，并将中国的发展与周边国家的发展相对接，形成互利共赢的发展模式。具体而言，“一带一路”对中国国际经济地位的影响主要有以下几个方面：

首先，“一带一路”战略有利于改善中国的国际分工地位，并促进经济的可持续增长。东亚地区在全球经济体系中的优势在于较为系统的生产分工和日益深化的金融联系，这一分工网络由庞大的海运网络所支撑。由于海运成本的降低，东亚各经济体可以通过生产零部件而非完整产品，形成专业化优势和获得规模经济获益，这是东亚经济长期保持稳步增长的主要原因。“一带一路”战略着眼于更

① 龚雯、田俊荣、王珂：“新丝路：通向共同繁荣”，《人民日报》，2014 年 6 月 30 日。

为宽广的地理区域，有利于在更大的地理范围内形成产业分工的整合。

当前，中国的全部产业产能利用率不超过65%，低于国际公认的85%的产业健康和盈利水平。[①] 然而在内需和出口均难以大幅拓展的形势下，随着中国劳动力成本的上升，中国转移相关产业的需求日益迫切。产业国际转移的实质是生产要素在全球范围内的重新组合，也是发达国家消化过剩产能的共性规律。通过产业转移，输出地和输入地都发生了较大变化。就输出地而言，产品向高级化和高附加价值化发展；就输入地而言，通过接受国际产业扩散，有利于本国产业向高级化方向发展。[②] 中国消化过剩产能的关键在于为庞大的生产能力找到与之相适应的需求，在产业升级的基础上将相对过剩的产能对外输出。而中国的过剩产能正是东南亚以及印度洋沿岸一些发展中国家所需要的，因此“海上丝绸之路”建设将成为中国产业转移与调整生产分工体系的重要平台。同时，“一带一路”旨在帮助各国建设道路、油气管道、电网等基础设施，既可释放中国巨大的基建产能，又能繁荣地区经济，具有互惠性与可行性。此外，将部分比较优势下降的产业对外转移，可将部分对美贸易顺差所产生的较低的贸易收益转化为对周边等地区的相对较高的投资收益，从而有利于中国控制包括美债在内的外汇资产规模，提高对外投资收益和改善国际贸易地位。

其次，“一带一路”战略建设有利于提升中国的国际金融地位。第一，“一带一路”建设将为中国与沿线各国的投资往来提供广阔空间。在丝绸之路经济带中，广义的货币流通也指资金的流通，亦即

① 周宏达：“‘一带一路’走活世界经济棋局”，《中国金融家》，2014年第11期，第52页。

② 董小君：“中国下阶段产业转移的道路选择——基于产能国际转移日美两种模式的创新探索”，《学术前沿》。2013年第24期，第69页。

沿线国家和地区相互投资的便利化和自由化。[①] 各国通过加强金融合作，促进各国在经常项目下和资本项目下实现本币兑换和结算，不仅可以降低流通成本，增强抵御金融风险的能力，还有利于人民币的国际化进程。第二，随着中国与“一带一路”沿线国家贸易关系的发展，贸易结算中对人民币的需求也会进一步攀升。[②] 而且中国与“一带一路”沿线的东南亚、中东、中亚等诸多国家的货物贸易常年存在逆差，因此在与“一带一路”沿线国家的贸易中，扩大人民币结算和计价范围具有很大潜力。对中国以及贸易伙伴而言，选择以人民币作为外贸结算货币，有利于规避第三方货币汇率波动的干扰，保障外汇储备资产的价值。因此，作为国际大宗商品主要进口国，中国协同与“一带一路”沿线有关国家推动铁矿石、农产品等大宗商品贸易采用人民币结算和计价，对提升中国的国际金融地位具有重要意义。第三，伴随着亚洲基础设施投资银行和丝路基金的建立，中国的对外投资及人民币国际化进程将获得更大的动力，并由此提升中国的国际金融地位。

第三，“一带一路”战略有利于提升中国在地区合作进程中的影响力。当前，较之欧洲和北美等地区，东亚地区的区域合作机制的构建进程尚显滞后。同时，美国在亚太地区主导的 TPP 模式倡导高标准的产业内开放合作模式，在 WTO 规则之外另起炉灶，建立新的贸易规则和区域经济合作模式，并将中国排除在外。在国际贸易格局出现重大变化的形势下，“一带一路”建设无疑是全然不同的经济区域化模式，是中国尝试探索和努力实现的一种合作方式，由此构

---

① 何义霞：“丝绸之路经济带：战略考量前景展望与建设思路”，《当代世界与社会主义》，2014 年第 4 期，第 78 页。

② 涂永红、荣晨：“以丝绸之路经济带建设促进人民币国际化”，《金融博览》，2014 年第 7 期，第 16 页。

建中国有较大话语权的国际贸易秩序。[1] 这将有利于促进现有区域合作机制的整合，助推东亚区域经济合作与一体化进程，并为中国对外贸易与投资格局的改善创造有利条件。

第二节　新兴金融机构及其影响

世界经济的发展历程显示，历次全球或者区域性经济格局的重大转变，都将催生新兴的国际金融机构。同时，一国在国际金融制度领域的影响力以及货币的国际化程度直接决定其国际地位。在世界经济格局的变迁进程中，中国推动和倡议建立金砖银行和亚洲基础设施投资银行（以下简称“亚投行”）等新兴多边金融机构，对改善现有国际金融秩序，提升中国在国际金融体系的影响力具有重要意义。

一、新兴金融机构的发展动力

21 世纪初，特别是 2008 年国际金融危机发生后，在发达国家与新兴市场国家之间实力此消彼长的过程中，中国的国际地位日益增强。金砖银行、亚投行与相关国际金融安排的筹建，不仅体现了新兴大国的崛起态势，反映了广大发展中国家的利益诉求，也符合中国现代化进程的现实需要。具体而言，这一发展态势主要由以下几方面因素推动：

第一，改善现有国际金融秩序。现有的国际金融秩序是 1944 年创立的布雷顿森林体系的衍生版，虽然该体系于 20 世纪 70 年代崩溃，但其所创建的两大支柱性国际金融机构——国际货币基金组织

① 涂永红、戴稳胜：《大国货币 I（政治篇）》，北京：科学出版社，2014 年版，第 312 页。

（IMF）和世界银行仍主导着国际金融话语权，其代表是以美欧为主的发达国家的利益，而区域性国际金融机构——亚洲开发银行（以下简称“亚开行”）则由日本、美国主导。这些国际金融机构主要体现和维护以美国为首的西方国家的利益，维系以美元为主、欧元和日元为辅的全球金融秩序。新兴国家和广大发展中国家在这些国际机构中缺少发言权。

随着新兴市场国家整体实力的上升，旧有国际金融制度无法体现广大发展中国家的利益诉求。以“金砖五国”为例，五国的人口总量约30亿，约占全球总人口的41%。根据国际货币基金组织的统计，2013年“金砖五国”的GDP总量约为16万亿美元，其中中国为9.47万亿美元，俄罗斯为2.1万亿美元，巴西为2.25万亿美元，印度为1.88万亿美元，南非为0.35万亿美元，可见五国的经济总量已与欧盟或美国相当。但在全球金融制度领域，“金砖五国”的地位却仍然有限。在世界银行中，“金砖五国”的投票权总和仅为13%，而美国就占了15%的投票权；在IMF中，“金砖五国”表决权总和仅为11%，而美国拥有近17%，英法两国各自拥有的表决权也均大于金砖国家中的任何一国。

这一权力格局与当前新兴市场国家在国际政治经济体系中的地位大相径庭。而且2008年爆发的国际金融危机既暴露出IMF在维护国际货币与金融稳定职能上的严重不足，也凸显出其内部治理结构的诸多缺陷，这成为了IMF改革的推动力。在新兴经济体的推动下，2010年10月，在韩国庆州举行的G20财长和央行行长会议上，美国等西方国家就IMF组织份额改革问题，曾承诺向新兴经济体转移超过6%的投票权，但美国国会一直不批准此套改革方案。由于改革方案必须获得IMF内部85%的投票权支持，而美国作为IMF最大股东，拥有超过15%的投票权，因此关于IMF投票权改革议题一直未获突破。另一方面，尽管中国是亚洲最大的经济体，但成立于1966年的“亚开行”由日本主导，日美两国是最大股东，其中日本的投票权占15.7%，美国占15.6%，中国仅占6.5%，亚开行行长也一直由日本人担任。由于发达国家在国际金融制度变革方面存在惰性，中国协同新兴大国创设金砖银行，并倡议建立了亚投行，反映了新兴市场国家试图改革国际金融制度、维护自身发展权益的诉求。

第二，适应世界经济尤其是发展中国家经济可持续发展的需要。目前，亚洲很多国家正处于工业化、城市化起步或加速阶段，对交通、能源、通信等基础设施需求很大，但面临建设资金短缺、技术和经验缺乏的困境。2011年3月，麦肯锡公司的研究指出，中国、印度以及东盟等国的基础设施建设仍然不足，印度由于投资不足和设施维护不力，在用电高峰时的电力缺口达到16%—20%；20世纪90年代，印尼的基础设施投资总额占GDP的5%—6%，可是在21世纪初以来的大部分年份中降到GDP的2%—3%；据估计，由于基础设施投资不足所导致的能源、交通、住房、通信以及供水设施建设的滞后，使得这些国家GDP的增长率降低了3%—4%。[①]

据亚开行于2009年公布的研究报告显示，21世纪的第二个10年，亚洲的基础设施项目将需要投入8万亿美元，大致相当于这10年间该地区国家GDP总量的4%；这些资金将用以弥补历史欠账和适应迅速增长的基础设施需求，其中的80%将投入能源和交通领域，以强化对整体经济的带动作用。[②] IMF公布的研究报告认为，亚洲的

① Naveen Tahilyani, Toshan Tamhane, and Jessica Tan, "Asia's $1 trillion infrastructure opportunity", March 2011, http://www.mckinsey.com/insights/financial_services/asias_1_trillion_infrastructure_opportunity.

② See: A Joint Study of the Asian Development Bank and the Asian Development Bank Institute, "Infrastructure for a Seamless Asia", 2009, http://www.adbi.org/files/2009.08.31.book.infrastructure.seamless.asia.pdf; Ding Ding, W. Raphael Lam, Shanaka J. Peiris, "Future of Asia's Finance: How Can it Meet Challenges of Demographic Change and Infrastructure Needs?", IMF Working Paper, July 2014, http://www.imf.org/external/pubs/cat/longres.aspx?sk=41758; Naveen Tahilyani, Toshan Tamhane, and Jessica Tan, "Asia's $1 trillion infrastructure opportunity", March 2011, http://www.mckinsey.com/insights/financial_services/asias_1_trillion_infrastructure_opportunity.

新兴市场国家在基础设施领域的投资对远期的经济增长将起到巨大的促进作用；当前的基础设施建设投资如能占到 GDP 的 1%，则远期的经济增长率将会由此提高 2%—3%。[①] 因此，加强基础设施建设可以成为亚洲新的经济增长点，在此基础上有利于规避中等收入陷阱。由于世界银行和亚开行的贷款能力有限、限制较多，亚投行将为亚洲国家在基础设施投资领域提供更多的融资选择。

第三，降低西方国家经济动荡对发展中国家的负面效应。金融危机爆发以来，美国金融政策的变动往往导致国际金融市场波动。基于美元霸权，美联储俨然成为全球央行，其历次实施量化宽松或退出量化宽松的货币政策均对全球各国，尤其是对发展中国家的经济形势和货币政策造成冲击，此间俄罗斯、印度和巴西等国都经历了严重的货币贬值以及随之而来的国内通胀。可见美国一旦发生金融危机或经济萧条，则会将危机成本和负面影响转移扩散至全球范围。正如英国历史学家尼尔·弗格森所言：新世纪对全球金融系统的最大威胁不是来自世界经济的边缘，而是来自世界经济的中心。[②] 在全球金融形势动荡不安、世界经济屡现衰退迹象、发展中国家亟需国际金融机构施援的形势下，IMF 等国际金融机构的作为却乏善可陈。在此背景下，新兴市场国家唯有联合起来建立一个非西方主导的符合发展中国家利益的全新的国际金融机构，才能有助于推动传统的以西方国家主导的国际经济制度向全球各类国家参与的全球经济制度转型。

① Ding Ding, W. Raphael Lam, Shanaka J. Peiris, "Future of Asia's Finance: How Can it Meet Challenges of Demographic Change and Infrastructure Needs?", IMF Working Paper, July 2014, p. 22, http://www.imf.org/external/pubs/cat/longres.aspx?sk=41758.

② ［英］尼尔·弗格森著，高诚译：《货币崛起》，北京：中信出版社，2012 年版，第 257 页。

二、金砖银行与应急储备基金

2013年3月下旬，在南非德班召开的第五次金砖国家领导人峰会决定成立金砖国家开发银行。2014年7月15日，在巴西举行的金砖国家领导人第六次峰会上，“金砖五国”——中国、俄罗斯、印度、巴西和南非发表了《福塔莱萨宣言》，宣布成立新开发银行（New Development Bank），即金砖国家开发银行，启动资金为500亿美元。金砖银行总部设在上海。行长采取轮值制度，任期5年，首任行长将来自印度。“金砖五国”都将派出自己的财长或央行行长担任银行的董事代表。同时，在中国的提议下，此次会议还建立了规模为1000亿美元的金砖国家应急储备基金。根据该安排，当有关金砖国家出现国际收支困难时，其他成员国将向其提供流动性支持，助其纾困。在应急储备中，成员国投票权与承诺出资额挂钩，除设立5%基本投票权均分给“金砖五国”外，剩余95%投票权根据承诺出资额按比例分配。目前，中国拥有最大互换金额，额度为410亿美元，俄罗斯、巴西和印度各为180亿美元，南非为50亿美元。

金砖银行的设立具有重要意义。首先，金砖银行的建立将简化金砖国家间的相互结算与贷款业务，由此减少对美元、欧元的依赖，保障成员国之间的资金流通和贸易往来。其次，金砖银行将向金砖国家和广大发展中国家在基础设施、产业升级等方面提供融资便利。如俄罗斯的基础设施建设领域存在严重资金缺口，特别是地广人稀的西伯利亚和远东地区，基础设施水平更为低下。金砖银行将有助于俄罗斯获得中国投资，并分享中国的经济技术和发展经验。第三，金砖国家应急储备基金的设立有助于解决可能出现的金砖国家短期性金融危机，应急储备安排相当于新兴市场国家的IMF。由于IMF的救助往往存在进度滞后、力度不足、条件苛刻等问题，相关国家一旦出现金融动荡，可以借助金砖银行或应急储备基金来解决外汇资金支持等应急需要。因此，金砖银行这一由发展中国家主导的国际金融组织的设立，是布雷顿森林体系解体后国际金融制度领域最重大的事件。

对于中国而言，推动设立金砖银行的意义主要在于：一是为国际金融领域提供公共产品的战略性举措，并由此彰显中国的大国责任；二是有助于参与其他国家的基础设施建设，有利于中国推动“走出去”战略和降低对美国债券的投资依赖；三是金砖国家推行“去美元化”，为人民币国际化创造了契机，进而有助于在远期缓解中美债务问题及其对中国造成的负面影响。

当然，金砖银行及相关金融安排的发展也面临一些不容忽视的挑战。近期，西方国家不时发出唱衰“金砖”的论调，乃至有西方学者认为，在德班会议之后，金砖国家的光泽已开始逐渐消退；并认为金砖国家经济增长率开始出现下滑，且面临严重的经济问题。由于该组织结构存在问题，金砖国家在最繁荣的时期都未能将其不断增强的经济实力转化为有效的外交影响力；尽管存在反对美国单极霸权等一些共同的目标，但金砖国家里利益聚合程度实际上被夸大了；对于全球问题，金砖国家内部往往持有不同的观点。[①] 同时，在全球经济衰退风险以及地缘政治风险等不利因素不断发酵滋长的背景下，部分金砖国家的国内经济形势堪忧。如在2014年3月克里米亚事件发生之后，俄罗斯面临西方经济制裁以及国际油价大跌的严峻形势，其国际收支及经济增长面临巨大困难。

虽然西方国家唱衰“金砖”及其合作前景的现象反映了其对“金砖”崛起的复杂心态，但亦需正视金砖国家合作面临的挑战。当前，除了中国和其余四国均有较为密切的经济联系之外，其余四国之间的经济联系并不紧密，甚至俄罗斯和巴西同为资源出口国存在竞争关系，而印度也将中国视为潜在对手。同时，“金砖五国”在政

---

① Harsh V. Pant, “The Brics Fallacy”, *The Washington Quarterly*, Summer 2013, pp. 94 – 95.

治制度、安全战略等方面的利益诉求也并不一致，互相之间的信赖基础较为薄弱。[①] 因此，金砖国家需要在金砖银行及应急储备基金的运营过程中，妥善协调各国的利益诉求，不断强化这一合作平台的生命力。

三、亚投行与丝路基金

自2013年底中国推出“一带一路”战略后，为推动亚洲基础设施的互联互通，亚投行、丝路基金等金融机构应运而生。2013年10月，中国国家主席习近平和总理李克强在先后出访东南亚时，提出建立亚投行，以满足亚洲地区基础设施融资的巨大需求。此后亚投行的筹建工作进展迅速。2014年10月24日，筹建亚投行的备忘录在北京正式签署，包括中国、印度、巴基斯坦、孟加拉国、尼泊尔、斯里兰卡、蒙古国、乌兹别克斯坦、哈萨克斯坦、阿曼、科威特、卡塔尔以及除印尼之外的东盟所有成员国等21个首批意向创始成员国的财长和授权代表参与签约，此举标志着这一中国倡议设立的亚洲区域新多边开发机构的筹建工作迈出关键一步。11月25日，印尼也成为亚投行的第22个意向创始成员国。而至2015年4月12日，亚投行的创始会国已达57个《筹建亚投行备忘录》显示，亚投行的法定资本为1000亿美元，初始认缴资本目标为500亿美元左右，实缴资本为认缴资本的20%。中国财长楼继伟曾表示，中国表示可出资到50%，是表明中国对亚投行的强有力支持，但中国并不刻意寻求“一股独大”，随着亚投行成员的增多，中国的占股比例会相应下降。[②] 在具体治理结构上，亚投行包括三层结构：理事会、董事会和管理层。理事会为银行的最高权力机构。在运行初期，亚投行设非

① 金旼旼：“金砖热的冷思考”，《中国证券报》，2013年3月30日，第008版。

② 倪铭娅：“金融加码支持‘一带一路’”，《中国证券报》，2014年11月13日，第A01版。

常驻董事会，每年定期召开会议就重大政策进行决策。

相比之下，丝路基金的投资范围更广。2014 年 11 月 8 日，习近平主席宣布，中国将出资 400 亿美元成立丝路基金；丝路基金是开放的，欢迎亚洲域内外的投资者积极参与。在同年 11 月 9 日召开的 APEC 工商领导人峰会上，习近平再次表示，丝路基金将为“一带一路”沿线国的基础设施建设、资源开发、产业合作等项目提供投融资支持。

亚投行及丝路基金的创设，将为亚洲地区的可持续发展提供有力保障。亚投行和丝路基金将为东盟国家的铁路、油气管网、电网、通信网络甚至市政设施等基建项目提供资金支持，为亚洲各国的可持续发展提供坚强后盾。亚投行成立以后，将通过联合融资等方式加强与现有多边开发银行的合作，在投资基础设施建设过程中将引入 PPP（公私合作关系）模式，通过和所在国政府共同出资，与私营部门合理分担风险和回报，动员主权财富基金、养老金以及私营部门等更多社会资本投入基础设施建设。这一模式为满足亚洲地区的发展需要提供了全新解决方案，形成了涵盖政府、企业和私人投资者的全方位的投融资框架，更大限度地激活各种资源参与亚洲的互联互通，有利于促进亚洲的繁荣。此外，亚投行以及丝路基金的设立，有利于深化亚太地区国际合作，促进地区国家间良性互动，加深和巩固利益纽带，由此有助于缓解东亚区域的地缘政治紧张，为亚太地区的和平发展营造良好氛围。

对中国而言，亚投行及丝路基金的创设，有利于拓展中国的国际经济空间，提高对外投资收益，优化本国在国际经济大循环中的地位。

第一，当前中国总体上已进入工业化中后期阶段，以往的要素驱动和投资驱动发展方式面临严峻挑战，加大对外投资力度，实现资源配置全球化已成为经济持续发展的必然要求。在当前中国外汇储备居高不下、部分行业产能过剩的形势下，对外投资及工程输出的需求也日益迫切。目前，中国在高铁、机场、港口等许多领域的规划设计、施工都已处于世界先进水平，还具备海外工程建设的丰富经验。中国可以发挥在基础设施建设方面的比较优势，积极参与海外工程建设，并带动国内的建材、交通与通信设备的出口，支持国内的经济结构调整和产业转型升级。在此背景下，中国的开放型经济特征将从以往偏重出口贸易和吸引外资为主，转变为进出口贸易并重、引进来和走出去并重，以对外投资构建中国企业的国际化生产网络，优化中国在国际分工中的地位。①

第二，亚投行与丝路基金的筹建，将对人民币的国际化产生显著的推动作用。在亚投行的资本构成中，人民币应是重要组成部分，这就便于使用人民币对亚洲基础设施建设进行贷款和投资，由此将提高人民币跨境存款规模，增加离岸人民币的供应，促进离岸人民币市场的发展，从而形成一个以实体经济为后盾支持人民币走出去，又以人民币走出去为杠杆拉动需求的良性循环。因此，亚投行和丝路基金的创设，既是中国经济模式的向外延展，也顺应了发展中国家工业化的趋势，同时又是人民币国际化的重要一环。②

第三，亚投行和丝路基金的创设将有助于提升中国的对外投资效益。长期以来，中国的外汇储备主要投资于美国低收益的政府债券，而美国又将这些低成本资金的一部分投资于中国及亚洲经济体的实体经济，从而获得更高收益。中国出资参与建立亚投行，不仅有利于促进亚洲经济的可持续发展，还能提高中国的对外投资收益，促进中国和周边国家共同发展。

第四，中国主推亚投行建设与设立丝路基金，有利于提升中国在国际金融领域的影响力。一方面，中国推动建立亚投行和丝路基

① 裴长洪、郑文："中国开放型经济新体制的基本目标和主要特征"，《经济学动态》，2014 年第 4 期，第 12 页。

② 孙兴杰："亚投行的前景与挑战"，《中国经济和信息化》，2014 年第10 期，第 16 页。

金，有助于培养和积累国际化的高级金融管理人才。在世界银行以及 IMF 等国际金融机构中，由于权力格局的影响，来自中国的高级管理人员的数量远低于美欧日等发达国家。亚投行等新兴金融机构的建立有利于积累中国参与国际金融制度的人才储备，为提高中国在国际金融制度领域的话语权夯实基础。另一方面，目前，不仅 IMF 等全球性的金融机构由以美国为代表的发达国家掌控，而且像亚开行这样的区域性国际金融机构也由日本所主导。在此形势下，相对于同美、欧、日等发达国家在现有的国际金融平台上争夺话语权，协同亚太国家建立更加符合本地区利益的新金融机构堪为事半功倍之举，由此不仅可以提高中国在国际金融秩序中的地位，而且可以深化对新兴市场国家及广大发展中国家的影响力，这也是中国成为区域乃至全球负责任大国必不可少的一步。①

四、新兴金融机构与现行国际金融秩序的关系

无论是金砖银行还是亚投行及相关金融安排的拟议与出台，都引起了国际舆论关于中国另起炉灶、挑战现有国际金融制度的揣测和热议。西方舆论认为，中国将利用新兴金融机构来扩展影响力，而美、日在亚洲的影响力将相应下降；中国决定建立新的多边金融机构，而并非向现有国际金融机构提供更多资源，反映了中国对全球金融制度改革的不满。② 同时，金砖银行和亚投行由中国倡议筹办，且根据注资额，中国在亚投行具有绝对的话语权；中国推动新型国际金融机构的建立，将增强中国对相关国家的影响力，也反映了全球经济重心持续向亚洲倾斜的发展趋势。这不免会引起美国对于权力转移的警惕。因此，在金砖银行和亚投行的筹建过程中，以

① 聂日明："中国版马歇尔计划挑战重重"，《企业家日报》，2014 年 11 月 16 日，第 W04 版。

② "Why China is creating a new 'World Bank' for Asia", The Economist, Nov 11th 2014, http://www.economist.com/blogs/economist-explains/2014/11/economist-explains-6.

美国为代表的西方国家要么危言耸听，要么暗中掣肘。

以亚投行的筹建过程为例，美国总统奥巴马及国务卿克里、日本首相安倍均曾向澳大利亚政府施压，防止澳大利亚加入亚投行。实际上，中国依然是现有国际秩序的维护者，同时考虑到上述新兴金融机构的现有基础，短期内根本无法取代既有国际金融机构的地位和作用。因此，金砖银行和亚投行等新兴金融机构在运营过程中，将和现有的西方国家主导的国际金融机构并存、合作，通过发挥自身优势、体现自身特色，形成与传统的国际金融机构的互补关系。

一方面，中国推动或主导创设的新兴国际金融机构和相关安排，并非意在颠覆现有的国际金融秩序。首先，金砖银行以及应急储备基金的建立，本质上是经济显著提升的“金砖五国”，为保护本国经济发展成果并向发展中国家提供力所能及的金融支持的一种制度化探索，也是试图填补世界银行与 IMF 等旧有国际金融机构职能缺位的一种机制性安排。短期内，新兴国际金融机构根本无法边缘化世界银行和 IMF，也难以削弱美元霸权。其次，更为重要的是，中国持有大量美元资产，且需要美国的出口市场以维持国内经济增长。对美国主导的国际金融体系，中国无法找到代价较低的替代方案；任何一个替代方案都意味着中国的储备资产遭受巨额损失，出口工业和依赖资本补贴的国有企业出现经济混乱，以及诱发潜在的社会动荡和政治风险。① 第三，目前金砖银行最重要的任务并非打破由世行和 IMF 主宰的国际金融体系，而是尽快在金砖国家中达成对金砖银行的运转原则的共识，因为只要金砖国家的货币尚未成为国际储备货币，其具体运营就很难摆脱美元霸权的钳制。②

另一方面，目前中国推动或主导创设的新兴国际金融机构和相

① ［美］本·斯泰尔（Benn Steil）著，符荆捷、陈盈译：《布雷顿森林货币战：美元如何统治世界》，北京：机械工业出版社，2014 年版，第 349 页。

② 章玉贵：“金砖国家迈出整合全球金融资源第一步”，《上海证券报》，2014 年 7 月 17 日，第 A02 版。

关安排，其规模、影响力尚难以与传统国际金融机构相提并论，因此也没有能力打破西方主导的现行国际金融秩序。金砖银行和亚投行不仅规模远逊于世界银行和IMF，且业务范围较为局限，在功能上更多地是对现有机制进行必要、及时和有益的补充。同时，在管理经验方面，筹建中的金砖银行、亚投行与世界银行或IMF也存在明显差距。因此，新兴金融机构仍然要在现行国际经济金融秩序下运行，与既有的国际金融安排共存合作。2014年11月初，习近平曾在中央财经小组第八次会议上强调，亚投行和丝路基金同其他全球和区域多边开发银行的关系是相互补充而不是相互替代的，将在现行国际经济金融秩序下运行。此前，筹建亚投行备忘录签署后，中国财长楼继伟也曾指出，亚投行成立以后，将通过联合融资等方式加强与现有多边开发银行的合作；亚投行与现有多边开发银行是互补而非竞争关系，亚投行侧重于亚洲基础设施建设，而现有的世界银行、亚洲开发银行等多边开发银行则强调以减贫为主要宗旨。[①]

虽然金砖银行以及亚投行将在现有的国际金融秩序下运作，但这些新兴国际金融机构将不可避免地和旧有国际金融机构产生竞争，如何协调与旧有国际金融机构的关系，形成优势互补、合作共生的格局，将是对新兴国际金融机构的一大考验。同时，在新兴多边金融机构的运营过程中，中国通过提升本币地位，弱化对美元体系的依赖，将对降低中美债务问题的负面效应具有重要意义。

第三节　中国对美直接投资及其影响

自21世纪初以来，中国已经成为全球贸易大国，并正处于大

① “亚投行筹建：促进亚洲国家基础设施建设互联互通”，新华网，2014年10月25日，http://news.xinhuanet.com/fortune/2014-10/25/c_127140356.htm。

规模对外投资的初始阶段。中国加快对外直接投资步伐，有利于降低外汇储备规模，提高对外投资收益。在此过程中，中国对贸易顺差的最大来源国以及债券投资最大的对象国——美国的直接投资的发展，对于改善中国对外直接投资的整体格局具有重要意义。美国是吸收外资最多的发达国家，而中国是新兴的发展中对外投资大国。近年来，中国对美直接投资稳步增长。中国企业在赴美投资的过程中，克服了美国内政因素所带来的挑战，保持了对美直接投资的增长态势。中国对美直接投资对于改善中国在国际经济体系中的分工地位、缓解中美经济失衡和调适两国的相互依赖具有重要意义。

一、中国对美直接投资的发展态势

目前，中国对美投资主要包括三个部分：一是对美国国债的投资；二是对美国股票市场的投资；三是对美直接投资，包括并购和绿地投资（在美新建企业）。在直接投资方面，在改革开放初期就有中国企业在美设立代表处，而且美国一直是中国企业海外投资的首选目的地之一。这主要是由于美国作为发达的市场经济国家，在能源价格、土地资源、技术积累、营商环境等方面对外国投资者具有很大吸引力。其中，中国制造业企业通过赴美投资，既可贴近当地消费市场，又可借助美国市场在能源和原材料供应等方面的便利条件，还有利于中国企业吸收美国企业的技术积累。此外，相对于许多发展中国家而言，投资美国的政治风险较低，被国有化风险和社会风险几可忽略。中国国际贸促会于 2010 年 6 月发布的问卷调查报告显示，美国是中国企业“走出去”的首选目的地，在受访的开展境外投资的企业中，有 28% 的企业选择赴美投资。在对投资目的地开放程度评价上，受访中国企业对美国投资开放程度的打分排名位居第二，仅次于中国香港。[①] 近年来，中国对美直接投资的特点主要表现在四个方面：

第一，自21世纪初特别是2005年以来，中国对美直接投资增长迅速，而美国对华直接投资规模呈总体下降趋势。据中国商务部统计，2003年美国对华直接投资额曾达41.99亿美元，在对华投资国中居第5位，到2011年降至21.95亿美元，其后略有回升，至2014年年末达到26.7亿美元，当年对华投资额居中国香港、新加坡、中国台湾、日本、韩国之后，列第6位。[②] 中国对美直接投资存量则从2008年的24亿美元上升至2013年的219亿美元。[③] 当然，相对于英国、日本等国，中国对美直接投资的规模依然偏低，与中国的国际经济地位不相符合。2012年，中国对美投资额在美国外资来源国中仅列第19位。不容忽视的是，中国对美直接投资的增长态势继续保持强劲态势。据美国著名商业咨询机构荣鼎集团（the Rhodium Group）发布的报告显示：2014年，美国仍是中国对外投资的最大目的地之一，年内中国对美直接投资流量达120亿美元，其中并购占主导地位，如2014年第4季度中国对美直接投资共30笔，总额共计37亿美元，其中跨国并购18笔，总额约34亿美元；绿地投资12笔，总额2.72亿美元。而2015年中国对美投资势头依旧强劲，1月初就已有超过30亿美元的投资交易处于办理进程中。[④]

第二，中国对美投资日益关注高科技以及高端服务产业。近年

① 参见：中国商务部网站，http：//us. mofcom. gov. cn/article/zt_ investguide/lanmutwo/201405/20140500574344. shtml#3. 4。

② 相关数据参见：中国商务部网站，http：//data. mofcom. gov. cn/channel/includes/list. shtml？ channel = wzsj&visit = E。

③ 相关数据参见：国家统计局网站：http：//data. stats. gov. cn/workspace/index？m = hgnd。

④ Thilo Hanemann and Cassie Gao，"Chinese FDI in the United States：Q4 and Full Year 2014 Update"，January 15，2015，http：//rhg. com/notes/chinese-fdi-in-the-united-states-q4-and-full-year-2014-update.

来，出于缩短与国际先进企业技术差距的考量，越来越多的中国企业将投资目标定位于产业链和技术阶梯的高端，倾向于收购品牌、技术或投资于高附加值的行业和领域。如2014年2月，万向集团成功收购美国电动汽车制造商菲斯克；联想集团在2005年年初完成收购IBM的PC事业部，又在2014年10月投入23亿美元完成对IBM的X86服务器业务的收购；同年12月，联想又基本完成对谷歌旗下的摩托罗拉智能手机业务的收购，该项目总额为29.1亿美元，涉及摩托罗拉移动品牌和商标组合、超过2000项专利以及全球50多家运营商的合作关系等。这些收购活动对于提升中国企业的技术水平和向全球价值链的高端迈进具有重要意义。在对美高端服务业投资方面，2012年，大连万达集团投资26亿美元收购AMC娱乐公司，以及当年中资财团一度准备收购总部设于洛杉矶的全球第二大飞机租赁及销售公司——国际租赁金融公司（ILFC）的案例，说明中国企业在此方面拥有巨大的投资潜力。

第三，2012年年初以后，中国非国有控股企业对美投资快速增长。除了上述大连万达的投资以外，万向集团在2012年向锂电池制造企业A123系统公司注资4.65亿美元。2013年，双汇国际控股有限公司以71.2亿美元收购美国最大猪肉生产商史密斯菲尔德，该项目是迄今中国在美最大的企业收购案，其交易额约占当年中国对美投资额的一半。尽管中国的非国有控股企业对美投资日益活跃，但在未来较长时期内，国有企业仍将在对美投资中居于重要地位。

第四，中国对美直接投资的双赢格局日益明显。奥巴马政府执政后，为重振美国国内经济和缓解对外贸易失衡，先后出台了“再工业化”和“出口倍增”计划。中国对美直接投资能够配合美国的国内产业升级，强化美国的制造业基础，促进研发投入和创造就业机会，并促进中美企业的产业分工与互补升级。

如在联想收购IBM旗下服务器产业的案例中，对IBM而言，较之高利润的软件或咨询业务，其PC和服务器业务均属于增长潜力有限的传统业务，通过剥离这些业务，IBM 可以集中发展高收益的业务领域并巩固自身在信息产业核心领域的技术与市场优势。同时，自 2013 年以来，IBM 的主要销售市场——中国进一步完善了国家安全体制与安全战略，中国政府部门及金融、电信等关键性行业采用自主研发的信息系统及设备的趋势日益明显。由此，IBM 的 X86 服务器在中国的市场份额出现明显下降，国内服务器制造企业如华为等所拥有的份额不断增长，然而国内企业在技术积累以及市场话语权等方面与 IBM 等国际著名企业相比仍存在较大差距。在此情况下，联想收购 IBM 的 X86 服务器业务实属双赢选择。又如联想收购谷歌旗下的摩托罗拉移动，可获得品牌、专利和专业人才收益，并有利于提高自身的产品规划、研发和设计能力；而谷歌亦可借此剥离其旗下日渐萎靡、盈利不佳的硬件生产厂商，以集中资源发展软件等主营业务。对中美两国而言，此类并购交易亦是双赢选择，有利于提升中国在相关产业领域的技术水平且有利于巩固国家信息安全；对美国而言，有利于产业升级，促进对华出口和缓解中美贸易失衡。

二、影响中国对美直接投资的美国内政因素分析

虽然美国可从来自中国的直接投资中受益，但鉴于两国制度差异以及美国政府对“国家安全”等因素的考量，对中国的国企、高科技企业等投资主体而言，美国的外资审查机制是影响其在美投资并购活动的重要风险因素。美国并未制定统一的《外国投资法》对外资进行监管审批。美国联邦、州和地方当局分别从对外资进入行业的限制政策、内外资并购的反垄断审查以及国家安全审查等方面对外国直接投资进行监管和限制，其中国家安全审查机制是其外资管理法律体系中的最后屏障，仅适用于可能危及国家安全的外资并购活动，且仅在其他法律未能对国家安全提供充分与适当保护的情况下才适用。由于未对所谓的国家安全进行明确定义，相对于行业限制与反垄断审查，针对外资并购的国家安全审查的不确定性和风

险更大。[①]

美国的外资并购安全审查制度的源起、发展及其具体实践，与其对敌国或新兴国家对其造成的“威胁”的认知存在直接关联。最初，美国曾于1917年第一次世界大战时期通过了《对敌贸易法》（Trading with the Enemy Act），彼时美国担心德国在美投资对其国家安全造成损害。20世纪70年代以后，中东的石油输出国对美投资大幅增长，出于对这些国家投资意图的担心以及维护国家安全的考量，1975年美国政府设立了外国投资委员会（CFIUS），主管调查与分析外国投资，但其审查和批准功能尚不明显。20世纪80年代之后，日本大举投资美国市场，在维护美国国家竞争力与国家安全以及实行贸易保护等多重因素作用下，美国开始了新一轮外资审查立法活动。1988年，为限制日资对涉及军工的美国高技术企业的收购，美国国会通过了《埃克森—弗罗里奥修正案》（Exon-Florio Amendment），该法案成为美国规制外资并购、保护国家安全的基本法。法案规定：总统可对外资并购进行调查，以判定是否影响国家安全，在其他法律法规无法对国家安全提供充分和适当保护之时，总统可阻止交易。此决定是终极性质的，不受司法审查的约束。同时，根据总统行政命令，CFIUS有权对并购案进行调查，并有义务向总统报告。如今CFIUS的成员来自12个部门，主席由财政部长担任，参与部门与成员包括国务院、国防部、国土安全部以及总统国家安全事务助理等。

1989年年底，中国航空航天工业部所属的中国航空技术进出口公司（“中航技”/CATIC）正式收购美国飞机零部件制造商曼可公司（MAMCO）。1990年2月初，根据《埃克森—弗罗里奥修正案》，老布什总统主要以国家安全为由，要求中航技在3个月内放弃对曼可公司的拥有权，这是迄今直接由总统出面阻止外资并购的唯一案

① 俞乔：《中国外汇储备与全球产业投资》，北京：商务印书馆，2013年版，第176—177页。

件。由于 CFIUS 担心中国国企可能被中国政府利用进行危及美国国家安全的活动，国会于1992 年通过了《1993 财政年度国防授权法第837（a）条》，即《伯德修正案》（The “Byrd Amendment”）。该修正案扩大了国家安全审查的范围，将任何具有国家背景的企业的对美投资并购活动列入安全审查范围。为平衡吸引外资与国家安全的关系等因素，小布什总统又于2007 年7 月签署了《2007 年外商投资与国家安全法》（FINSA）及实施细则。主要基于上述法案，美国形成了由 CFIUS 负责审查、总统有权阻止、国会进行监督的外资并购的国家安全审查法律体系。由此外资可能面对无法满足全部相关法律规定，从而未能通过监管机构审查的风险。2008 年，华为与贝恩资本（Bain Capital）对美国互联网设备供应商 3Com 的联合收购，就因 CFIUS 认为这一投资项目影响美国国家安全而中途夭折。之后两年，华为曾先后计划收购美国服务器技术研发公司三叶（3 Leaf）、软件供应商 2Wire 以及摩托罗拉无线设备业务，均因被怀疑与中国军方有联系、危及美国国家安全而投资受挫。

中国高科技公司赴美投资可能触及美国国家安全“红线”，资源类企业亦有可能无意中“搁浅”。2009 年 7 月，中国西色国际投资有限公司与美国金矿开发公司优金公司（Firstgold）达成收购协议，由西色出资 2650 万美元收购优金公司 51% 的股权，从而获得内华达州叹息谷附近的 4 座金矿的开采权。但在当年 12 月，美国 CFIUS 以这些金矿靠近美国重要军事基地为由，决定向总统建议阻止交易。美国外资安全审查机制及其针对中国企业的具体实践，使得许多中国企业担心美国的国家安全审查的政治压力，而放弃某些在美投资计划。也正是因为面临诸多障碍，中国对美国基础设施产业的投资近乎于零。相比之下，同为发达经济体的欧盟在经历债务危机之后，对中国企业投资基础设施等领域却持较为开放的态度，据荣鼎集团的报告，中国国企和主权财富基金仅在 2012 年就向伦敦希思罗机场等欧洲的基础设施产业投资了超过 50 亿欧元。[①]

从美国的视角来看，许多美国人对中国的政治体制存在歧见，并由此认为中国的国有企业赴美投资怀有特殊的政治意图，而非纯粹的商业行为。部分国会议员也会因选举政治的考量，而发声阻扰中国企业在美投资项目。然而，中国的国有企业对美投资经常是将盈利作为首要的考量因素，中国的民营企业更是基于利润驱动而赴美投资的。美国著名智库战略与国际研究中心（SDIS）的报告指出：中国的民营企业通常在其对外投资战略中，将国家的政策导向与企业的运营目标相结合，以在国内获取充足的金融资源支持其对外投资。美国政策制定者需要认识到，无论是中国的国企还是民企，尽管其对外直接投资受到政府政策导向的影响，但利润最大化的追求仍是首要目标。[②]

美国的国家安全审查和投资案件政治化等因素对中国赴美投资，尤其是在基础设施、能源矿产以及高技术产业的投资，形成了一定的政治风险，且这一风险因素将在较长时期内存在。不容忽视的是，对中国企业在美投资所面临的政治风险亦不能过分高估，美国毕竟是成熟的市场经济国家，且 CFIUS 每年审查的案件不足所有赴美投资案件总量的 1%，其中被否决或劝退者就更是比例极低。而且随着中国企业赴美投资经验的积累，其维权能力亦在上升，三一集团诉奥巴马获胜案就是一例。2012 年 9 月底，美国总统奥巴马曾以威胁国家安全为由，签发行政命令，禁止三一集团在美注册的 Ralls 公司在俄勒冈州一座军事基地附近兴建 4 座风力发电场。此前，Ralls 公

① Thilo Hanemann, "Chinese Investment: Europe vs. the United States", http: //rhg. com/notes/chinese-investment-europe-vs-the-united-states.

② Charles W. Freeman III and Wen Jin Yuan, "China's Investment in the United States—National Initiatives, Corporate Goals, and Public Opinion", November 2011, p. 13, http: //csis. org/files/publication/111107_ Freeman_ Briefing_ China_ Investment_ in_ US. pdf.

司代表的这一投资项目就曾遭遇 CFIUS 的禁令。为此，Ralls 曾于当年 9 月 12 日将 CFIUS 告上法庭。而在奥巴马签发上述行政命令后，Ralls 又于 2012 年 10 月 1 日将奥巴马追加为被告。2014 年 7 月，“三一起诉奥巴马总统”在美国巡回法院获胜。虽然这一胜利仅是阶段性的，但其说明中国企业在国际化运营过程中的成熟度渐趋提高，对于中国企业在发达国家开展接投资业务具有重要的示范效应和启示意义。

值得注意的是，美国州和地方政府对中国投资的态度总体上较为积极。越来越多的美国地方政府认识到中国对美直接投资对当地增加税收、促进就业的积极作用。由于美国是联邦制国家，各州拥有立法权，在吸引外资等经济问题方面也具有较大的自主权。各州会根据本地特点，吸引外资发展优势产业，如位于“铁锈地带”的密歇根等州，注重发展制造业等本地优势产业。正是在此背景下，自 2011 年起，每年一次的中美省州长论坛得以建立，这一平台对促进中美地方投资和贸易合作具有重要作用。而美国的一些州政府办事机构也“登陆”中国，以加强与中国相关地区和企业的联系，促进贸易和投资发展。如 2011 年 5 月，美国弗吉尼亚州政府在上海设立办事处，这是该州在华设立的首个办事处，将成为促进中国企业赴弗州投资的有效渠道。在此背景下，美国各州和地方政府出于发展地方经济的需要而对外资采取的开放态度和相关政策支持，是中国企业赴美投资所需重点关注和利用的积极因素。

三、中美投资协定的谈判进程

由于 WTO 多哈回合谈判议题停滞不前，各国在多边框架中达成投资协定的努力屡屡受挫，发达国家开始通过双边或区域性安排来推动其主导的投资规则。美国已开始积极部署以其为中心的新的贸易规则与格局，特别是“跨太平洋伙伴关系协定”（TPP）与“跨大西洋贸易与投资伙伴协定”（TTIP）都取得了很大进展。在此形势下，中国显得十分被动。目前，中国在WTO框架内的出口拓展空间已经逐渐减小，经济增速趋缓，出口形势严峻。中国需要推动新的国际贸易与投资框架协议，以重新确立在国际贸易与投资体系中的地位。在全球投资规则体系中，双边投资协定是其主要载体和表现形式，而与美国达成双边投资协定BIT，不仅将促进中美双边投资关系的发展，还能为中国参与多边投资、经贸谈判提供一个重要的参照文本。

2008年，布什总统提议重启中美投资协定谈判，其后奥巴马政府继续推动这一谈判。2011年5月，中美在第三轮战略与经济对话中达成《关于促进经济强劲、可持续、平衡增长和经济合作的全面框架》，强调双边致力于构建更加开放的贸易和投资体系，继续推进双边投资协定谈判，显示了两国政府一致认为推动双边投资协定谈判符合双方利益。从2008年到2013年7月第五轮中美战略经济对话，双方在经历9轮谈判后终于取得突破。中方原则上认可了美方的投资保护规则，同意以“准入前国民待遇”和“负面清单”为基础与美方进行投资协定的实质性谈判。由此，中方将通过国内投资管理体制改革和扩大对外开放来逐步向美式标准靠拢。至2014年9月底，中美双边投资协定谈判已经进行了15轮，双方在具体议题上的差距正趋缩小。

目前，美国已经与超过40个国家签署了双边投资协定，同时与10多个国家在自贸区投资保护协定中签订了双边投资条款。这些协定和条款都是以其双边投资保护协定范本为基础进行谈判和签订的。美国对外双边投资协定的三大基本目标为：保护美国海外投资者及其投资；鼓励东道国采用开放、透明和非歧视对待外资的市场导向政策；支持与前述目标一致的国际法标准的发展。其宗旨在于为美国投资者提供六大保障，即：确保美国投资者及其投资获得国民待遇和最惠国待遇，包括从设立、管理、经营、扩大到处置的投资全生命周期；为投资的征收设立界限，要求征收时提供即时、充分和有效补偿；确保投资相关资金的转移；限制东道国业绩要求；确保投资者人事管理权；确保投资者将投资争端提交国际仲裁的权利。

中美投资协定谈判的关注焦点是“准入前国民待遇+负面清单”。美国2012年投资协定范本确立了“准入前国民待遇+负面清单”的模式，若中方拒绝接受该模式，中美投资协定谈判就无法取得实质性突破。在2013年7月第五次中美战略与经济对话中，中方同意在投资协定谈判中采用“准入前国民待遇+负面清单”原则，由此中美投资协定谈判中最大障碍得以消除。

在过去的20多年里，中国已连续成为吸收外商直接投资最多的发展中国家，又是当前全世界最引人瞩目的新兴对外直接投资大国。中国商务部已在2010年制定双边投资协定范本，并将其作为指导中国在未来与其他国家进行双边投资协定谈判的基础。由于美国是当前对国际经贸规则影响最大的国家，与美国签订的双边投资协定有望成为中国与他国签订新的双边投资协定的范本，并将对区域经济一体化组织的相关规定产生影响，因此中美投资协定谈判的重要性与意义远超双边范畴。其不仅有利于推动中国国内相关制度改革，有利于拓展中国企业的跨国投资空间，还有利于稀释美国主导的区域性经贸体系对中国的压力。

当前，中国已与大多数重要投资伙伴签署了双边投资协定，但尚未与美国、欧盟签署。美欧主导以TPP和TTIP为代表的新一轮区域贸易投资协定谈判。其中新加坡、澳大利亚、新西兰、秘鲁等9国已经加入TPP，日、韩、泰、菲等国也在积极跟进。虽然TPP谈判采取所谓开放的态度，但其针对中国的意味明显，其中关于国企、劳工条件、环境标准、知识产权保护的规则明显超出了当前中国经济发展水平的承受范围。如果中国加入TPP，就会陷入被美国规则“绑架”的尴尬境地，如置身于外，又有被边缘化的风险。美国意欲借助TPP，全面介入并主导亚太地区经济一体化进程，阻止东亚形成地区性的经济合作框架，维护其在亚太地区的规则制定权和领导地位。总之，美欧借助新一轮区域投资协定谈判倡导高标准的规则，来主导新的国际投资规则体系的构建，中国面临着在新一轮国际投资规则制定过程中被边缘化的危险。而中美缔结投资协定之后，TPP对中国形成的压力就会大大削减，届时中国是否加入 TPP 就有更大的回旋余地。由此中国主动参与甚至发起新的双边与区域投资协定谈判，有利于提高中国在新一轮国际投资规则制定过程中的话语权。

当然，对美国而言，中美投资协定谈判同样具有重要意义。推动中美投资协定谈判能增强美国在制定全球投资规则中的主导权；有助于保护美国投资者利益；有助于增强美国在 TPP、TTIP 谈判中的要价能力。

虽然中美投资协定谈判意义重大，对中美投资协定谈判的成果亦需保持合理预期。投资协定的准入前国民待遇和负面清单模式将限制中国经济调控的空间；中国资本仍将难以进入目前美国尚未开放的领域；且“国家安全”也是美国投资协定范本中允许设置的例外，美国 2012 年双边投资协定范本中涉及国家安全的第 18 条是一个“自裁定”条款：缔约方有权采取其认为必要的措施来维护和平和安全利益，何种措施属于必要的由采取措施一方单独决定，因此美国对华投资的安全审查门槛不会明显降低；劳工保护标准、知识产权保护、环境保护的高标准对中国将是严峻的挑战。因此，中美投资协定谈判在短时期内将会对中国产生很大的压力和挑战。

四、中国对美直接投资与双边经济关系再平衡

20 世纪 80 年代之后，发达国家大规模地将劳动密集型产业及知识技术密集型产业的低端部分转移到新兴经济体。20 世纪 90 年代初，随着市场经济的制度基础的完善，中国加快融入全球经济体系。彼时信息技术革命迅猛发展，中国抓住发达国家产业转移的契机，基于执政党强大的发展动员能力、优惠的招商引资政策、劳动力成本优势以及资源环境代价等，积极引进外国直接投资，大规模承接

发达国家转移的加工制造业，使得中国步入了工业化的快车道。特别是在2001年中国加入WTO之后，随着对外贸易及引进外资的快速发展，中国逐渐成为全球加工制造业基地以及发达国家大众消费品的主要来源地，遍及全球的巨量的“中国制造”成为中国经济崛起的象征。在此过程中，美国对华货物贸易逆差居高不下。中国对美高额的货物贸易顺差的形成与东亚各经济体的产业内分工有直接关系：日、韩等经济体生产的大量零部件经由中国加工组装为成品后再出口至美欧市场，实际上将其原先对美国的顺差转移到中国的账户上，由此造成美国对华货物贸易的巨量逆差；而中国又以积存的外汇储备大量投资于美国国债及政府担保债券，使得海外美元回流美国，以支撑美国的进一步消费和对外投资，由此形成跨太平洋的贸易与金融循环。

这一双边经济关系模式蕴含着中美两国在国际分工、收益分配和相互依赖方面的失衡，其可持续性面临巨大挑战。首先，在国际金融危机发生后，美国政府片面看待中美贸易失衡现象及其形成原因，将中美经济失衡乃至所谓的世界经济失衡的责任主要归咎于中国的巨额贸易顺差，由此导致在21世纪初以来，美国几度就人民币汇率问题向中国政府施压以及对华贸易保护主义倾向升级。其次，中美经济失衡的主要原因在于享有货币霸权的美国与作为制造业大国的中国在全球经济体系中的分工失衡，这一失衡格局表面上看是基于美国对华巨大的货物贸易赤字，但在深层次上是最大消费国家——美国及其最大债权国——中国之间在发展收益分配方面的巨大失衡，由此造成发展中大国“补贴”发达国家的“反向援助”现象。第三，在快速工业化的过程中，中国也付出了巨大的资源和环境代价，加之劳动力成本渐趋上升等因素的影响，这一经济增长和国际分工格局的弊端日益凸显。目前，由于国际经济形势的影响、中国产业升级和劳动力价格上升等因素的影响，劳动密集型制造业向中国转移的趋势已经放缓，部分东盟国家、南亚国家、墨西哥乃至东欧等国以比中国更低的成本优势，成为承接发达国家产业转移的新平台，以实现对“中国制造”的供给替代。这一趋势也成为中国转变经济增长方式和调整国际经济战略的重要动力。

在此形势下，大力推动中国企业“走出去”，特别是拓展中国贸易顺差的最大来源国和最大债务国美国的国内投资市场，成为中国释放外汇储备、调整美元回流方式的重要选择；同时中国企业通过赴美投资，可以收获美国企业的技术积累、管理经验，增强国际竞争力，并有助于提升国内产业的技术与管理水平，进而促进对世界其他地区的投资；而且伴随着对美投资的增加，亦可为中美相互依赖增添新的支撑点。

首先，对美直接投资的发展对于中国改善在国际经济体系中的分工地位具有重要意义。长期以来，中国作为全球制造业加工组装基地，许多国家将中国商品出口的不断增加视为中国经济崛起的象征，但是近年来中国对外直接投资的增速已经超过了商品出口的增速，中国进行全球资源整合的新时期已经来临。2007—2012 年中美经济关系的变化就诠释了这一结构变迁，此间中国对美直接投资增长了300%以上，而荣鼎集团的研究显示，如果将中国通过第三国的对美直接投资计算在内，这一数据会高达 1300%。[①] 对于中国企业而言，对美并购有利于获取核心技术与品牌所有权或使用权，有利于提升企业的国际化水平与全球竞争力和成功进入新市场。这也是在中国对美直接投资中，并购占主导地位的原因。中国对美直接投资的快速增加，有利于改善中美双边贸易失衡的状况并由此减缓美国对华贸易摩擦；有利于推动中国的国际分工地位的逐渐改善，使得中国向全球价值链的高端迈进；有利于为经贸伙伴创造巨大的商业和政治合作机遇。鉴于中国企业对美直接投资的巨大潜力，中国

---

① Daniel H. Rosen and Thilo Hanemann, “China’s Globalization 2.0”, April 17, 2013, http://rhg.com/articles/chinas-globalization-2-0.

企业在美国外资格局中的地位必将持续上升，其外溢效应亦将提升中国在全球投资格局中的地位，进而推动中国国际分工地位的优化。

其次，对中国而言，改变中美经济失衡及发展收益分配格局的有效途径需要降低债权投资比例、增大股权投资比例，主要方式就是加强对美直接投资。随着中国经济实力的增强和对外直接投资的增长，中国企业进入美国也经历了从拓展美国商品市场到借助美国股市融资，再到绿地投资乃至并购的新阶段。中国增加对美直接投资，相对于投资美国政府债券，有利于获得较高的投资收益。同时，鉴于美国是国内诸多企业产品的目标市场，这些企业赴美投资并购，可以规避美国的关税壁垒和贸易保护屏障，不仅有利于提高企业效益，还有利于促进中国企业的国际化发展。据美国企业研究所的研究显示：自 2007 年以来，中国对美非债券类投资迅速上升，2012 年，中国完成 14 笔投资，投资总额 93 亿美元；2013 年完成 19 笔共计 156 亿美元；2014 年达到 24 笔共计 170 亿美元。[①] 包含对美直接投资的对美非债券类投资规模的上升，说明了中国的“走出去”战略以及在美国投资市场的具体推进取得了初步成果。虽然中国目前对美直接投资规模有限，但对美直接投资的稳步增长，将为中美经济关系中的收益分配失衡格局的改善创造有利条件。

第三，中国对美直接投资的发展对于调适中美经济相互依赖具有重要意义，将为中美相互依赖拓展新的支撑点。冷战结束后，国际关系中的最重要事态之一就是中国经济的崛起。在中国快速发展以及综合国力稳步提升的过程中，美国对“权力转移”的担忧也与日俱增，金融危机发生后美国在亚太地区部署的一系列安全“再平衡”措施针对中国的意图显露无疑。另一方面，中美经济相互依赖等因素的影响，使得中美关系中的合作倾向始终重于冲突因素。在

---

① American Enterprise Institute, “Chinese investment in the US”, January 8, 2015, http: //www. aei. org/multimedia/chinese_ investments_ in_ the_ us/.

中美关系日益密集的双边议题领域中，虽然在相当多的议题上存在争议或分歧，而且经济相互依赖也并不能完全排除政治乃至安全冲突的可能性，但这些议题领域为中美相互沟通和利益协调创造了重要的渠道或平台，有利于双边关系的总体稳定。

中国对美直接投资的增加，有利于促进美国的经济增长和国民福利的改善，有助于逐渐缓解中美两国在双边直接投资方面的不平衡现象，由此双边直接投资领域的沟通与合作将为中美相互依赖的深化拓展新的空间。正如美中关系全国委员会前会长、约翰·霍普金斯大学高级国际关系研究学院中国研究系主任大卫·兰普顿（David M. Lampton）所言，“深化中美两国的经济相互依赖，是缓解双方战略互疑的最有效工具。中国正在不断增加对美投资，可创造美国的就业机会，这正是美国所需要的。”① 虽然在中国对美直接投资乃至双边投资这一议题领域中，双方会因外资准入和管理方面的具体问题而存在争议，但直接投资关系的发展从总体上有利于双方利益关系的交错融合和双边关系稳步发展，而且随着中美双边投资协定谈判的推进乃至最终协定的签署，两国的经济相互依赖以及政治信任的基础将进一步得以拓展。

鉴于目前中国对美直接投资的增长态势以及巨大的潜在增长空间，中国对美直接投资以及双边直接投资关系在中美关系总体格局中的权重必将不断上升，这一领域对双边关系的持续深化必将产生重要影响。

---

① David M. Lampton, “Power Constrained: Sources of Mutual Strategic Suspicion in U. S. -China Relations”, The National Bureau of Asian Research, June 2010, http://www.nbr.org/publications/nbranalysis/pdf/2010_ US_ China. pdf.

结　语

长期以来，基于国际经济体系中的中心国家地位，美国和处于国际经济、货币体系外围的新兴大国——中国通过双边贸易与金融关系中形成的资金循环，结成了规模史无前例的债务关系。由于中美债务关系的规模之大、利益之深、改变之难和影响之广，两国已经在此关系的基础上形成了相互依赖的状况。当然这种相互依赖在依赖程度、收益等方面因总体有利于美国而体现出明显的不对称性。尽管如此，中美两国通过债务问题形成了“你中有我、我中有你”的态势。虽然出于对中国“崛起”的战略防范，美国在中国周边此起彼伏的热点问题中或明或暗地推波助澜、左右其手，一度持续升温对华汇率争议，对华贸易保护倾向也时而高涨，但从总体上看，中美债务问题有利于限制美国对华政策中的冲突性倾向，并作为重要的影响因素，使美国对华政策在很大程度上不得不保持“接触”主调。因此，中美债务关系也在维护中美关系稳定方面发挥了重要作用。

总体上，未来中美债务关系的发展将在以下 4 个方面对两国的国家利益、双边关系乃至全球局势产生重要影响。

第一，中美债务关系仍将是中美相互依赖的重要因素。由于中美两国的经济结构都难以在短期内实现调整目标，因此中美之间的经济失衡还将长期持续。在此基础上，中美之间的贸易—金融循环仍将使得中国在相当长时期内继续持有高额美债资产。

第二，虽然美元会阶段性走强，但从长期的历史来看，美元在不断贬值，而且近年来美国对通过增发货币稀释债务的路径更加依赖，因此未来中国所储备的包括美债在内的美元资产的实际价值难以避免缩水风险。

第三，美国的全球主导地位仍将长期持续，将对东亚局势包括地区一体化进程产生重要影响，使得跨太平洋的贸易与金融循环难以在短期内改变。由于美国开始主导新一轮亚太自由贸易区的谈判进程，加之东亚国家之间的复杂矛盾的影响，东亚地区在短期内难以通过强化国家间金融合作显著降低对美元的依赖，更难以有效降低对美债的持有额度。

第四，中美债务问题既可能导致中国不断遭遇国际挑战，也是保持中美关系稳定的重要因素。虽然所谓的“金融恐怖平衡”可在一定程度上防止中美两国发生大规模的对抗，但也会增加美国对中国的战略防范倾向和干扰频度。如美国有可能在中国关切的问题上给中国设置障碍，牵制中国的战略注意力，增加中国对美国的需求度，以此使得中国不会贸然减持美元资产。同时，中国所持美债的工具价值依然不可忽视。在具体的问题领域，若能妥善利用美债问题，中国的债权国地位将有助于推动美国降低对华高技术产品出口和中国对美直接投资等方面的限制门槛；在中美关系的整体层面上，中国持有高额美债也有助于抑制两国关系中的消极因素。

债务问题已成为中美关系中的重点议题领域，将对中美关系，乃至更广阔的国际关系产生重要影响。对中国而言，如何确保资产的安全性是攸关国家安全的重大问题。同时，如何使债务问题对中国更具战略意义，也是中国政府面临的主要问题。对美国政府而言，如何确保中美债务关系的稳定性，继续维持美国的债务融资渠道，关系到美元霸权的前景、美国国内民生的保障，乃至美国的全球霸权。这些问题对两国政府形成考验，并将对中美关系的发展产生重要影响。

参考文献

一、中文译著（根据国名及作者译名的拼音字母顺序排列）：

1. ［韩］尹採铉著，郑炳男译：《货币战争 3.0》，北京：中国出版集团/现代出版社，2011 年版。

2. ［美］阿伦·弗里德伯格著，洪漫、张琳、王宇丹译：《中美亚洲大博弈》，北京：新华出版社，2012 年版。

3. ［美］安迪森·维金、凯特·因孔特雷拉、多丽安·佩鲁西著，刘丽娜译：《纸变钱的游戏：美国债务真相》，北京：机械工业出版社，2009 年版。

4. ［美］巴里·艾肯格林著，彭兴韵译：《资本全球化：国际货币体系史》，上海：上海人民出版社，2009 年版。

5. ［美］查尔斯·金德尔伯格著，高祖贵译：《世界经济霸权 1500—1990》，北京：商务印书馆，2003 年版。

6. ［美］法兰克·纽曼著，龚元元等译：《美国的迷思：为何中国经济快速发展而美国经济停滞不前》，北京：东方出版社，2012 年版。

7. ［美］弗雷德里克·皮尔逊、西蒙·巴亚斯里安著，杨毅、钟飞腾、苗苗译：《国际政治经济学：全球体系中的冲突与合作》，北京：北京大学出版社，2006 年版。

8. ［美］葛霖著，段娟、史文韬译：《金融的王道》，北京：中国人民大学出版社，2009 年版。

9. ［美］克里斯托弗·莱恩著，孙建中译：《和平的幻想：1940 年以来的美国大战略》，上海：上海人民出版社，2009 年版。

10. ［美］罗伯特·阿特著，郭树勇译：《美国大战略》，北京：北京大学出版社，2005 年版。

11. ［美］罗伯特·吉尔平著，武军、杜建平、松宁译：《世界政治中的战争与变革》，北京：中国人民大学出版社，1994 年版。

12. ［美］罗伯特·吉尔平著，杨宇光、杨炯译：《全球资本主义的挑战：21 世纪的世界经济》，上海：上海世纪出版集团，2001 年版。

13. ［美］罗伯特·吉尔平著，钟飞腾译：《跨国公司与美国霸权》，北京：东方出版社，2011 年版。

14. ［美］罗伯特·基欧汉著，苏长和等译：《霸权之后——世界政治经济中的合作与纷争》，上海：上海人民出版社，2001 年版。

15. ［美］罗伯特·基欧汉、约瑟夫·奈著，钟良、门洪华译：《权力与相互依枚》，北京：北京大学出版社，2002 年版。

16. ［美］廖子光著，林小芳等译：《金融战争：中国如何突破美元霸权》，北京：中央编译出版社，2008 年版。

17. ［美］乔纳森·科什纳著，李巍译：《货币与强制：国际货币权力的政治经济学》，上海：上海世纪出版集团，2013 年版。

18. ［美］乔治·索罗斯著，燕清等译：《美国的霸权泡沫——纠正对美国权力的滥用》，北京：商务印书馆，2004 年版。

19. ［美］史蒂芬·罗奇著，易聪等译：《失衡：后经济危机时代的再平衡》，北京：中信出版社，2014 年版。

20. ［美］威廉·波纳、安迪森·维金著，沈丽英、顾锦生译：《末日经济》，北京：中信出版社，2011 年版。

21. ［美］威廉·恩道尔著，顾秀林、陈建明译：《金融海啸——一场新的鸦片战争》，北京：知识产权出版社，2009 年版。

22. ［美］西蒙·约翰逊著，郭庾信译：《火烧白宫：美债，从哪里来，往何处去》，北京：机械工业出版社，2013 年版。

23. ［美］约瑟夫·奈著，刘华译：《美国注定领导世界？——美国权力性质的变迁》，北京：中国人民大学出版社，2012 年版。

24. ［美］约瑟夫·奈著，王吉美译：《权力大未来》，北京：中信出版社，2012 年版。

25. ［日］大前研一著，陈光棻译：《美国再见？后经融危机的全球趋势》，台北：天下远见出版股份有限公司，2009 年版。

26. ［日］吉川元忠著，孙晓燕、袁英华译：《金融战败》，北京：中国青年出版社，2000 年版。

27. ［日］金子胜著，胡靖译：《经济全球化与市场战略》，北京：中国人民大学出版社，2002 年版。

28. ［英］尼尔·弗格森著，高诚译：《货币崛起》，北京：中信出版社，2012 年版。

29. ［英］苏珊·斯特兰奇著，杨宇光等译：《国家与市场》，上海：上海世纪出版集团，2006 年版。

二、中文著作（根据作者名的拼音字母顺序排列）：

30. 陈建奇：《霸权的危机：美国巨额财政赤字与债务风险研究》，北京：中国社会科学出版社，2011 年版。

31. 陈仁新：《中美贸易摩擦的政治经济学分析》，北京：中国经济出版社，2011 年版。

32. 翟东升：《中国为什么有前途——对外经济关系的战略潜能》，北京：机械工业出版社，2010 年版。

33. 丁一凡：《美国批判——自由帝国扩张的悖论》，北京：北京大学出版社，2006 年版。

34. 丁一凡、钮文新：《美元霸权》，成都：四川人民出版社，2014 年版。

35. 董志龙：《人民币的崛起》，北京：当代世界出版社，2011年版。

36. 焦世新：《利益的失衡——美国在中国加入国际机制中的作用》，北京：世界知识出版社，2009年版。

37. 李国平：《美元如何掠夺世界财富》，杭州：浙江大学出版社，2011年版。

38. 栗志纲：《透视人民币汇率——人民币汇率制度演变的政治分析》，北京：中国经济出版社，2008年版。

39. 刘澄、徐明威主编：《信用管理》，北京：经济管理出版社，2010年版。

40. 刘福堆：《金融殖民》，北京：中信出版社，2011年版。

41. 马耀邦：《中美关系：透视大国隐形战争》，北京：当代中国出版社，2008年版。

42. 门洪华：《霸权之翼：美国国际制度战略》，北京：北京大学出版社，2005年版。

43. 宋国友：《中美金融关系研究》，北京：时事出版社，2013年版。

44. 孙哲主编：《后危机世界与中美战略竞逐》，北京：时事出版社，2011年版。

45. 涂永红、戴稳胜：《大国货币Ⅰ（政治篇）》，北京：科学出版社，2014年版。

46. 王辑思、唐士其主编：《三十年世界政治变迁》，重庆：重庆出版集团，2012年版。

47. 王勇：《中美经贸关系》，北京：中国市场出版社，2007年版。

48. 王越：《货币秩序》，北京：中国文史出版社，2010年版。

49. 王子昌：《国际政治经济学新论》，北京：时事出版社，2010年版。

50. 王正毅：《国际政治经济学通论》，北京：北京大学出版社，2010 年版。

51. 徐洪才：《大国金融方略——中国金融强国的战略和方向》，北京：机械工业出版社，2009 年版。

52. 郑启明编著：《美元与战争》，北京：中国经济出版社，2009 年版。

53. 杨文静：《奥巴马政府第一任期对华政策析论》，北京：中央编译出版社，2014 年版。

54. 俞乔：《中国外汇储备与全球产业投资》，北京：商务印书馆，2013 年版。

55. 邹力行：《金融帝国——美国的发展与启示》，长沙：湖南大学出版社，2009 年版。

56. 中国人民大学国际货币研究所：《2013 人民币国际化报告：世界贸易格局变迁与人民币国际化》，北京：中国人民大学出版社，2013 年版。

三、中文论文（根据作者姓氏的拼音字母顺序排列）：

1. 安毅：“国际大宗商品定价模式的演变与中国纾困之策”，《价格理论与实践》，2011 年第 9 期。

2. 蔡恩泽：“负债性外储‘绑架’中国外汇”，《金融经济》，2011 年第 13 期。

3. 蔡兴、刘子兰：“美国产业结构的调整与贸易逆差”，《国际贸易问题》，2012 年第 10 期。

4. 曹更生、杨民：“中国利用外资政策的内在矛盾分析”，《当代经济》，2006 年第 6 期（上）。

5. 陈继勇、刘威：“产品内分工视角下美中贸易失衡中的利益分配”，《财经问题研究》，2008 年第 11 期。

6. 褚国飞、陈文鑫：“中美‘两国集团’构想的由来及可行性分析”，《现代国际关系》，2009 年第 6 期。

7. 戴平辉：“结构性权力下的美国霸权”，《 太平洋学报》，2004 年第 1 期。

8. 董小君：“中国下阶段产业转移的道路选择——基于产能国际转移日美两种模式的创新探索”，《学术前沿》，2013 年第 24 期。

9. 窦晓博：“21 世纪初期美国对华金融外交——以人民币汇率问题为案例分析“，《黑龙江史志》，2012 年第 12 期。

10. 杜安国：“美元贬值人民币升值原因分析”，《合作经济与科技》，2009 年 1 月号下。

11. 樊雪志：“美元霸权体系的中国流动性过剩”，《中央财经大学学报》，2007 年第 9 期。

12. 冯俏彬：“美国预算过程的发展演变及其启示”，《财政研究》，2007 年第 6 期。

13. 傅红春、李笑影： “中国持美国国债的利息收入估算：2000—2011”，《河北科技大学学报（社会科学版)》，2012 年第 1 期。

14. 甘梦竹：“热钱——人民币升值的驱动力和效应”，《科技情报开发与经济》，2011 年第 25 期。

15. 管涛、周济：“2011 年中国国际投资头寸状况分析”，《中国金融》，2012 年第 10 期。

16. 韩宝兴：“从‘特里芬难题’看美元扩张及其影响”，《中国金融》，2009 年第 2 期。

17. 何义霞：“丝绸之路经济带：战略考量前景展望与建设思路”，《当代世界与社会主义》，2014 年第 4 期。

18. 胡本钧、王飞：“从经济学角度看军事凯恩斯主义的利与弊”，《当代经济》，2011 年 6 月（下）。

19. 胡松明：“金融资本全球化与新金融霸权主义”，《世界经济》，2001 年第 7 期。

20. 胡云超："欧元十年：回顾、展望与借鉴"，《广东社会科学》，2009 年第 3 期。

21. 华民、刘佳、吴华丽："美国基于美元霸权的金融'核战略'与中国的对策"，《复旦学报（社会科学版）》，2010 年第 3 期。

22. 黄河："从欧洲主权债务危机看美国评级霸权对世界经济的影响"，《国际观察》，2011 年第 6 期。

23. 黄河："中美经贸关系的政治因素分析"，《当代经济管理》，2009 年第 11 期。

24. 黄桂田、谢超："中美产业结构、中美汇率与美国失业率"，《经济学动态》，2011 年第 4 期。

25. 金灿荣："美国缘何成了'不倒翁'"，《人民论坛》，2007/01/A。

26. 金灿荣、刘世强："奥巴马执政以来的中美关系"，《美国研究》，2009 年第 4 期。

27. 江涌："'国际金融恐怖平衡'与美国的金融陷阱"，《现代国际关系》，2005 年第 7 期。

28. 江涌："当今国际信用评级标准的奇异逻辑"，《金融博览》，2010 年第 8 期。

29. 邝艳湘："经济相互依赖与中美贸易摩擦：基于多阶段博弈模型的研究"，《国际贸易问题》，2010 年第 11 期。

30. 林苞、钟惠波："警惕美国对待人民币'矛盾行为'背后的真实意图"，《高校理论战线》，2012 年第 4 期。

31. 李景彬、徐丹丹："论中美贸易——金融关系的'食物链'式平衡"，《管理现代化》，2011 年第 2 期。

32. 李庆四："中美经济关系：动力与张力"，《新视野》，2008 年第 4 期。

33. 李庆四："奥巴马政府外交：理念、实质与挑战"，《中共天津市委党校学报》，2009 年第 3 期。

34. 罗峰："国际机制：美国霸权的隐形外衣"，《社会观察》，2005 年第 8 期。

35. 李向阳："布雷顿森林体系的演变与美元霸权"，《世界经济与政治》，2005 年第 10 期。

36. 李兴伟："中美经济关系四大焦点问题的分析及消解"，《当代世界》，2012 年第 4 期。

37. 林珏："奥巴马'新政'措施及效应分析"，《上海财经大学学报》，2010 年第 3 期。

38. 卢立伟："大宗商品高价体制与货币战"，《改革与战略》，2011 年第 5 期。

39. 刘洪："投资与外交：中国购债的双重意义"，《理论与当代》，2011 年第 4 期。

40. 刘世欣："美国财政悬崖及对我国的影响"，《银行家》，2013 年第 1 期。

41. 刘秀光，"金融体系的基石：信用基础和价值归宿"，《学术问题研究》（综合版），2009 年第 2 期。

42. 刘杨钺："美国世纪的终结？技术优势与美国霸权合法性"，《世界经济与政治论坛》，2010 年第 2 期。

43. 刘中伟、沈家文："跨太平洋伙伴关系协议（TPP）：研究前沿与架构"，《当代亚太》，2012 年第 1 期。

44. 门洪华："国际机制与美国霸权"，《美国研究》，2001 年第 1 期。

45. 门洪华："西方三大霸权的战略比较——兼论美国制度霸权的基本特征"，《当代世界与社会主义》，2006 年第 2 期。

46. 牛铁航："论国际货币体系失衡及中国对策"，《南京社会科学》，2009 年第 3 期。

47. 牛薇薇、李林杰："基于 IIP 的中美国际投资收益比较研究"，《国际金融研究》，2010 年第 8 期。

48. 潘成夫：“中外国际投资头寸表之比较及启示”，《晋阳学刊》，2010 年第 5 期。

49. 潘悦：“美国对华反倾销：特征与走势”，《太平洋学报》，2005 年第 6 期。

50. 秦嗣毅：“战后美国财政政策演变研究”，《学习与探索》，2003 年第 2 期。

51. 曲凤杰：“2010 年欧元区经济及 2011 年展望”，《宏观经济管理》，2011 年第 1 期。

52. 阮建平：“经济与安全‘再平衡’下的美国对华政策调整”，《东北亚论坛》，2011 年第 1 期。

53. 阮建平、江涌：“双重‘再平衡’与美国对华政策调整”，《现代国际关系》，2010 年第 11 期。

54. 佘群芝、韩帅：“金融危机背景下中美贸易失衡持续性分析”，《学术交流》，2009 年第 12 期。

55. 宋国友：“不应忽视持有美债的政治战略意义”，《社会观察》，2011 年第 10 期。

56. 宋晓东：“中国产业结构失衡下国际收支失衡机理分析与实证检验”，《税务与经济》，2010 年第 4 期。

57. 苏多永、张祖国：“‘热钱流出之谜’与隐性资本流动——对热钱流动规模的重新估算”，《南方金融》，2010 年第 6 期。

58. 苏剑、童立：“近年来我国热钱流入规模的估算”，《经济学动态》，2011 年第 11 期。

59. 孙海泳：“中美债务关系的相互依赖及影响”，《太平洋学报》，2014 年第 3 期。

60. 孙海泳：“中美债务问题及其影响”，《新视野》，2012 年第 5 期。

61. 孙海泳、李庆四：“美债问题对中美关系的影响”，《教学与研究》，2012 年第 10 期。

62. 孙时联："美国债务上限的由来及发展趋势"，《国际贸易》，2011 年第 8 期。

63. 孙希良："美国施压人民币汇率的政治因素"，《党政干部论坛》，2007 年第 11 期。

64. 孙效敏："美国外资并购安全审查制度研究"，《华东政法大学学报》，2009 年第 5 期。

65. 孙章伟："美国信用评级公司综合分析及中国信用评级产业政策安排"，《征信》，2010 年第 6 期。

66. 申恩威："论美国'出口倍增计划'对'十二五'期间中美贸易的影响"，《现代商贸工业》，2011 年第 22 期。

67. 谭秉禹："金融危机背景下的中美经济相互依赖"，《国际关系学院学报》，2009 年第 4 期。

68. 汤碧、林桂军："跨太平洋伙伴关系协定对中国战略的影响与中国的对策"，《社会科学研究》，2012 年第 6 期。

69. 王达、项卫星、刘晓鑫："论全球金融危机下的中美经济关系失衡及其调整"，《东北亚论坛》，2011 年第 1 期。

70. 王帆："不对称相互依存与合作型施压——美国对华战略的策略调整"，《世界经济与政治》，2010 年第 12 期。

71. 王汉儒："次贷危机背景下美国财政政策走势的预测——基于凯恩斯主义视角的一个分析"，《当代财经》，2009 年第 2 期。

72. 王缉思："美国霸权的逻辑"，《美国研究》，2003 年第 3 期。

73. 王军、齐银山、王梦潇："国际热钱流动的规模、趋势及其防范研究"，《宏观经济研究》，2010 年第 8 期。

74. 王丽娜："美国对外贸易特点和未来政策趋势"，《辽宁师范大学学报（社会科学版）》，2012 年第 6 期。

75. 王玲："国际游资流入中国的渠道及影响分析"，《经济视角》，2012 年第 5 期。

76. 王湘穗：“币缘政治：世界格局的变化与未来”，《世界经济与政治》，2011 年第 4 期。

77. 王湘穗：“币缘秩序的解体与重构——当前国际政治的新焦点”，《现代国际关系》，2009 年第 3 期。

78. 王应贵、姚静：“美国联邦政府赤字、经济增长与前景展望”，《财经科学》，2011 年第 12 期。

79. 王永琴、王刚：“‘欧猪五国 piigs’主权债务危机：进程、原因、救助方案及走向”，《中北大学学报（ 社会科学版）》，2011 年第 6 期。

80. 王永中：“中国外汇储备的构成、收益与风险”，《国际金融研究》，2011 年第 1 期。

81. 汪占熬：“中美对外贸易依存度的比较分析”，《决策与信息》，2007 年第 4 期。

82. 王志伟、毛晖：“20 世纪美国扩张性财政政策的演变及启示”，《经济科学》，2003 年第 2 期。

83. 吴腾宇：“美国国债危机的剖析与解读——兼论危机对中国经济的影响”，《中国证券期货》，2012 年第 2 期。

84. 项卫星、王达：“论中美金融相互依赖关系中的非对称”，《世界经济研究》，2011 年第 7 期。

85. 肖凤娟：“1978 年以来我国的外汇管理体制改革与资本管制政策”，《中央财经大学学报》，2011 年第 5 期。

86. 徐杰：“中心—外围理论与美元本位制”，《上海行政学院学报》，2010 年第 2 期。

87. 许馨友、安烨：“人民币如何打破美元霸权”，《江汉论坛》，2013 年第 5 期。

88. 徐琤：“从债权国到债务国——美国国际债务模式转变的逻辑分析”，《世界经济研究》，2011 年第 10 期。

89. 阎波：“信用评级机构改革及美国债券市场发展”，《中国金融》，2010 年第 23 期。

90. 杨菊洪："国际热钱流入及对中国经济的影响"，《科学决策》，2012 年第 7 期。

91. 杨永明："论金融霸权"，《经济学家》，1999 年第 5 期。

92. 姚枝仲："如何应对中美双边投资协定的实质性谈判"，《国际经济评论》，2013 年第 6 期

93. 于刃刚、邓博然："持有高额美国国债对我国经济的影响"，《生产力研究》，2009 年第 12 期。

94. 余永定："美国经济再平衡视角下中国面临的挑战"，《国际金融研究》，2010 年第 1 期。

95. 余永定："当前世界经济形势及对我国的影响"，《科学发展》，2011 年第 7 期。

96. 袁征："'重返亚洲'——奥巴马政府东亚政策评析"，《当代世界》，2010 年第 1 期。

97. 曾蓓、崔焕金："中国产业结构演进缘何偏离国际经验——基于全球价值链分工的解释"，《财贸研究》，2011 年第 5 期。

98. 张洁、李楠："地下钱庄渠道下热钱流入的影响"，《中国金融》，2012 年第 17 期。

99. 张明："美国的财政政策能够持续吗?"，《国际经济评论》，2009 年第 7—8 期。

100. 张明、覃东海："国际货币体系演进的资源流动分析"，《世界经济与政治》，2005 年第 12 期。

101. 张茉楠："该破最大债务国的战略制衡"，《瞭望新闻周刊》，2010 年第 21 期。

102. 张茉楠："中美制造业竞争将更趋激烈"，《中国中小企业》，2012 年第 9 期。

103. 张锐："国际信用评级机构的罪与罚"，《决策与信息》，2010 年第 8 期。

104. 张文木：“‘天安舰事件’后东亚战略形势与中国选择”，《太平洋学报》，2010 年第 11 期。

105. 张心宇：“中美贸易摩擦现状与对策浅析”，《经济研究导刊》，2012 年第 23 期。

106. 张银海：“论美国跨国公司对美国霸权的作用机制”，《理论界》，2012 年第 6 期。

107. 郑联盛：“2011：新常态、再平衡与国际博弈”，《中国经贸》，2011 年 3 月刊。

108. 章玉贵：“占优策略、话语范式与美国金融资本力”，《国际观察》，2012 年第 4 期。

109. 赵鸿、封丹华：“金融危机背景下流动性逆转的国际传导机制研究”，《上海经济研究》，2010 年第 11 期。

110. 周寂沫：“从欧元与美元的博弈看欧元危机”，《社会科学辑刊》，2010 年第 4 期。

111. 周宝根：“力促美国放松对华出口限制的政策思考”，《对外经贸实务》，2010 年第 10 期。

112. 钟伟：“国际货币体系的百年变迁和远瞻”，《国际金融研究》，2001 年第 4 期。

113. 周宇：“中美汇率之争的三个核心问题”，《世界经济研究》，2010 年第 10 期。

114. 朱颖、王玮：“解析美国国债上限的历史演变”，《金融教学与研究》，2011 年第 4 期。

四、英文专著（根据作者名字的英文字母顺序排列）

1. Andrew C. Sobel, *Birth of Hegemony: Crisis, Financial Revolution, and Emerging Global Networks*, Chicago: The University of Chicago press, 2012.

2. Charles P. Kindleberger, *The World in Depression 1929 - 1939*,

Berkeley, University of California Press, 1973.

3. Charles W. Steadman, *The National Debt Conclusion: Establishing the Debt Repayment Plan*, U. S. A: Praeger, 1993.

4. Charlotte G. Wilson and Emily O. Brown, *U. S. National Debt: Background, Issues, Significance*, New York: Nova Science Publishers. lnc. , 2011.

5. Chi Lo, *Asia and the Subprime Crisis*, New York: Palgrave Macmillan, 2009.

6. Christina Fisanick, *Debt*, Farmington Hills, Michigan: Greenhaven Press, 2010.

7. Damon Vickers, *The Day After the Dollar Crashes: A Survival Guide for the Rise of the New World Order*, New Jersey: John Wiley&Sons, Inc, 2011.

8. Darren J. O' Byrne and Alexander Hensby, *Theorizing Global Studies*, UK: Palgrave Macmilian, 2011.

9. David Haugen, *National Security*, Farmington Hills, Michigan: Greenhaven Press, U. S. A. , 2007.

10. Edward D. Mansfield, *International Conflict and the Global Economy*, Northampton Massachusetts: Edward Elgar Publishing Limited, 2004.

11. Eunice N. Sahle, *World Orders, Development and Transformation*, UK: Palgrave Macmillan, 2010.

12. Harrie A. A. Verbon and Frans A. A. M. Van Winden, *The Political Economy of Government Debt*, Netherlands: Elsevier Science Publishers B. V. , 1993.

13. James R. Barth, Jr. , Gerard Caprio and Ross Levine, *Guardians of Finance*, Cambridge, Massachusetts: MIT Press, 2012.

14. Jane R. Christensen, *The National Debt*, New York: Nova Science Publishers, 2004.

15. Jeffry A. Frieden and David A. Lake, *International Political Economy: Perspectives on Global Power and Wealth*, published in the Taylor & Francis e-Library, 2003.

16. Kevin Phillips, *Bad Money*, New York: the Viking Penguin, 2008.

17. Leo Panitch and Martijn Konings, *American Empire and the Political Economy of Global Finance*, New York: PALGRAVE MACMILLAN, 2008.

18. Lester V. Chandler, *America's Greatest Depression 1929 – 1941*, New York: Harper & Row, publisher Inc. , 1970.

19. Mattea Kramer and John Silver, *The Federal Budget*, Northampton, Massachusetts: Interlink Publishing Group, Inc, 2012.

20. Michael Grunwald, *The New New Deal: The Hidden Story of Change in the Obama Era*, New York: Simon&Schuster, 2012.

21. Mickey Edwards, *The Parties Versus the People: How to Turn Republicans and Democrats into Americans*, New Haven, Connecticut: Yale University Press, 2012.

22. Padma Desai, *From Financial Crisis to Global Recovery*, New York: Columbia University Press, 2011.

23. R. Christopher Whalen and Nouriel Roubini, *Inflated: How Money and Debt Built the American Dream*, NewJersey: WILEY, 2011.

24. Richard Duncan, *The corruption of capitalism: A strategy to rebalance the global economy and restore sustainable growth*, Hong Kong: CLSA, 2009.

25. Robert Keohane, *International Institutions and State Power: Essays in International Relations Theory*, Boulder: West view Press, 1989 .

26. Rosemary Foot, S. Neil MacFarlane and Michael Mastanduno, *US Hegemony and International Organizations: The United States and*

Multilateral Institutions, UK: Oxford University Press, 2003.

27. Russell J Dalton, *The Apartisan American: Dealignment and Changing Electoral Politics*, SAGE, 2013.

28. Stephen Gill and David Law, *The Global Political Economy: Perspectives, Problems, and Policies*, Baltimore: The Johns Hopkins University Press, 1988.

29. Theda Skocpol, *Obama and America's Political Future*, Cambridge, Massachusetts: Harvard University Press, 2012.

30. William W. Keller and Thomas G. Rawski, *China's Rise and the Balance of Influence in Asia*, Pittsburgh: the University of Pittsburgh Press, 2007.

五、英文期刊论文（根据作者名字的英文字母顺序排列）：

1. Aaron L. Friedberg, "Future Tense: Are the United States and China on a collision course?", *The New Republic*, May 26, 2011.

2. Arvind Subramanian, "The Inevitable Superpower: Why China' dominance is a Sure Thing", *Foreign Affairs*, Sep/Oct 2011, Vol. 90, Issue 5.

3. Barry Buzan, "Economic structure and international security: the limits of the liberal case", *International Organization* Autumn 1984.

4. Barry Eichengreen, "Mr. Bernanke Goes to War", *The National Interest*, January/February 2011.

5. Brad Setser, "Covering Your Assets", *The National Interest*, May/June 2008.

6. Daniel W. Drezner, "Bad Debts: Assessing China's Financial Inouence in Great Power Politics", *International Security*, Vol. 34, No. 2 (Fall 2009).

7. Daniel W. Drezner, "... and China Isn't Beating the U. S.", *For-*

eign Policy, Jan/Feb 2011.

8. David Singh Grewal, "The Return of the State: Recovering State Efficacy for Global Solutions", *Harvard International Review*, Winter 2010.

9. Derek Scissors, "The Wobbly Dragon", *Foreign Affairs*, Jan/Feb2012, Vol. 91, Issue 1.

10. Ian Bremmer, "on the Economy, be Careful What You Wish For", *Foreign Policy*, Jul/Aug 2011, Issue 187.

11. James A. Dorn, "The Debt Threat: A Risk to U. S. - China Relations?", *the Brown Journal of World Affairs*, Spring/Summer 2008, Volume XIV, Issue 2.

12. Joseph S. Nye, "American and Chinese Power after the Financial Crisis", *Washington Quarterly*, Autumn 2010, Vol. 33 Issue 4.

13. Ken Miller, "Coping With China's Financial Power", *Foreign Affairs*, Jul/Aug2010, Vol. 89, Issue 4.

14. Kristen Nordhaug, "The United States and East Asia in an Age of Financialization", *Critical Asian Studie*, 37: 1 (2005).

15. Lawrence H. Summers, "America Overdrawn", *Foreign Policy*, July/August 2004.

16. Lawrence J. White, "Markets The Credit Rating Agencies", *Journal of Economic Perspectives*, Spring 2010, Volume 24.

17. Maria N. Ivanova, "Hegemony and Seigniorage: The Planned Spontaneity of the U. S. Current Account Deficit", *International Journal of Political Economy*, Vol. 39, No. 1, Spring 2010.

18. Michael Beckley, "China's Century? Why America's Edge Will Endure", *International Security*, Vol. 36, No. 3 (Winter 2011/12).

19. Nouriel Roubini, "U. S. Debt and Soverign Wealth Funds", *the Brown Journal of World Affairs*, Spring/Summer 2008, Volume XIV, Is-

sue 2.

20. Roger C. Altman and Richard N. Haass, "American Profligacy and American Power", *Foreign Affairs*, Nov/Dec 2010, Vol. 89, Issue 6.

21. Robert J. Art, "Agreeing to Agree (and Disagree)", *The National Interest*, May/June, 2007.

22. Stephen D. Krasner, "Structural Causes and Regime Consequences: Regimes As Intervening Variables", *International Organization*, Vol. 36, 1982.

23. "View from the top: Nine of the world's top international relations scholars weigh in on the Ivory Tower survey", *Foreign Policy*, Jan/Feb 2012.

六、英文研究报告和会议论文等（根据作者名字的英文字母顺序排列）：

1. A. Michael Spence, "The Exchange-Rate Delusion", The Council on Foreign Relations, December 19, 2011, http://www.cfr.org/geoeconomics/exchange-rate-delusion/p26854.

2. A. Michael Spence, "A Post-Crisis World of Risk", The Council on Foreign Relations, June15, 2011, http://www.project-syndicate.org/commentary/spence24/English.

3. Barry Eichengreen, "Global Shifts", Prepared for the Bank of Finland's 200th anniversary symposium, Helsinki, May 5 – 6, 2011, http://emlab.berkeley.edu/~eichengr/Global_ shifts_ 5 – 17 – 11.pdf.

4. Brad W. Setser, "Sovereign Wealth and Sovereign Power The Strategic Consequences of American Indebtedness", the Council on Foreign Relations, Center for Geoeconomic Studies, CSR No. 37, September 2008.

5. Brock R. Williams and J. Michael Donnelly, "U. S. International

Trade: Trends and Forecasts", Congressional Research Service, October 19, 2012, http: //www. fas. org/sgp/crs/misc/RL33577. pdf.

6. C. Fred Bergsten, "A New Foreign Economic Policy for the United States", In: C. Fred Bergsten and the Institute for International Economics, *The United States and the World Economy: Foreign Economic Policy for the Next Decade*, Washington: Peterson Institute for International Economics, 2005.

7. Charles W. Freeman III and Wen Jin Yuan, "China's Investment in the United States—National Initiatives, Corporate Goals, and Public Opinion", November 2011, p. 13, http: //csis. org/files/publication/111107_ Freeman_ Briefing_ China_ Investment_ in_ US. pdf.

8. Christopher Alessi, "Global Aftershocks of a U. S. Debt Default", The Council on Foreign Relations, July 28, 2011, http: //www. cfr. org/financial-crises/global-aftershocks-us-debt-default/p25559.

9. Craig K. Elwell, "Saving Rates in the United States: Calculation and Comparison", Congressional Research Service, September 14, 2010, http: //www. fas. org/sgp/crs/misc/RS21480. pdf.

10. Department of the Treasury/Federal Reserve Board, "Major Foreign Holders of Treasury", January 18, 2012, http: //www. treasury. gov/resource-center/data-chart-center/tic/Documents/mfh. txt.

11. Derek Scissors, "Tools to Build the U. S. - China Economic Relationship", *Backgrounder*, Published by The Heritage Foundation, August 8, 2011, No. 2590, http: //www. heritage. org/research/reports/2011/08/tools-to-build-the-us-china-economic-relationshi.

12. Douglas W. Elmendorf, "Discretionary Spending", Congressional Budget Office, October 26, 2011, http: //www. cbo. gov/doc. cfm? index = 12490&type = 1.

13. Eswar S. Prasad, "Effects of the Financial Crisis on The U. S. -

China Economic Relationship", Cato Journal, http://www.cato.org/pubs/journal/cj29n2/cj29n2-1.pdf.

14. John F. Sargent Jr., "The Obama Administration's Proposal to Establish a National Network for Manufacturing Innovation", Congressional Research Service, August 28, 2012, https://www.fas.org/sgp/crs/misc/R42625.pdf.

15. Lawrence H. Summers, "The U.S. Current Account Deficit and the Global Economy", The 2004 Per Jacobsson Lecture, Washington, D.C., October 3, 2004, http://mypb.biz/pdf/Summers-CAdeficit.pdf.

16. Lee Cary, "Clinton Grovels at the Panda's Door", American thinker, February 23, 2009, http://www.americanthinker.com/2009/02/clinton_ grovels_ at_ the_ pandas_ 1.html.

17. Linda Levine, "The Increase in Unemployment Since 2007: Is It Cyclical or Structural?", Congressional Research Service, January 24, 2013, http://www.fas.org/sgp/crs/misc/R41785.pdf.

18. Marc Labonte, "The Sustainability of the Federal Budget Deficit: Market Confidence and Economic Effects", Congressional Research Service, June 28, 2011, http: www.fas.org/sgp/crs/misc/R40770.pdf.

19. Marc Levinson, "U.S. Manufacturing in International Perspective", Congressional Research Service, February 11, 2013, http://www.fas.org/sgp/crs/misc/R42135.pdf.

20. Michael Spence, "Closing America's Growth Deficit", Sep. 21, 2011, http://www.project-syndicate.org/commentary/spence27/English.

21. Rachel Tang, "China's Steel Industry and Its Impact on the United States: Issues for Congress", Congressional Research Service, September 21, 2010, http://www.fas.org/sgp/crs/row/R41421.pdf.

22. Raymond J. Ahearn, " Rising Economic Powers and U. S. TradePolicy ", Congressional Research Service, December 3, 2012, http: //www. fas. org/sgp/crs/row/R42864. pdf.

23. Rebecca M. Nelson, "Sovereign Debt in Advanced Economies: Overview and Issues for Congress", Congressional Research Service, January 31, 2013, http: //www. fas. org/sgp/crs/misc/R41838. pdf.

24. The Congressional Budget Office (CBO), "Federal Debt and the Risk of a Fiscal Crisis", July 27, 2010, http: //www. cbo. gov/doc. cfm? index = 11659.

25. The Council on Foreign Relations, " A Conversation with U. S. Secretary of State Hillary Rodham Clinton", September 8, 2010, http: //www. cfr. org/diplomacy/conversation-us-secretary-state-hillary-rodham-clinton/p22896.

26. Thilo Hanemann, "Chinese Investment: Europe vs. the United States", http: //rhg. com/notes/chinese-investment-europe-vs-the-united-states.

27. Thomas L. Hungerford, "Tax Expenditures and the Federal Budget", Congressional Research Service, June 1, 2011, http: //www. fas. org/sgp/crs/misc/RL34622. pdf.

28. Titus Galama and James Hosek, "U. S. Competitiveness in Science and Technology", RAND Corporation, 2008, Summary, http: //www. rand. org/content/dam/rand/pubs/monographs/2008/RAND_ MG674. pdf.

29. United States Department of the Treasury, Bureau of the Public Debt, "The debt to the penny and who holds it", Treasury Direct, http: //www. treasurydirect. gov/NP/BPDLogin? application = np.

30. U. S. – China Economic and Security Review Commission, "2010 Report to Congress of the U. S. – China Economic and Security Re-

view Commission", November 2010, http://www.uscc.gov/.

31. U. S. – China Economic and Security Review Commission, "2011 Report to Congress of the U. S. – China Economic and Security Review Commission", November 2011, http://www.uscc.gov/.

32. U. S. Government Accountability Office, "Ownership of Federal Debt", http://www.gao.gov/special.pubs/longterm/debt/ownership.html#foreignholdings.

33. U. S. Government Printing Office, "Overview of Previous Debt Proposals", Hearing Before the Joint Select Committee on Deficit Reduction Congress of the United Ststes one Hundred Twelfth Congress, November 1, 2011, http://www.deficitreduction.gov/public/_cache/files/8bafae43-b259-4d0b-bcdc-1e9f599558df/111101-HearingTranscript.pdf.

34. Wayne M. Morrison and Marc Labonte, "China's Holdings of U. S. Securities: Implications for the U. S. Economy", Congressional Research Service, December 6, 2012, http://www.fas.org/sgp/crs/row/RL34314.pdf.

致　谢

2013 年 5 月，本人在中国人民大学国际关系学院通过博士论文答辩。此后，由于本人工作变动及个人惰性等原因，一直未有空暇将博士论文整理出版。2014 年下半年以来，本人根据中美债务问题的发展变化，对博士论文原稿进行了增删修改，虽然存在诸多遗憾，但终于可以付梓出版。

本书的完成，首先需要感谢中国人民大学国际关系学院的李庆四教授，作为我的硕博导师，他对我能走上研究之路，起到了决定性的影响。在 2013 年博士论文答辩前后，评阅和答辩组导师提出了许多宝贵意见，他们是（以姓氏笔画为序）：王勇教授（北京大学国际关系学院）、李永辉教授（北京外国语大学国际关系学院）、林利民研究员（中国现代国际关系研究院）、金灿荣教授（中国人民大学国际关系学院）、保建云教授（中国人民大学国际关系学院）等。

本书的出版得到了上海市美国问题研究所领导的大力支持，常务所长胡华研究员亲自安排了本书的出版计划并给予资金支持，在此一并致谢。

本书存在的疏漏或错误概由本人负责。

孙海泳

2015 年 3 月 2 日